CBAC) TGAU HANES

Yr Almaen mewn Cyfnod o Newid
1919–1939

UDA: Gwlad Gwahaniaethau
1910–1929

Steve Waugh
John Wright
R. Paul Evans

HODDER
EDUCATION
AN HACHETTE UK COMPANY

CBAC TGAU Hanes: Yr Almaen mewn Cyfnod o Newid, 1919–1939 ac UDA: Gwlad Gwahaniaethau, 1910–1929

Addasiad Cymraeg o WJEC GCSE History: Germany in Transition 1919–1939 and The USA: A Nation of Contrasts 1910–1929 a gyhoeddwyd yn 2017 gan Hodder Education

Ariennir yn Rhannol gan **Lywodraeth Cymru**
Part Funded by **Welsh Government**

Cyhoeddwyd dan nawdd Cynllun Adnoddau Addysgu a Dysgu CBAC

ISBN: 978 1 5104 1714 4

Cyhoeddwyd am y tro cyntaf yn 2017 gan
Hodder Education,
An Hachette UK Company
Carmelite House
50 Victoria Embankment
London EC4Y 0DZ

www.hoddereducation.co.uk

Rhif yr argraffiad   10 9 8 7 6 5 4 3 2 1

Blwyddyn   2021   2020   2019   2018   2017

Ffotograff y clawr © The Print Collector/Alamy Stock Photo © The Bain Collection via Library of Congress

Cysodwyd yn India gan Aptara Inc.

Argraffwyd yn yr Eidal

Mae cofnod catalog ar gyfer y teitl hwn ar gael gan y Llyfrgell Brydeinig.

CYNNWYS

Cyflwyniad

Ynglŷn â'r cwrs

Yn ystod y cwrs hwn mae'n rhaid i chi astudio pedair uned, ac mae pob un yn cyfrannu pwysoliad gwahanol i'r cymhwyster TGAU:

- **Uned 1** Astudiaethau Manwl (Cymru a'r persbectif ehangach) – pwysoliad o 25 y cant o'r cymhwyster TGAU
- **Uned 2** Astudiaethau Manwl (Hanes yn canolbwyntio ar Ewrop/y byd) – pwysoliad o 25 y cant o'r cymhwyster TGAU
- **Uned 3** Astudiaeth Thematig, sy'n cynnwys astudiaeth o safle hanesyddol – pwysoliad o 30 y cant o'r cymhwyster TGAU
- **Uned 4** Gweithio fel hanesydd – asesiad di-arholiad – pwysoliad o 20 y cant o'r cymhwyster TGAU.

Bydd yr astudiaethau hyn yn cael eu hasesu drwy dri phapur arholiad ac un uned ddi-arholiad.

Mae Unedau Un a Dau yn cynnwys un arholiad awr o hyd yr un sy'n cynnwys cyfres o gwestiynau gorfodol. Bydd y rhain yn canolbwyntio ar ddadansoddi a gwerthuso ffynonellau a dehongliadau hanesyddol, yn ogystal â phrofi cysyniadau hanesyddol trefn dau.

Mae Uned Tri yn cynnwys arholiad 1 awr 15 munud o hyd sy'n cynnwys cyfres o gwestiynau gorfodol. Bydd y rhain yn canolbwyntio ar gysyniadau hanesyddol trefn dau fel parhad, newid, achos, canlyniad, arwyddocâd, tebygrwydd a gwahaniaeth.

Bydd Uned Pedwar yn cynnwys asesiad di-arholiad. Bydd yn cynnwys cwblhau dwy dasg, un yn canolbwyntio ar werthuso ffynonellau a'r llall yn canolbwyntio ar ffurfio dehongliadau hanesyddol gwahanol o hanes.

Ynglŷn â'r llyfr

Mae'r llyfr hwn yn ymdrin â dau opsiwn ar gyfer Astudiaeth Fanwl Uned 2 – *Yr Almaen mewn Cyfnod o Newid 1919–39*, ac *UDA: Gwlad Gwahaniaethau, 1910–29*. Dim ond **un** o'r opsiynau hyn bydd yn rhaid i chi ei astudio.

Sut bydd y llyfr hwn yn eich helpu gyda TGAU Hanes CBAC

Bydd yn eich helpu i ddysgu'r cynnwys

Mae nifer o fyfyrwyr yn poeni na fyddan nhw'n gwybod digon i ateb y cwestiynau yn yr arholiad. Mae'r **testun gan yr awdur** yn esbonio'r cynnwys allweddol yn glir ac yn eich helpu i ddeall pob pwnc. Mae pob pennod yn rhoi lefel addas o wybodaeth a manylion sydd eu hangen arnoch er mwyn eich helpu i roi atebion manwl yn yr arholiad.

Mae'r llyfr yn llawn **ffynonellau**. Mae hanes ar ei orau pan allwch chi weld beth gwnaeth pobl go iawn ei ddweud a'i wneud, ei deimlo a'i wylio. Gall ffynonellau fod o help mawr i chi ddeall y stori'n well a'i chofio gan eu bod nhw'n eich helpu i weld beth roedd y materion yn eu golygu i'r bobl ar y pryd.

Mae'r **gweithgareddau** yn awgrymu pa bethau dylech chi sylwi arnyn nhw neu feddwl amdanyn nhw yn y ffynonellau a'r testun. Maen nhw hefyd yn eich helpu i ymarfer y sgiliau dadansoddol sydd eu hangen i wella ym maes hanes.

Mae pob pennod yn cynnwys **termau allweddol** sy'n eich helpu i ddeall ystyr y geiriau, er mwyn i chi allu eu deall a'u defnyddio yn hyderus wrth ysgrifennu am y pwnc. Maen nhw i gyd wedi'u diffinio mewn Geirfa ar dudalennau 168–170.

Bydd yn eich helpu i baratoi ar gyfer eich arholiad

Mae'r cwestiynau ymarfer yn y llyfr yn gwestiynau tebyg i rai arholiad sy'n rhoi cyfle i chi ymarfer sgiliau arholiad.

Mae'r arweiniad ar arholiadau ar ddiwedd pob uned (tudalennau 90–99 ar gyfer *Yr Almaen mewn Cyfnod o Newid* a thudalennau 158–167 ar gyfer *UDA: Gwlad Gwahaniaethau*) yn cynnwys papur arholiad enghreifftiol yn ogystal ag arweiniad cam wrth gam, atebion enghreifftiol a chyngor ar sut i ateb mathau penodol o gwestiynau yn y papur Astudiaethau Manwl (Hanes yn canolbwyntio ar Ewrop/y byd).

Yr Almaen mewn Cyfnod o Newid, 1919–39

1 Effaith y Rhyfel Byd Cyntaf

Ar 11 Tachwedd 1918, llofnodwyd y cadoediad gan roi diwedd ar yr ymladd yn y Rhyfel Byd Cyntaf (1914–18). Ni wnaeth sefydlu Gweriniaeth Weimar arwain at heddwch i'r Almaen. Bu anhrefn llwyr am bum mlynedd ar ôl y rhyfel wrth i'r Weriniaeth wynebu sawl her gan gynnwys ymgais i greu chwyldro comiwnyddol, llofruddiaethau gwleidyddol, sawl *Putsch* (gwrthryfeloedd arfog) a chwyddiant enfawr. Yn fwy na dim, bu'n rhaid i'r Almaenwyr dderbyn cytundeb heddwch oedd yn rhy greulon yn eu barn nhw – Cytundeb Versailles. Roedd llawer o Almaenwyr yn dweud mai'r rheswm am holl broblemau'r blynyddoedd ers y rhyfel oedd y penderfyniadau gafodd eu gwneud gan wleidyddion Gweriniaeth newydd Weimar.

Llywodraeth Weimar a'i gwendidau

Erbyn hydref 1918 roedd hi'n amlwg bod yr Almaen ar fin cael ei threchu yn y Rhyfel Byd Cyntaf. Ym mis Hydref 1918 ffurfiwyd llywodraeth newydd yn yr Almaen, dan arweiniad y Tywysog Max o Baden. Gwrthododd Woodrow Wilson, Arlywydd UDA, drafod amodau heddwch gyda'r Tywysog Max a'r Almaen tra oedd Kaiser Wilhelm II yn dal i reoli'r wlad. Ar ddiwedd mis Hydref fe wnaeth llynges yr Almaen wrthryfela mewn miwtini, a dechreuodd aflonyddwch ledu ar draws yr Almaen. Ar 9 Tachwedd fe ildiodd Kaiser Wilhelm II goron yr Almaen gan fod cefnogaeth iddo yn gwanhau, ac fe wnaeth ef ffoi i'r Iseldiroedd. O ganlyniad, cyhoeddwyd Gweriniaeth newydd yn yr Almaen a derbyniodd y Canghellor Friedrich Ebert y cadoediad ddaeth â'r Rhyfel Byd Cyntaf i ben. Roedd llawer o Almaenwyr yn teimlo bod rhoi diwedd ar y rhyfel wedi bradychu byddin yr Almaen (*Reichswehr*). O'r dechrau, felly, roedd llawer o Almaenwyr, yn enwedig y rhai oedd yn y fyddin, yn casáu'r Weriniaeth newydd. Yn ystod wythnosau olaf 1918 fe wnaeth rhai pobl ymosod ar y llywodraeth newydd. Cynhaliwyd etholiadau y Cynulliad Cyfansoddol ar 19 Ionawr 1919. Ar ôl yr etholiadau, penderfynwyd bod Berlin yn lle rhy beryglus i aelodau'r Cynulliad Cyfansoddol gyfarfod. Felly, penderfynwyd cyfarfod yn ardal fwy heddychlon tref Weimar (a dyna sut cafodd y weriniaeth newydd ei henw). Ni chafodd yr un blaid fwyafrif o seddi, a dyna oedd canlyniad pwysicaf yr etholiad ym mis Ionawr. Felly, roedd yn rhaid sefydlu llywodraeth glymblaid.

Cyfansoddiad Weimar

Ar ôl i'r Kaiser ildio'r orsedd, roedd yn rhaid llunio cyfansoddiad newydd; cafodd y gwaith hwn ei orffen ym mis Awst 1919. Dyma'r tro cyntaf i'r Almaen brofi democratiaeth. Mae Ffigur 1.1 isod yn dangos trefn y Cyfansoddiad ac mae Ffynhonnell A (gweler tudalen 7) yn dangos rhai o'i brif erthyglau.

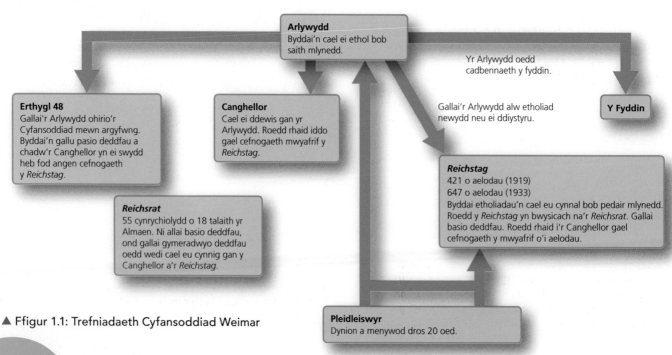

Arlywydd
Byddai'n cael ei ethol bob saith mlynedd.

Yr Arlywydd oedd cadbennaeth y fyddin.

Gallai'r Arlywydd alw etholiad newydd neu ei ddiystyru.

Y Fyddin

Erthygl 48
Gallai'r Arlywydd ohirio'r Cyfansoddiad mewn argyfwng. Byddai'n gallu pasio deddfau a chadw'r Canghellor yn ei swydd heb fod angen cefnogaeth y *Reichstag*.

Canghellor
Cael ei ddewis gan yr Arlywydd. Roedd rhaid iddo gael cefnogaeth mwyafrif y *Reichstag*.

Reichstag
421 o aelodau (1919)
647 o aelodau (1933)
Byddai etholiadau'n cael eu cynnal bob pedair mlynedd. Roedd y *Reichstag* yn bwysicach na'r *Reichsrat*. Gallai basio deddfau. Roedd rhaid i'r Canghellor gael cefnogaeth y mwyafrif o'i aelodau.

Reichsrat
55 cynrychiolydd o 18 talaith yr Almaen. Ni allai basio deddfau, ond gallai gymeradwyo deddfau oedd wedi cael eu cynnig gan y Canghellor a'r *Reichstag*.

Pleidleiswyr
Dynion a menywod dros 20 oed.

▲ Ffigur 1.1: Trefniadaeth Cyfansoddiad Weimar

Ffynhonnell A: Erthyglau allweddol Cyfansoddiad Weimar

Erthygl 1	Mae'r *Reich* Almaenig yn weriniaeth. Mae awdurdod gwleidyddol yn deillio o'r bobl.
Erthygl 22	Mae cynrychiolwyr i'r *Reichstag* yn cael eu hethol drwy bleidlais gyffredinol, gyfartal, uniongyrchol a chudd gan bob dyn a menyw dros 20 oed, yn unol ag egwyddorion cynrychiolaeth gyfrannol.
Erthygl 41	Mae Arlywydd y *Reich* yn cael ei ddewis gan holl etholwyr yr Almaen.
Erthygl 48	Os bydd trefn a diogelwch cyhoeddus y *Reich* yn cael ei aflonyddu neu ei beryglu'n sylweddol, gall Arlywydd y *Reich* gymryd camau angenrheidiol i wella trefn a diogelwch cyhoeddus.

Cryfderau'r Cyfansoddiad newydd

Roedd gan y Cyfansoddiad newydd sawl cryfder:

- Mewn rhai ffyrdd roedd cyfreithiau Gweriniaeth Weimar yn rhai democrataidd iawn. Roedd dynion a menywod yn cael pleidleisio pan oedden nhw'n 20 oed, ond ym Mhrydain yr oedran oedd 21 oed i ddynion a 30 oed i fenywod.
- Roedd yn rhaid i arweinydd y llywodraeth (y Canghellor) gael cefnogaeth mwyafrif y gwleidyddion yn y *Reichstag*.
- Roedd angen arlywydd cryf i reoli'r llywodraeth ac amddiffyn y wlad mewn argyfwng.
- Roedd cynrychiolaeth gyfrannol mewn etholiadau yn golygu bod nifer y seddi oedd gan bob plaid yn y *Reichstag* yn seiliedig ar nifer eu pleidleisiau. Er enghraifft, os oedd plaid yn ennill deg y cant o'r bleidlais, roedd yn cael deg y cant o'r seddi.

Gwendidau'r Cyfansoddiad newydd

Er ei gryfderau, roedd nifer o wendidau yn y Cyfansoddiad ac fe wnaeth hyn gyfrannu at ansefydlogrwydd, gwendid a chwymp Gweriniaeth Weimar yn y pen draw. Enghreifftiau penodol o'r rhain yw cynrychiolaeth gyfrannol ac Erthygl 48, oedd yn rhoi pwerau i'r Arlywydd mewn argyfwng. Mae Ffigur 1.2 yn rhoi crynodeb o'r gwendidau hyn. Pan nad oedd pethau'n mynd yn dda i'r Almaen yn y blynyddoedd yn dilyn y rhyfel, cafodd y gwleidyddion eu beirniadu am greu trefn lywodraethu wan (gweler Ffynhonnell B).

Ffynhonnell B: O araith i'r Cynulliad Cyfansoddol newydd gan Hugo Preuss, pennaeth y Comisiwn wnaeth lunio Cyfansoddiad Weimar yn 1919. Roedd yn siarad am y Cyfansoddiad newydd.

Rwyf wedi gwrando'n aml ar y trafodaethau gyda phryder gwirioneddol, gan fwrw golwg ddihyder ar wŷr bonheddig y Dde, rhag ofn byddan nhw'n dweud wrthyf i: 'Wyt ti'n gobeithio rhoi system seneddol i genedl fel hon, un sy'n gwrthwynebu hynny â phob gewyn yn ei chorff?' Mae amheuaeth ym mhob man; all yr Almaenwyr ddim cael gwared ar eu hen ddiffyg hyder gwleidyddol a'u harfer o blygu glin i'r wladwriaeth awdurdodaidd.

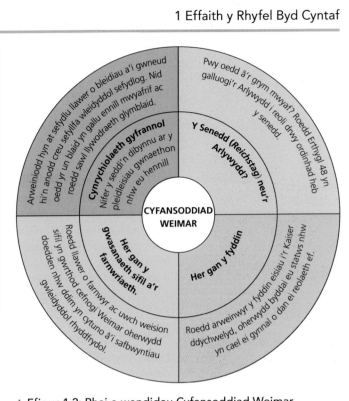

▲ Ffigur 1.2: Rhai o wendidau Cyfansoddiad Weimar

GWEITHGAREDDAU ?

1 Edrychwch ar Ffigur 1.1 a Ffynhonnell A. Ym mha ffyrdd roedd y Cyfansoddiad yn ddemocrataidd neu'n annemocrataidd? Atebwch gan ddefnyddio copi o'r tabl isod.

Democrataidd: Llywodraeth lle mae'r holl bobl yn cymryd rhan wrth benderfynu	Annemocrataidd: Llywodraeth lle nad yw'r holl bobl yn cymryd rhan

2 Ewch ati i bwyso a mesur cryfderau a gwendidau Cyfansoddiad Weimar. Ar ôl darllen y wybodaeth ar y dudalen hon, a ydych chi'n cytuno bod y Cyfansoddiad wedi gwneud y Weriniaeth yn wan?

Cwestiwn ymarfer

Disgrifiwch brif nodweddion Cyfansoddiad Weimar.
(I gael arweiniad, gweler tudalen 93.)

Effaith Cytundeb Versailles

Er bod yr Almaenwyr wedi llofnodi'r cadoediad ar 11 Tachwedd 1918, dim ond ar 28 Mehefin 1919 y llofnodwyd y cytundeb ddaeth â'r Rhyfel Byd Cyntaf i ben, ym Mhalas Versailles yn Ffrainc. Pan gafodd amodau'r cytundeb eu cyhoeddi, cafodd nifer fawr o Almaenwyr siom ofnadwy.

Amodau Cytundeb Versailles

Roedd Cytundeb Versailles yn gosod amodau caled iawn ar yr Almaen (gweler Ffigur 1.3 a Thabl 1.1). Collodd yr Almaen 13 y cant o'i thir, 48 y cant o'i gweithfeydd haearn a chafodd mwy na 6 miliwn o'i phobl eu tynnu i mewn i wledydd eraill. Ond efallai mai'r amod mwyaf llym i'r Almaen oedd Erthygl 231 – Cymal yr Euogrwydd am y Rhyfel. Yn ôl y cymal hwn roedd yn rhaid i'r Almaen gymryd y bai am ddechrau'r rhyfel yn 1914, a chytuno i dalu iawndal am y difrod roedd wedi'i achosi i'r **Cynghreiriaid**. Ar ben hyn, gwrthodwyd i'r Almaen ymuno â **Chynghrair y Cenhedloedd**, gan ddangos bod y gwledydd eraill yn dal i ymwrthod â'r Almaen.

Yr Ymateb i Gytundeb Versailles

I'r rhan fwyaf o Almaenwyr, roedd Cytundeb Versailles yn halen ar y briw. Yn eu barn nhw, doedd Versailles yn ddim mwy na heddwch trwy orchymyn (*Diktat*). Roedd angen beio rhywun – ac roedd llywodraeth Weimar a'i gwleidyddion yn darged delfrydol. Eto i gyd, roedd llawer o eironi yn y feirniadaeth hon. Roedd cabinet Weimar wedi gwrthod amodau'r cytundeb heddwch yn y lle cyntaf, ac ar 19 Mehefin 1919 ymddiswyddodd y Canghellor Scheidemann mewn dicter. Rhoddodd gwleidyddion blaenllaw yr enw *Gewaltfrieden* (heddwch gorfodol) ar yr amodau. Fodd bynnag, roedd llawer o bobl yn credu nad y Cynghreiriaid oedd wedi trechu'r fyddin, ond yn hytrach ei bod wedi cael ei gorfodi i ildio gan y llywodraeth newydd. Roedd y fyddin wedi cael ei 'thrywanu yn ei chefn' (*Dolchstoss*) gan y gwleidyddion oedd wedi arwyddo'r cadoediad. Yr enw gafodd ei roi ar y gwleidyddion hyn oedd 'Troseddwyr Tachwedd'.

Ffigur 1.3: Amodau tiriogaethol Cytundeb Versailles ▶

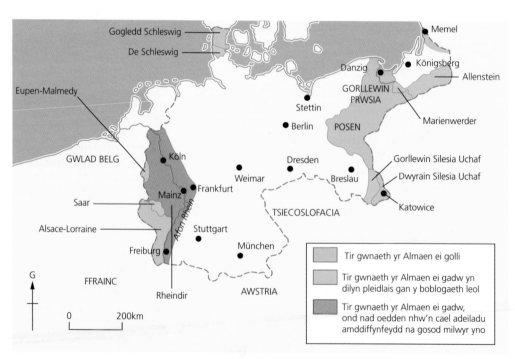

Amodau tiriogaethol	Amodau milwrol	Amodau ariannol
Pob trefedigaeth i gael ei rhoi i Luoedd y Cynghreiriaid.	Byddin o ddim mwy na 100,000.	Ffrainc yn cael cloddio am lo yn y Saar.
Dychwelyd Alsace-Lorraine i Ffrainc.	Gwahardd tanciau, ceir arfog a cherbydau milwrol trwm.	Iawndal wedi ei bennu ar £6,600 miliwn.
Rhoi Eupen-Malmedy i Wlad Belg ar ôl refferendwm.	Gwahardd awyrennau milwrol.	Rhoi gwartheg a defaid i Wlad Belg a Ffrainc fel iawndal.
Cynghrair y Cenhedloedd i weinyddu'r Saar.	Dim un o longau'r llynges i fod yn fwy na 10,000 tunnell.	Yr Almaen yn gorfod adeiladu llongau masnach i gymryd lle llongau'r Cynghreiriaid gafodd eu suddo gan longau tanfor Almaenig.
Rhoi Posen a Gorllewin Prwsia i Wlad Pwyl, a Dwyrain Silesia Uchaf i Wlad Pwyl ar ôl refferendwm.	Gwahardd llongau tanfor.	
Gwneud Danzig yn Ddinas Rydd.	Dadfilwrio'r Rheindir.	
Cynghrair y Cenhedloedd i weinyddu Memel.		
Dim uniad (Anschluss) gydag Awstria.		
Rhoi Gogledd Schleswig i Denmarc ar ôl refferendwm.		

▲ Tabl 1.1: Amodau pwysicaf Cytundeb Versailles

Ffynhonnell C: Darn o bapur newydd Almaenig, *Deutsche Zeitung*, 28 Mehefin 1919

Dial! Cenedl yr Almaen! Heddiw yn Neuadd y Drychau [Versailles] mae'r cytundeb gwarthus yn cael ei arwyddo. Peidiwch â'i anghofio. Bydd pobl yr Almaen, gydag ymdrech ddiflino, yn gweithio'n ddyfal i adennill ei lle haeddiannol ymhlith y cenhedloedd. Yna, daw dial am warth 1919.

GWEITHGAREDDAU

1 Edrychwch ar Ffynhonnell C. Beth mae'n ei ddweud wrthych chi am agweddau Almaenig at lofnodi Cytundeb Versailles?

2 Esboniwch pam roedd mwyafrif pobl yr Almaen yn casáu Erthygl 231.

3 Gweithiwch mewn grwpiau o dri neu bedwar. Dewiswch naill ai amodau tiriogaethol, milwrol neu ariannol Cytundeb Versailles. Cyflwynwch achos i'r dosbarth, gan ddweud pam mai'r amodau gwnaethoch chi eu dewis yw'r rhai pwysicaf o ran eu heffaith ar yr Almaen.

4 Beth yw ystyr y termau 'trywanu yn y cefn' a 'Troseddwyr Tachwedd'?

Cwestiynau ymarfer

1 Disgrifiwch sut cafodd yr Almaen ei chosbi o dan amodau Cytundeb Versailles. *(I gael arweiniad, gweler tudalen 93.)*

2 Beth oedd pwrpas Ffynhonnell CH? *(I gael arweiniad, gweler tudalennau 94–95.)*

▲ Ffynhonnell CH: Cartŵn o'r enw 'Clemenceau y Fampir' o'r cylchgrawn dychanol adain dde Almaenig, *Kladderadatsch*, Gorffennaf 1919. Clemenceau oedd arweinydd Ffrainc. Mae'r cartŵn yn cyfeirio at Gytundeb Versailles.

Ansefydlogrwydd gwleidyddol

Roedd llywodraeth Weimar yn amhoblogaidd i ddechrau ymhlith Almaenwyr oherwydd ei bod wedi ildio, wedi sefydlu cyfansoddiad gwan ac wedi methu â datrys problem prinder bwyd. Roedd **comiwnyddion**, **sosialwyr**, **cenedlaetholwyr**, arweinwyr y fyddin a'r rhai oedd wedi rheoli'r Almaen cyn 1918 yn casáu Weimar. Nid oedd ei dyfodol yn edrych yn obeithiol. Roedd Gweriniaeth Weimar yn wynebu bygythiadau cyson oddi wrth y chwith a'r dde ac roedd sawl gwrthryfel ar draws yr Almaen yn bygwth bodolaeth y llywodraeth. Mae Ffigur 1.4 yn dangos pa mor anfodlon oedd pobl yr Almaen ar ôl y rhyfel.

Ar ôl y **Chwyldro Bolsiefigaidd** yn Rwsia ym mis Hydref 1917, pan gafodd y Llywodraeth Dros Dro ei dymchwel gan y comiwnyddion Lenin a Trotsky, roedd llawer o Almaenwyr yn gobeithio byddai'n bosibl sefydlu gwlad **sosialaidd** yn yr Almaen. Fe wnaeth milwyr, morwyr a gweithwyr sefydlu cynghorau (sofietau) ym misoedd Hydref a Thachwedd 1918. Oherwydd bod arni ofn chwyldro yn ystod y blynyddoedd di-drefn ar ôl y rhyfel, tarodd llywodraeth Weimar fargen gyda Groener, arweinydd newydd y fyddin.

Gwnaethon nhw gytuno y byddai'r fyddin yn cefnogi'r llywodraeth newydd yn erbyn unrhyw chwyldro, ac y byddai'r llywodraeth yn cefnogi'r fyddin ac yn ei chyflenwi. Felly daeth Weimar yn ddibynnol ar y fyddin. Roedd rhai Almaenwyr yn credu bod dibynnu ar y fyddin yn gwanhau awdurdod Gweriniaeth Weimar.

GWEITHGAREDDAU

1 Pam roedd pobl yn ofni Chwyldro Bolsiefigaidd yn yr Almaen?

2 Pam roedd y fargen rhwng Ebert a Groener yn arwyddocaol i Weriniaeth Weimar?

Ffigur 1.4: Trais gwleidyddol ▶
yn yr Almaen, 1919–23

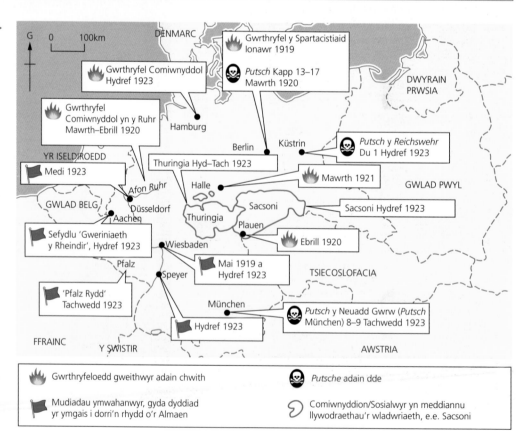

Gwrthryfel y Spartacistiaid

Yn ystod y rhyfel, datblygodd sawl grŵp allan o Blaid Sosialwyr Democrataidd yr Almaen (SPD). Yr un mwyaf radical o'r rhain oedd Cynghrair y Spartacistiaid o dan arweiniad Karl Liebknecht a Rosa Luxemburg, aeth ati yn y pen draw i geisio sefydlu gwladwriaeth yn seiliedig ar syniadau comiwnyddol. (Cafodd y Gynghrair ei henwi ar ôl y caethwas Rhufeinig Spartacus, oedd wedi arwain gwrthryfel yn 73CC.) Ym mis Rhagfyr 1918, arweiniodd protestiadau'r Spartacistiaid yn erbyn y llywodraeth at wrthdaro â'r fyddin, a bu farw 16 o'r Spartacistiaid. Ar ddiwedd y mis, sefydlodd y Spartacistiaid **Blaid Gomiwnyddol** yr Almaen (**KPD** – *Kommunistische Partei Deutschlands*).

Ar 6 Ionawr 1919, dechreuodd y Spartacistiaid ar ymgais i gael gwared ar Ebert a llywodraeth Weimar er mwyn creu gwladwriaeth gomiwnyddol. Defnyddiodd Ebert a'i weinidog amddiffyn, Noske, y *Reichswehr* (sef y fyddin barhaol) a *Freikorps* Berlin (gweler y bocs) i roi diwedd ar y gwrthryfel.

Roedd y gwrthryfel ar ben ymhen dyddiau. Ni allai'r Spartacistiaid gystadlu â'r fyddin a'r *Freikorps*. Cafodd Liebknecht a Luxemburg eu dal a'u lladd. Trais y gwrthryfel hwn wnaeth orfodi'r Cynulliad newydd i symud i Weimar (gweler tudalen 6).

Ym mis Mawrth, lladdwyd 1,000 o bobl pan gymerwyd camau ffyrnig iawn i ddod â gwrthryfel arall, oedd wedi'i ysbrydoli gan y comiwnyddion, i ben yn Berlin. Cafodd grym haearnaidd y *Freikorps* ei ddefnyddio i ddod â gwrthryfel arall gan y comiwnyddion yn München i ben yn galed ym mis Ebrill.

> **Freikorps**
> Grwpiau parafilwrol gafodd eu ffurfio gan filwyr oedd wedi cael eu rhyddhau o'r fyddin ar ddiwedd y rhyfel. Gwnaethon nhw wrthod ildio eu harfau a'u lifrai ac roedden nhw'n cael eu harwain gan gyn-swyddogion y fyddin. Brenhinwyr oedd mwyafrif y *Freikorps* a'u nod oedd achub yr Almaen rhag Bolsiefigiaeth, er nad oedden nhw'n cefnogi Gweriniaeth Weimar. Roedd tua dau gant o grwpiau gwahanol ar draws yr Almaen.

◀ **Ffynhonnell D:** Ffotograff o'r *Freikorps* o flaen adeilad papur newydd *Vorwärts*, ar ôl iddyn nhw ei gipio o ddwylo'r Spartacistiaid ym mis Ionawr 1919. Roedd papur newydd *Vorwärts* yn bapur sosialaidd.

GWEITHGAREDDAU

1 Edrychwch ar Ffynhonnell D. Pwy oedd y Spartacistiaid? Pam roedd hi'n bwysig iddyn nhw reoli adeilad y *Vorwärts*?

2 Sut gwnaeth y Spartacistiaid fygwth Gweriniaeth Weimar?

Cwestiwn ymarfer

Defnyddiwch Ffynhonnell D a'r hyn rydych chi'n ei wybod i ddisgrifio Gwrthryfel y Spartacistiaid yn 1919. *(I gael arweiniad, gweler tudalennau 91–92.)*

Putsch Kapp

Ar ôl llwyddo i wrthsefyll bygythiad yr adain chwith, roedd yn rhaid i Ebert wynebu'r adain dde yn 1920. Pan gyhoeddodd llywodraeth Weimar fesurau ym mis Mawrth 1920 i leihau maint y fyddin a hefyd chwalu'r *Freikorps*, bu cynnwrf mawr yn Berlin. Gwrthododd Ehrhardt, arweinydd *Freikorps* Berlin, ufuddhau i hyn. Gyda Wolfgang Kapp, gwleidydd amlwg o Berlin, lluniodd Ehrhardt gynllun i gipio Berlin a ffurfio llywodraeth newydd adain dde gyda Kapp yn ganghellor arni. Pwysleisiodd Kapp y bygythiad comiwnyddol, damcaniaeth *Dolchstoss* (gweler tudalen 8), ac amodau llym Cytundeb Versailles. Roedd y *Reichswehr* yn Berlin, o dan arweiniad y Cadfridog Luttwitz, yn cefnogi Ehrhardt a Kapp. Ar ôl i Kapp lwyddo i gipio Berlin ar 13 Mawrth 1920, symudodd llywodraeth Weimar i Dresden ac yna i Stuttgart. Gofynnodd y llywodraeth i'r fyddin barhaol ddod â *Putsch* Kapp i ben, ond dywedodd y Cadbennaeth, von Seeckt, 'Nid yw'r *Reichswehr* yn saethu at y *Reichswehr*.'

▲ Ffynhonnell DD: Milwyr a lluoedd y *Freikorps* yn Berlin 1920. Sylwch ar y swastica ar rai o'r helmedau a baner yr Ail *Reich*, sef yr enw gafodd ei roi ar Ymerodraeth yr Almaen rhwng 1871 ac 1918

Galwodd Ebert a Scheidemann ar bobl Berlin i beidio â chefnogi *Putsch* Kapp, gan ofyn iddyn nhw fynd ar streic. Penderfynodd undebwyr llafur a gweision sifil gefnogi'r llywodraeth ac oherwydd na chafodd y *Putsch* lawer o gefnogaeth, daeth i ben. Roedd dros 400 o swyddogion y *Reichswehr* wedi cymryd rhan yn y *Putsch* ond dim ond ychydig iawn gafodd eu cosbi.

Gwrthryfeloedd eraill

Wythnos ar ôl i *Putsch* Kapp ddechrau, cododd gwrthryfel comiwnyddol yn ardal y Ruhr. Y tro hwn cafodd y fyddin ei hanfon i ddod â'r gwrthryfel i ben yn greulon. Lladdwyd cannoedd o bobl. Parhaodd y trais yn yr Almaen am y ddwy flynedd nesaf, ac roedd grwpiau adain chwith ac adain dde hefyd yn rhan o hyn.

Yn ôl yr amcangyfrif, cafodd 376 o bobl eu llofruddio (lladdwyd 354 o'r rhain gan aelodau o'r adain dde) yn ystod y cyfnod 1919–22. Ni chafodd unrhyw aelod o'r adain dde ei ddedfrydu i farwolaeth, ond digwyddodd hynny i ddeg aelod o'r adain chwith. Cafodd dau o weinidogion pwysig llywodraeth Weimar yn ystod y cyfnod hwn eu llofruddio. Yn 1921, lladdwyd Matthias Erzberger, arweinydd y Blaid Ganolog ac un o'r rhai oedd wedi arwyddo Cytundeb Versailles. Yn 1922, lladdwyd Walther Rathenau, y Gweinidog Tramor. Daeth y bygythiad olaf i Weimar yn ystod y cyfnod hwn ym mis Tachwedd 1923, pan ddigwyddodd *Putsch* München, dan arweiniad Adolf Hitler. Byddwn ni'n trafod hyn ar dudalennau 25–27.

GWEITHGAREDDAU

1 Beth oedd cwynion Kapp a *Freikorps* Berlin yn 1920?

2 Pa un oedd y bygythiad mwyaf i Weriniaeth Weimar, y Spartacistiaid neu *Putsch* Kapp? Rhowch resymau dros eich ateb.

Digwyddiadau yn y Ruhr a gorchwyddiant

Gwaethygodd problemau Gweriniaeth Weimar yn 1923 ar ôl i Ffrainc feddiannu'r Ruhr a hefyd oherwydd **gorchwyddiant**.

Roedd gorchwyddiant wedi bod yn broblem yn yr Almaen yn ystod y Rhyfel Byd Cyntaf ac roedd y wlad wedi cael benthyg llawer er mwyn ariannu'r rhyfel. Pan gyhoeddwyd manylion yr iawndal – £6,600 miliwn i'w dalu fesul £100 miliwn y flwyddyn – dywedodd llywodraeth Weimar na fyddai'n gallu ei dalu. At hynny, roedd colli'r ardaloedd diwydiannol cyfoethog yn gwaethygu'r broblem. Wrth i chwyddiant barhau, dechreuodd llywodraeth Weimar argraffu mwy o arian er mwyn talu Ffrainc a Gwlad Belg yn ogystal â thalu ei gweithwyr ei hun. Dechreuodd gwerth arian cyfred yr Almaen ostwng yn gyflym ac yn 1921, oherwydd na chafodd unrhyw iawndal ei dalu, anfonodd Ffrainc filwyr i'r Ruhr, sef prif ardal ddiwydiannol yr Almaen. Mae'r Ruhr yn y Rheindir ac felly doedd dim milwyr Almaenig yno i rwystro'r lluoedd rhag goresgyn yr ardal (gweler Ffigur 1.3 ar dudalen 8).

Ffrainc yn meddiannu'r Ruhr, 1923

Ym mis Ionawr 1923, daeth lluoedd Ffrainc a Gwlad Belg i feddiannu'r Ruhr am yr ail waith ar ôl i'r Almaen fethu â thalu iawndal i'r ddwy wlad unwaith eto. Roedd y Ffrancwyr yn flin gan fod angen yr arian arnyn nhw i dalu eu dyledion rhyfel i UDA. Penderfynodd y Ffrancwyr a'r Belgiaid gymryd y nwyddau angenrheidiol, yn hytrach nag aros i'r Almaen eu hanfon atyn nhw.

Gwrthwynebiad yr Almaen

Y tro hwn, ymateb yr Almaen oedd **gwrthwynebiad di-drais**. Fodd bynnag, trodd y gwrthwynebiad yn chwerw a dechreuodd rhai o'r Almaenwyr wneud difrod bwriadol i'w diwydiannau. Aeth y gweithwyr Almaening yn y Ruhr ar streic mewn protest yn erbyn y goresgyniad. Cymerodd rhai streicwyr gamau mwy uniongyrchol, gan roi ffatrïoedd ar dân a thorri pympiau mewn rhai pyllau glo er mwyn eu llenwi â dŵr a'u gorfodi i gau. Saethodd lluoedd Ffrainc nifer o streicwyr: yn eu hangladdau dechreuodd pobl brotestio yn erbyn y goresgyniad. Roedd y cyfan wedi agor hen glwyfau ac ail-greu **gelyniaeth** oedd yn atgoffa pobl o'r rhyfel.

Canlyniadau'r goresgyniad

Yn sicr, fe wnaeth y goresgyniad uno pobl yr Almaen yn eu casineb at y Ffrancwyr a'r Belgiaid. Daeth y streicwyr yn arwyr i bobl yr Almaen gan eu bod yn herio Cytundeb Versailles, oedd wedi eu bychanu, ac yn dangos nad oedd yr Almaenwyr wedi cael eu darostwng yn llwyr. Cafodd y streicwyr gefnogaeth llywodraeth yr Almaen wrth iddi argraffu mwy o arian er mwyn talu eu cyflogau. Oherwydd y streic, roedd hyd yn oed llai o nwyddau yn cael eu cynhyrchu yn yr Almaen. Yn sgil yr arian streic ychwanegol a'r gostyngiad o ran cynhyrchu, trodd chwyddiant yn orchwyddiant (gweler Tabl 1.2).

Gorffennaf 1914	£1 = 20 marc
Ionawr 1919	£1 = 35 marc
Ionawr 1920	£1 = 256 marc
Ionawr 1921	£1 = 256 marc
Ionawr 1922	£1 = 764 marc
Ionawr 1923	£1 = 71,888 marc
Gorffennaf 1923	£1 = 1,413,648 marc
Medi 1923	£1 = 3,954,408,000 marc
Hydref 1923	£1 = 1,010,408,000,000 marc
Tachwedd 1923	£1 = 1,680,800,000,000,000 marc

▲Tabl 1.2: Gwerth y marc yn gostwng yn erbyn y bunt, 1914–23

> ## Cwestiwn ymarfer
>
> Disgrifiwch sut gwnaeth Ffrainc feddiannu'r Ruhr yn 1923. (I gael arweiniad, gweler tudalen 93.)

Gorchwyddiant

Os oedd gan bobl gynilion neu gyflog penodol, yn sydyn cawson nhw eu gadael heb yr un geiniog. Roedd pobl yn barod iawn i feio gwleidyddion y Weimar. Roedd hyn yn destun cywilydd arall eto i'r llywodraeth newydd.

Eto i gyd, roedd rhai pobl ar eu hennill oherwydd chwyddiant.

- Roedd pobl fusnes oedd wedi cael benthyg arian gan y banciau yn gallu talu'r dyledion hyn yn ôl yn hawdd.
- Oherwydd y prinder bwyd difrifol, cododd prisiau nwyddau angenrheidiol, yn enwedig bwyd, ac roedd hyn o gymorth i ffermwyr.
- Yn sydyn iawn, roedd gan dramorwyr oedd yn byw yn yr Almaen fantais enfawr. Gallen nhw newid doleri neu bunnoedd am filiynau o farciau a fforddio pethau nad oedd Almaenwyr cyffredin yn gallu eu fforddio.

Yn ystod haf 1923, daeth Gustav Stresemann yn Ganghellor. Dechreuodd ef sefydlogi pethau a chyflwyno arian cyfred newydd. Y flwyddyn ganlynol, llwyddodd yr arian cyfred newydd a benthyciadau gan UDA (gweler tudalen 16) i greu adfywiad economaidd. Roedd yn ymddangos bod Gweriniaeth Weimar wedi dod drwy'r gwaethaf a'i bod yn gallu edrych ymlaen at gyfnod sefydlog o ffyniant.

GWEITHGAREDDAU ?

1 Edrychwch ar Dabl 1.2 ar dudalen 13. Beth gallwch chi ei ddysgu am chwyddiant yn yr Almaen yn ystod y blynyddoedd 1914–23?
2 Yn eich barn chi, pam gwnaeth y bobl oedd â chynilion mewn banciau ddioddef yn fwy na neb yn ystod y cyfnod o orchwyddiant?
3 Edrychwch ar Ffynhonnell F. Sut mae'r ffynhonnell hon yn ein helpu ni i ddeall problemau'r Almaen yn 1923?

Cwestiynau ymarfer

1 Beth oedd pwrpas Ffynhonnell E? (I gael arweiniad, gweler tudalennau 94–95.)
2 Ai gorchwyddiant oedd problem fwyaf Gweriniaeth Weimar ar ddechrau'r 1920au? Defnyddiwch yr hyn rydych chi'n ei wybod a'i ddeall am y mater i gefnogi eich ateb. (I gael arweiniad, gweler tudalennau 98–99.)

▲ Ffynhonnell E: Cartŵn gafodd ei gyhoeddi yn y cylchgrawn adain chwith Almaenig *Simplicissimus* yn 1923. O'i gyfieithu, mae'r pennawd ar y brig yn dweud 'Arian papur' ac mae'r pennawd ar y gwaelod yn dweud 'Bara'

▲ Ffynhonnell F: Almaenes yn llosgi arian cyfred yn 1923, gan ei fod yn llosgi'n hirach na'r coed tân byddai'r arian yn gallu eu prynu

Yn dilyn argyfyngau 1923, gan gynnwys Ffrainc yn meddiannu'r Ruhr a gorchwyddiant, roedd hi'n ymddangos bod yr Almaen yn dechrau profi cyfnod o adferiad gartref a thramor o dan arweiniad Gustav Stresemann a gyda chymorth benthyciadau Americanaidd. Yn ei dro, roedd hyn fel pe bai'n denu mwy o gefnogaeth i Weriniaeth Weimar a llai o gefnogaeth i bleidiau eithafol fel y Natsïaid a'r comiwnyddion. Yn ogystal ag adferiad economaidd a sefydlogrwydd gwleidyddol, mae'r cyfnod rhwng 1924 ac 1929 yn aml yn cael ei ddisgrifio fel oes aur oherwydd newidiadau mawr ym maes diwylliant, safon byw a safle menywod. Ond mae'r farn am faint yr adferiad hwn yn amrywio, a doedd pob rhan o'r gymdeithas ddim yn croesawu datblygiadau cymdeithasol y cyfnod.

Adferiad ar ôl gorchwyddiant

Daeth adferiad economaidd yr Almaen yn bennaf o ganlyniad i waith Gustav Stresemann fu'n gweithio yn llwyddiannus gyda Ffrainc, Prydain ac UDA i wella sefyllfa economaidd a rhyngwladol yr Almaen.

Cynllun Dawes

Roedd Stresemann wedi sylweddoli nad oedd yr Almaen yn gallu fforddio talu'r iawndal. Perswadiodd Ffrainc, Prydain ac UDA i newid amodau'r taliadau drwy Gynllun Dawes, gafodd ei gytuno ym mis Awst 1924. Cafodd ei enwi ar ôl dirprwy arlywydd UDA, Charles Dawes, fu'n chwarae rhan flaenllaw wrth sefydlu'r cynllun. Dyma brif bwyntiau'r cynllun:

- Byddai'r taliadau iawndal yn dechrau ar 1 biliwn marc am y flwyddyn gyntaf ac yn codi dros gyfnod o bedair blynedd i 2.5 biliwn marc y flwyddyn. Roedd y taliadau hyn yn llawer mwy synhwyrol a realistig ac wedi'u seilio ar faint roedd yr Almaen yn gallu'i dalu.
- Byddai lluoedd y Cynghreiriaid yn gadael ardal y Ruhr. Digwyddodd hyn yn 1925.
- Byddai Reichsbank yr Almaen yn cael ei ad-drefnu a byddai'r Cynghreiriad yn goruchwylio hyn.
- Byddai UDA yn rhoi benthyciadau i'r Almaen er mwyn helpu ei hadferiad economaidd.

Cafodd y cynllun ei dderbyn gan yr Almaen a'r Cynghreiriaid, a daeth i rym ym mis Medi 1924.

GUSTAV STRESEMANN 1878–1929

1878	Cafodd ei eni yn Berlin
1906	Daeth yn ddirprwy yn y Reichstag
1917	Cafodd ei benodi yn arweinydd y Blaid Ryddfrydol Genedlaethol (gafodd ei hailenwi yn Blaid y Bobl yn 1919)
1923	Cafodd ei benodi yn weinidog tramor, swydd bu'n ei gwneud tan ei farwolaeth yn 1929. O fis Awst i fis Tachwedd, gwasanaethodd fel canghellor yr Almaen gan berswadio gweithwyr y Ruhr i roi'r gorau i'w gwrthwynebiad di-drais yn erbyn y Ffrancwyr
1926	Enillodd Wobr Heddwch Nobel am ei waith i wella'r berthynas rhwng yr Almaen a Ffrainc yn yr 1920au
1929	Bu farw ym mis Hydref, ychydig wythnosau yn unig cyn Cwymp Wall Street a dechrau'r Dirwasgiad Mawr.

Benthyciadau UDA

Roedd Cynllun Dawes hefyd yn ceisio rhoi hwb i economi yr Almaen drwy fenthyciadau gan UDA, gan ddechrau gyda benthyciad o 800 miliwn marc. Dros y chwe blynedd nesaf, fe wnaeth cwmnïau a banciau UDA roi benthyg bron i $3,000 miliwn i'r Almaen. Llwyddodd buddsoddiad UDA nid yn unig i adfer yr economi, ond fe wnaeth olygu hefyd fod yr Almaen yn gallu talu'r iawndal.

Y *Rentenmark*

Roedd gorchwyddiant 1923 wedi dinistrio gwerth y marc Almaenig. Ym mis Tachwedd 1923, er mwyn rhoi hyder i bobl yn arian cyfred yr Almaen, cyflwynodd Stresemann arian cyfred dros dro o'r enw'r *Rentenmark*. Nifer cyfyngedig o'r *Rentenmark* gafodd eu hargraffu ac roedd gwerth yr arian wedi'i seilio ar werth eiddo yn hytrach nag ar gronfeydd aur. Yn raddol, llwyddodd hyn i godi hyder yr Almaenwyr yn yr arian cyfred. Y flwyddyn ganlynol, cafodd y *Rentenmark* ei newid yn *Reichsmark*, arian cyfred newydd oedd bellach yn cael ei gefnogi gan gronfeydd aur.

Cynllun Young

Er bod yr Almaen yn llwyddo i dalu'r iawndal gan gadw at yr amserlen roedd Cynllun Dawes wedi'i gosod, roedd llywodraeth yr Almaen yn aml yn cwyno am lefel y taliadau. Yn 1929, gofynnodd Pwyllgor Iawndal y Cynghreiriaid i'r banciwr Americanaidd, Owen Young, ymchwilio i'r mater. Cynigiodd Young gynllun newydd ar gyfer y taliadau. Daeth swm y taliadau i lawr o £6,600 miliwn i £1,850 miliwn. Fe wnaethon nhw ymestyn y cyfnod oedd gan yr Almaen i dalu i 59 mlynedd, gan olygu ei bod yn talu 2.05 biliwn marc y flwyddyn ar gyfartaledd.

Roedd hi'n dipyn o gamp i Stresemann sicrhau Cynllun Young, ond cafodd ei feirniadu'n hallt gan wleidyddion adain dde fel Alfred Hugenberg ac Adolf Hitler oedd yn credu na ddylai'r Almaen dalu mwy o daliadau iawndal, yn enwedig gan fod y cyfnod bellach wedi'i ymestyn hyd at y flwyddyn 1988.

Maint yr adferiad

O'i gymharu â'r blynyddoedd o chwyddiant a gorchwyddiant, roedd hwn yn gyfnod o adferiad, er bod pobl yn anghytuno am union faint yr adferiad hwn.

Wrth i arian lifo i mewn o UDA, roedd yn ymddangos bod yr economi yn ffynnu. Roedd gwaith adeiladu cyhoeddus yn darparu stadiymau newydd, blociau o fflatiau a thai opera. Roedd busnesau mawr wedi manteisio ar orchwyddiant ac wedi gallu talu llawer o'u dyledion. Roedd hi hefyd yn gyfnod o dwf diwydiannol (gweler Ffigur 2.1). Roedd llawer o weithwyr yn well eu byd yn ystod y cyfnod

hwn wrth i gyflogau godi, er bod y diwrnod gwaith ar gyfartaledd yn dal i fod tua wyth awr. At hynny, roedd yn ymddangos bod gwell perthynas rhwng y gweithwyr a'u cyflogwyr, ac roedd diwydiant hefyd yn gwella, gyda llai o streiciau rhwng 1924 ac 1929. Roedd hyn o ganlyniad i **gyflafareddu (*arbitration*)** gan y wladwriaeth. Ar ôl 1924 byddai'n tueddu i sefyll yn y canol pan fyddai anghydfod yn codi, gan ochri â'r gweithwyr yn aml.

Yn ogystal, roedd diweithdra wedi codi i 9 miliwn erbyn 1926, ond roedd wedi gostwng i 6 miliwn dros y ddwy flynedd ganlynol (gweler Ffigur 2.2).

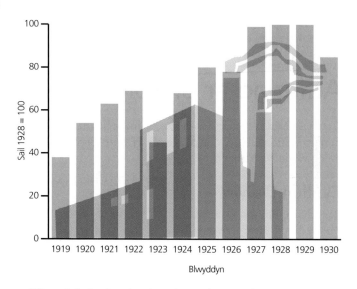

▲ Ffigur 2.1: Cynhyrchu diwydiannol yn yr Almaen, 1919–30

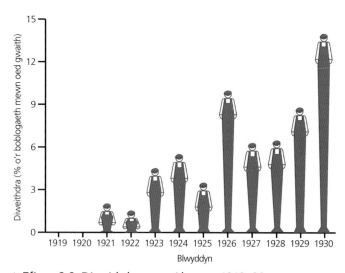

▲ Ffigur 2.2: Diweithdra yn yr Almaen, 1919–30

Roedd Gweriniaeth Weimar fel petai wedi datrys y problemau oedd wedi ei rhwystro yn ystod ei phum mlynedd cyntaf. Ond mae rhai wedi cwestiynu maint yr adferiad yn y cyfnod 1924–29, yn enwedig yr or-ddibyniaeth ar gael benthyg arian gan UDA (gweler Ffynhonnell B) a'r sefyllfa gymhleth o ran ad-dalu benthyciadau. Mae Ffigur 2.3 yn dangos bod yr arian roedd yr Almaen yn cael ei fenthyg gan UDA yn cael ei ddefnyddio ganddyn nhw i dalu iawndal i Brydain a Ffrainc. Yna, roedd Prydain a Ffrainc yn defnyddio'r taliadau hyn i ad-dalu benthyciadau roedden nhw wedi'u cael gan UDA yn ystod y Rhyfel Byd Cyntaf.

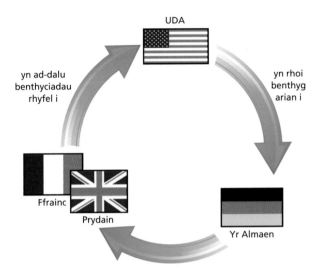

▲ Ffigur 2.3: Cylch dieflig y taliadau

Yn ogystal â hynny, roedd problemau gan rannau o economi'r Almaen, yn enwedig ffermwyr, ac fe gawson nhw amser caled drwy gydol y 1920au ac yn enwedig ar ôl 1927. Roedd dirwasgiad amaethyddol byd-eang wedi effeithio ar y ffermwyr, ac roedd angen iddyn nhw foderneiddio er mwyn gallu dal i gystadlu yn y farchnad gartref a thramor. Ond roedd diffyg elw yn eu harwain i fwy o ddyled ac felly doedden nhw ddim yn fodlon buddsoddi mewn peiriannau newydd. Yn 1929, pan oedd cynhyrchu diwydiannol yn ôl ar yr un lefelau ag oedd cyn y rhyfel, dim ond 74 y cant o'i lefel cyn y rhyfel roedd cynhyrchu amaethyddol wedi'i gyrraedd.

Yn ystod y cyfnod hwn, gwellodd sefyllfa'r gweithwyr diwydiannol ryw gymaint, ac fe wnaeth eu cyflogau godi; ond roedden nhw'n siomedig fod y cynnydd hwn ddim llawer yn uwch na chost byw, oedd hefyd yn codi.

Ar ben hynny, doedd yr adferiad economaidd ddim yn effeithio ar bawb yn gyfartal. Roedd y dosbarth canol is yn cynnwys crefftwyr medrus a phobl mewn swyddi mwy newydd yn y gwasanaeth sifil, masnach a busnesau bach. Ond wnaethon nhw ddim llwyddo cystal i oresgyn y problemau roedd gorchwyddiant wedi'u hachosi yn 1923. Roedden nhw'n teimlo eu bod nhw'n cael eu hanwybyddu gan Weriniaeth Weimar, oedd fel petai'n ffafrio busnesau mawr.

Ffynhonnell A: Gan newyddiadurwr Almaenig; cafodd ei ysgrifennu yn 1930

O gymharu â'r hyn roedden ni'n ei ddisgwyl ar ôl Versailles, mae'r Almaen wedi codi ei hun i ysgwyddo baich enfawr yr heddwch hwn mewn ffordd na fydden ni erioed wedi gallu ei dychmygu. Erbyn heddiw, ar ôl 10 mlynedd gallwn ni ddweud gyda sicrwydd 'Er hyn i gyd, gallai pethau fod yn waeth.' Mae'r ffordd tuag at wellhad ar ôl Versailles yn un hir iawn ac rydyn ni wedi teithio ar ei hyd yn rhyfeddol o gyflym.

Ffynhonnell B: O araith gan Stresemann, 1929

Dim ond ar yr wyneb mae'r economi yn ffynnu. Mewn gwirionedd, mae'r Almaen yn dawnsio ar y dibyn. Pe bai America yn galw'r benthyciadau tymor byr i mewn, byddai rhan fawr o economi ein gwlad yn dymchwel.

Dehongliad 1: O'r llyfr *A History of Germany 1918–45*, gafodd ei ysgrifennu yn 1997

Ond roedd gwendidau difrifol yn adferiad yr Almaen o hyd. Roedd yn dibynnu ar fenthyciadau gan America fyddai'n gallu cael eu tynnu'n ôl ar unrhyw adeg. Roedd diweithdra yn broblem ddifrifol. Efallai fod yr economi yn gwella, ond doedd hi ddim yn creu swyddi'n ddigon cyflym i boblogaeth yr Almaen oedd yn tyfu. Roedd rhai o sectorau'r economi mewn trafferth drwy gydol yr 1920au, a ffermio yn enwedig.

GWEITHGAREDDAU

1 Copïwch y tabl isod. Trefnwch y wybodaeth sydd yn Ffynonellau A, B a Dehongliad 1 a Ffigurau 2.1 a 2.2 yn dystiolaeth o blaid ac yn erbyn adferiad economaidd. Mae un wedi cael ei wneud i chi.

Tystiolaeth o blaid adferiad economaidd	Tystiolaeth yn erbyn adferiad economaidd
	Mae Dehongliad 1 yn awgrymu bod yr Almaen yn rhy ddibynnol ar UDA

2 Gan ddefnyddio'r tabl rydych chi newydd ei lunio, ysgrifennwch ateb 50 gair i'r cwestiwn 'I ba raddau roedd 1924–29 yn gyfnod o adferiad i Weriniaeth Weimar?'

Cwestiwn ymarfer

Edrychwch ar Ffynonellau A a B. Pa un o'r ffynonellau sydd fwyaf defnyddiol i hanesydd wrth astudio cyflwr economaidd yr Almaen yn 1930? *(I gael arweiniad, gweler tudalennau 96–97.)*

Llwyddiannau dramor

Mae rhai hefyd wedi cyfeirio at flynyddoedd Stresemann fel oes aur oherwydd ei lwyddiannau ef dramor. Cafodd Stresemann, oedd yn weinidog tramor rhwng 1923 ac 1929, sawl llwyddiant tu allan i'r Almaen, gan gynnwys Pact Locarno a chreu perthynas lwyddiannus gyda Chynghrair y Cenhedloedd.

Pact Locarno

Roedd Stresemann yn benderfynol o wella'r berthynas gyda Ffrainc a Phrydain, yn rhannol er mwyn adfer enw da'r Almaen yn rhyngwladol, ond hefyd er mwyn gallu cydweithio â nhw i gael gwared ar nodweddion gwaethaf Cytundeb Versailles, yn enwedig y taliadau iawndal.

Gwelodd Stresemann fod angen i Ffrainc deimlo'n ddiogel cyn byddai'n gallu cydweithio i newid amodau Cytundeb Heddwch Versailles. Felly, yn 1925, fe wnaeth yr Almaen arwyddo Pact Locarno gyda Ffrainc, Prydain, Gwlad Belg a'r Eidal. Yn ôl y cytundeb hwn, cytunodd y gwledydd i gadw'r ffiniau oedd eisoes yn bodoli rhwng yr Almaen, Gwlad Belg a Ffrainc. Yn sgil Pact Locarno, dychwelodd yr Almaen i'r llwyfan rhyngwladol Ewropeaidd, gan ddechrau cyfnod o gydweithio rhwng yr Almaen, Ffrainc a Phrydain, sy'n cael ei ddisgrifio weithiau fel 'Mis Mêl Locarno'.

▲ Ffynhonnell C: Stresemann yn llofnodi Pact Locarno, 1925

Cynghrair y Cenhedloedd

Er mwyn i Pact Locarno ddod i rym, roedd yn rhaid i'r Almaen ddod yn aelod o Gynghrair y Cenhedloedd, mudiad rhyngwladol gafodd ei sefydlu yn 1920 i geisio cadw heddwch. Ym mis Medi 1926, cafodd yr Almaen sedd barhaol ar Gyngor Cynghrair y Cenhedloedd. Roedd hyn yn cadarnhau bod yr Almaen wedi adennill ei statws fel un o'r Pwerau Mawrion a daeth hyn â bri mawr i Stresemann. Roedd yn benderfyniad dewr ar ei ran yntau, oherwydd bod llawer o Almaenwyr yn dal i weld y Gynghrair fel gwarchodwr Cytundeb Versailles, oedd yn atgas ganddyn nhw. At hynny, defnyddiodd Stresemann safle'r Almaen yn y Gynghrair i sefydlu Cynllun Young (gweler tudalen 16).

Pact Kellogg–Briand

Yn 1928 fe wnaeth yr Almaen arwyddo Pact Kellogg–Briand gyda 64 o genhedloedd eraill. Roedd pawb yn cytuno y bydden nhw'n cadw eu byddinoedd i amddiffyn eu hunain ac yn datrys pob anghydfod rhyngwladol 'trwy ddulliau heddychlon'.

Roedd y Pact yn dangos bod y berthynas rhwng UDA a chenhedloedd blaenllaw Ewrop wedi gwella ac yn cadarnhau bod yr Almaen yn un o'r gwledydd amlwg hyn unwaith eto.

Rôl Stresemann

O ganlyniad i bolisïau tramor Stresemann:

- yn 1925 galwodd Ffrainc ei milwyr yn ôl o'r Ruhr
- cytunodd y Cynghreiriad i Gynllun Dawes a Chynllun Young (gweler tudalennau 15–16)
- yn 1927 tynnodd lluoedd y Cynghreiriaid yn ôl o lan orllewinol y Rhein, bum mlynedd cyn 1933, sef y dyddiad oedd wedi'i bennu'n wreiddiol.

Yn gyffredinol, roedd gan Stresemann rôl hollbwysig wrth adfer y Weriniaeth. Yn benodol, fe gyflawnodd hyn drwy Gynllun Dawes a benthyciadau Americanaidd yn ogystal â'i lwyddiannau dramor, gan ailsefydlu safle rhyngwladol yr Almaen a meithrin perthynas agosach gyda Phrydain a Ffrainc. Oherwydd y llwyddiannau hyn, ef oedd arweinydd mwyaf poblogaidd Gweriniaeth Weimar.

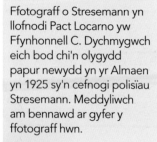

GWEITHGAREDD ?

Ffotograff o Stresemann yn llofnodi Pact Locarno yw Ffynhonnell C. Dychmygwch eich bod chi'n olygydd papur newydd yn yr Almaen yn 1925 sy'n cefnogi polisïau Stresemann. Meddyliwch am bennawd ar gyfer y ffotograff hwn.

Cwestiynau ymarfer

1 Defnyddiwch Ffynhonnell C a'r hyn rydych chi'n ei wybod i ddisgrifio Pact Locarno 1925. *(I gael arweiniad, gweler tudalennau 91–92.)*
2 Disgrifiwch sut gwnaeth Stresemann wella perthynas yr Almaen gyda phwerau tramor rhwng 1923 ac 1929. *(I gael arweiniad, gweler tudalen 93.)*

Datblygiadau gwleidyddol a chymdeithasol

Datblygiadau gwleidyddol

Roedd mwy o sefydlogrwydd gwleidyddol yn y cyfnod 1924–29. Er na lwyddodd un blaid unigol i ennill mwyafrif y seddi yn y *Reichstag*, hyd at 1930 y Sosialwyr Democrataidd cymhedrol oedd bob tro'n ennill y rhan fwyaf o bleidleisiau. Yn wir, yn ystod y cyfnod rhwng 1924 ac 1929 enillodd y pleidiau oedd yn cefnogi Gweriniaeth Weimar fwy o gefnogaeth, a rhoddwyd llai o gefnogaeth yn gyffredinol i grwpiau eithafol fel y Natsïaid, oherwydd yr adferiad economaidd a'r llwyddiannau dramor. Er enghraifft, ym mis Mai 1924 roedd gan y Sosialwyr Democrataidd 100 o aelodau yn y *Reichstag*, a chododd hyn i 153 ym mis Mai 1928. Ar y llaw arall, ym mis Mai 1924 dim ond 32 aelod oedd gan y Natsïaid, gan ostwng i 12 erbyn mis Mai 1928 (gweler Tabl 2.1).

Roedd y sefyllfa wleidyddol yn sefydlog hefyd oherwydd dau gymeriad allweddol, Stresemann a Hindenburg. Stresemann oedd arweinydd mwyaf poblogaidd Gweriniaeth Weimar, a hynny oherwydd ei lwyddiannau dramor. Hindenburg oedd un o arweinwyr yr Almaen yn y rhyfel rhwng 1914 ac 1918. Yn 1925 cafodd ei ethol yn arlywydd, sy'n awgrymu bod yr hen drefn geidwadol erbyn hynny wedi derbyn y Weriniaeth.

	Mai 1924	Rhagfyr 1924	Mai 1928
Y Sosialwyr Democrataidd	100	131	153
Y Blaid Genedlaethol (*DNVP*)	95	103	73
Y Blaid Gomiwnyddol (*KPD*)	62	45	54
Y Blaid Natsïaidd	32	14	12

▲ Tabl 2.1: Canlyniadau etholiadau 1924–28

Datblygiadau cymdeithasol

Mae'r cyfnod 1924–29 yn cael ei ddisgrifio fel 'oes aur' Gweriniaeth Weimar oherwydd newidiadau mawr o ran safon byw, safle menywod mewn cymdeithas, a newidiadau diwylliannol.

Safon byw

Cyflogau

Cododd safon byw llawer o Almaenwyr yn ystod y blynyddoedd hyn, yn enwedig o ran cyflogau, tai ac yswiriant diweithdra.

Yn ystod y cyfnod hwn, fe wnaeth gweithwyr yr Almaen elwa, i ryw raddau, o'r cynnydd yng ngwerth **cyflogau real**. Erbyn 1928, roedd cyflogau real wedi codi dros ddeg y cant gan olygu bod cyflogau gweithwyr yr Almaen ymhlith yr uchaf yn Ewrop.

Ond roedd nifer o'r dosbarth canol heb allu elwa ar y ffyniant cynyddol hwn. Doedd y newidiadau hyn yng nghyflogau real ddim yn fuddiol iawn i aelodau'r dosbarth canol, ac roedd llawer ohonyn nhw wedi cael eu gwneud yn fethdalwyr oherwydd gorchwyddiant 1923. Wnaeth eu cyflogau nhw ddim codi llawer mewn gwirionedd, a doedden nhw ddim yn gallu hawlio llawer o fudd-daliadau'r wladwriaeth les oedd yn cael eu cynnig gan Weriniaeth Weimar. Er bod llai o ddiweithdra yn gyffredinol, arhosodd yn uchel yn achos pobl oedd yn gweithio mewn swyddi proffesiynol fel cyfreithwyr, gweision sifil ac athrawon. Ym mis Ebrill 1928 roedd bron i 184,000 o weithwyr dosbarth canol yn chwilio am waith a doedd hanner ohonynt, bron, ddim yn gymwys i gael tâl diweithdra gan y wladwriaeth.

Tai

Yn ystod y cyfnod hwn, ceisiodd llywodraethau'r Weimar ddatrys problem ddifrifol prinder tai mewn sawl rhan o'r Almaen hefyd. Cafodd penseiri a chynllunwyr eu cyflogi i feddwl am ffyrdd o leihau'r prinder tai. Roedd buddsoddiad gan y llywodraeth, manteision treth, grantiau tir a benthyciadau llog isel hefyd yn ffyrdd o annog adeiladu tai a fflatiau newydd.

Rhwng 1924 ac 1931 cafodd dros ddwy filiwn o gartrefi newydd eu hadeiladu, gan adnewyddu neu ehangu bron i 200,000 o gartrefi eraill. Erbyn 1929 roedd y wladwriaeth yn gwario 33 gwaith yn fwy ar dai nag roedd wedi bod yn ei wneud yn 1913. Erbyn 1928 roedd digartrefedd wedi gostwng mwy na 60 y cant. Canlyniad hyn oedd bod tai o ansawdd llawer gwell ar gael i lawer o Almaenwyr.

Yswirant diweithdra

Roedd canghellor yr Almaen, Otto van Bismarck, wedi cyflwyno cyfres o ddiwygiadau yn yr 1880au gan gynnwys cynlluniau yswiriant iechyd, damweiniau a salwch, er mwyn helpu pobl sâl a phobl hŷn. Gwnaeth Gweriniaeth Weimar ymestyn hyn gan gyflwyno Deddf Yswiriant Diweithdra yn 1927. Roedd y ddeddf yn ei gwneud hi'n ofynnol i weithwyr gyfrannu at gynllun cenedlaethol ar gyfer lles diweithdra. Roedd diwygiadau eraill yn cynnig budd-daliadau a chymorth i gyn-filwyr, gwragedd a dibynyddion y rhai laddwyd yn y rhyfel, mamau sengl a phobl anabl.

GWEITHGAREDDAU

1 Beth gallwch chi ei ddysgu o Dabl 2.1 am y Blaid Natsïaidd a'r Blaid Gomiwnyddol yn ystod y blynyddoedd 1924–28?

2 Ym mha ffyrdd gwnaeth cyflogau, tai ac yswiriant diweithdra newid yn ystod y blynyddoedd 1924–29?

Safle menywod

Roedd safle menywod a'r drafodaeth am eu statws yn nodwedd bwysig o Weriniaeth Weimar. Yn 1919 cafodd menywod dros 20 oed hawl i bleidleisio ac fe wnaethon nhw ddechrau cymryd mwy o ddiddordeb mewn gwleidyddiaeth. Cyflwynodd Cyfansoddiad Weimar gydraddoldeb rhwng y rhywiau ym maes addysg a'r gwasanaeth sifil hefyd, a chyflog cyfartal yn y swyddi proffesiynol. O ganlyniad, roedd gan fenywod yr Almaen rai o'r hawliau cyfreithiol mwyaf blaengar yn Ewrop.

Roedd newidiadau hefyd ym myd cyflogaeth. O ran menywod oedd yn gweithio y tu allan i'r cartref, arhosodd eu niferoedd yn eithaf sefydlog yn ystod Gweriniaeth Weimar. Y newid mwyaf amlwg oedd y nifer cynyddol o fenywod mewn meysydd cyflogaeth newydd, yn enwedig mewn swyddi cyhoeddus (er enghraifft y gwasanaeth sifil, addysg neu waith cymdeithasol), mewn siopau neu ar y llinell gydosod mewn ffatrïoedd. Yn wir, roedd y menywod oedd yn gweithio yn y gwasanaeth sifil yn ennill yr un cyflog â dynion. Erbyn 1933 roedd 100,000 o athrawesau a 3,000 o feddygon benywaidd.

Math o gyflogaeth	1907	1925
Morwynion domestig	16	11.4
Gweithwyr fferm	14.5	9.2
Gweithwyr diwydiannol	18.3	23
Gweithwyr coler wen a swyddi cyhoeddus	6.5	12.6
Canran y menywod mewn swyddi	31.2	35.6

▲ Tabl 2.2: Menywod mewn cyflogaeth yn yr Almaen: cymhariaeth rhwng 1907 ac 1925. Mae'r ffigurau yn dangos canran y gweithlu oedd yn fenywod

Roedd menywod hefyd yn mwynhau llawer mwy o ryddid cymdeithasol nag yn y cyfnod cyn Gweriniaeth Weimar. Roedden nhw'n mynd allan ar eu pen eu hunain, yn yfed ac yn ysmygu yn gyhoeddus, ac yn cymryd diddordeb mewn ffasiwn, gan wisgo sgertiau cymharol fyr a cholur.

▲ Ffynhonnell CH: Ffotograff o fenywod mewn bar yn Berlin yn 1930. Cafodd ei gyhoeddi gydag erthygl mewn cylchgrawn Almaenig am newidiadau mewn ffordd o fyw yn ystod cyfnod Weimar

GWEITHGAREDDAU ?

1 Beth gallwch chi ei ddysgu o Dabl 2.2 am y newidiadau yng nghyflogaeth menywod yn y blynyddoedd 1907–25?

2 Mae'r cyfnod hwn yn aml yn cael ei ddisgrifio fel 'oes aur' Gweriniaeth Weimar. Gan weithio mewn parau, copïwch y tabl isod a'i lenwi. Dylai un ohonoch chi gyflwyno'r dystiolaeth o blaid, a'r llall i gyflwyno'r dystiolaeth yn erbyn. Yna cymharwch beth gwnaethoch chi ei ganfod.

	Tystiolaeth o blaid oes aur	Tystiolaeth yn erbyn oes aur
Cyflogau		
Tai		
Diweithdra		
Menywod		

Cwestiwn ymarfer

Beth oedd pwrpas Ffynhonnell CH? (I gael arweiniad, gweler tudalennau 94–95.)

Newidiadau diwylliannol

Gwelodd y cyfnod hwn rai o'r datblygiadau mwyaf cyffrous yn Ewrop o ran celf a diwylliant. Cafodd **sensoriaeth** lym y cyfnod cyn y rhyfel ei dileu. Drwy gydol yr 1920au, daeth Berlin i herio Paris fel prifddinas diwylliant Ewrop, a gwelwyd datblygiadau newydd a phwysig ym myd paentio, y sinema, pensaernïaeth, llenyddiaeth a'r theatr.

Cyn y rhyfel, doedd y rhan fwyaf o gelf yr Almaen ddim yn portreadu bywyd bob dydd. Ond yn groes i hyn, ceisiodd y rhan fwyaf o artistiaid Weimar bortreadu bywyd bob dydd. Roedden nhw eisiau i bobl gyffredin eu deall nhw gan eu bod yn credu y dylai celf gynnig sylwebaeth ar gymdeithas gyfoes. Yr enw gafodd ei roi ar y dull newydd hwn oedd *Neue Sachlichkeit,* sef 'gwrthrychedd newydd' – hynny yw, roedd artistiaid yn ceisio portreadu cymdeithas mewn ffordd wrthrychol a llai rhamantaidd. Cafodd 'gwrthrychedd newydd' ei gysylltu ag arlunwyr fel George Grosz (gweler Ffynhonnell D) ac Otto Dix.

Roedd pensaernïaeth yn ffynnu hefyd, yn enwedig y mudiad *Bauhaus,* sy'n golygu 'ysgol adeiladu'. Roedd y penseiri hyn yn cynllunio pob math o bethau: cadeiriau, stadau o dai a hyd yn oed stondinau sigaréts. Eu slogan oedd 'Celf a Thechnoleg – undod newydd.' Roedd eu harddull yn wahanol iawn i arddull coeth ac addurniadol yr Almaen cyn y rhyfel.

Roedd hon yn oes aur i sinema'r Almaen. Un o'i chyfarwyddwyr mwyaf adnabyddus oedd Fritz Lang. Mae ei ffilm, *Metropolis,* yn cael ei hadnabod fel ffilm fwyaf blaengar y degawd o ran technoleg. Cafodd y ffilm ffuglen wyddonol ddylanwadol hon ei rhyddhau yn 1927, ac mae'n cyflwyno dinas yn y dyfodol lle mae byd delfrydol hardd a diwylliedig yn bodoli uwchben isfyd diflas lle mae'r gweithwyr yn cael eu camdrin.

Cafodd llenyddiaeth yr adain dde a'r adain chwith gwleidyddol hwb yn ystod y cyfnod hwn hefyd.

- Ar yr adain dde, roedd awduron fel Arthur Möller ac Oswald Spengler yn feirniadol iawn o ddemocratiaeth yr Almaen ac yn clodfori profiadau'r Rhyfel Byd Cyntaf.
- Ar y llaw arall, roedd awduron fel Erich Remarque a Ludwig Renn yn sefyll yn gadarn yn erbyn rhyfel. Ysgrifennodd Remarque nofel wrth-ryfel deimladwy iawn o'r enw *All Quiet on the Western Front,* sy'n disgrifio erchyllterau'r Rhyfel Byd Cyntaf. Ymhen tri mis roedd y nofel wedi ei throsi yn ffilm lwyddiannus iawn.

Cwestiwn ymarfer

I ba raddau gwnaeth Stresemann lwyddo i ddatrys problemau economaidd Gweriniaeth Weimar rhwng 1923 ac 1929? *Defnyddiwch yr hyn rydych chi'n ei wybod a'i ddeall am y mater i gefnogi eich ateb. (I gael arweiniad, gweler tudalennau 98–99.)*

GWEITHGAREDDAU ?

1 Lluniwch fap meddwl i grynhoi'r prif newidiadau ym myd celf, pensaernïaeth, sinema a llenyddiaeth.
2 Beth gallwch chi ei ddysgu o Ffynhonnell D am agweddau at Weriniaeth Weimar?

▲ Ffynhonnell D: *Diwrnod Llwyd,* 1921, paentiad gan George Grosz. Mae'r dyn â'r mwstash yn gwisgo bathodyn sy'n dangos ei fod yn cefnogi'r frenhiniaeth yn hytrach na'r Weriniaeth

Cafodd Cwymp Wall Street yn 1929 ganlyniadau sydyn a phellgyrhaeddol. Arweiniodd y Cwymp at Ddirwasgiad Mawr yn UDA a lledaenodd hwnnw ar draws y byd. Gofynnodd UDA i'r Almaen ad-dalu'r benthyciadau a dechreuodd diweithdra yn yr Almaen godi wrth i gwmnïau fynd i'r wal. Erbyn 1932, roedd tua 6 miliwn o bobl yn ddi-waith ac roedd yn rhaid i lywodraeth Weimar ddefnyddio Erthygl 48 y cyfansoddiad. Oherwydd y problemau economaidd roedd llawer o anfodlonrwydd gwleidyddol, a llwyddodd pleidiau eithafol i ennill cefnogaeth yn yr etholiadau. Erbyn 1932, y Blaid Natsïaidd oedd y blaid fwyaf yn yr Almaen. Llwyddodd Hitler i apelio at bob dosbarth cymdeithasol, ac ar ôl cyfnod o gynllwynio gwleidyddol diddiwedd rhwng gwleidyddion fel Brüning, von Papen, von Schleicher a Hindenburg, daeth Hitler yn Ganghellor yr Almaen ym mis Ionawr 1933.

Dyddiau cynnar y Blaid Natsïaidd, 1919–23

Ffynhonnell A: O lythyr gafodd ei ysgrifennu gan Hitler yn 1921

Yn ystod ymgais y comiwnyddion i feddiannu München, fe wnes i aros yn y fyddin... Wrth roi sgyrsiau fel swyddog addysg, roeddwn i'n ymosod ar yr unbennaeth Goch greulon... Yn 1919 ymunais â Phlaid Gweithwyr yr Almaen. Roedd ganddi saith aelod ar y pryd ac roeddwn i'n credu mai dyma'r mudiad oedd yn cytuno â'm syniadau i fy hun.

Pan ddaeth y Rhyfel Byd Cyntaf i ben, roedd yr Almaen yn wynebu cyfnod o gynnwrf cymdeithasol a gwleidyddol enfawr. Yn ystod y pum mlynedd ar ôl y rhyfel, daeth sawl plaid newydd i'r amlwg a chafwyd gwrthryfeloedd gan grwpiau **comiwnyddol** ac **adain dde**. Un o'r pleidiau newydd oedd Plaid Gweithwyr yr Almaen (*Deutsche Arbeiterpartei, DAP*) gafodd ei sefydlu gan Anton Drexler yn München, Bafaria. Plaid adain dde, genedlaetholgar oedd hon, oedd yn rhoi pwyslais ar *völkisch* – y syniad o genedl Almaenig bur. Ond roedd gan y *DAP* rai syniadau **sosialaidd** hefyd, fel sefydlu cymdeithas ddiddosbarth a chyfyngu ar elw cwmnïau. Dim ond tua 50 aelod oedd gan y blaid erbyn diwedd 1919.

Pan oedd yn gweithio i uned cudd-wybodaeth y fyddin, aeth Adolf Hitler i gyfarfod ym mis Medi 1919 a chael ei wylltio gymaint gan sylwadau un o'r siaradwyr nes iddo ymateb gydag araith rymus. Gwnaeth Hitler argraff fawr ar Drexler a gofynnodd ef i Hitler ymuno â'r blaid.

Yn y *DAP*, sylweddolodd Hitler fod ganddo'r ddawn i siarad yn gyhoeddus. Cafodd ei frwdfrydedd ei wobrwyo yn fuan iawn gan y blaid wrth iddi roi'r cyfrifoldeb iddo am recriwtio a phropaganda. Siaradodd Hitler mewn sawl cyfarfod ac mae themâu arferol ei areithiau i'w gweld yn Ffigur 3.1 isod.

Y *Dolchstoss* (damcaniaeth trywaniad yn y cefn).

Casáu Cytundeb Versailles.

Casineb at Weimar a Throseddwyr Tachwedd.

Y cynllwyn Comiwnyddol–Iddewig oedd yn benderfynol o ddinistrio'r Almaen.

▲ Ffigur 3.1: Themâu roedd Hitler yn eu trafod yn ei areithiau

Y Rhaglen 25 Pwynt

Ym mis Chwefror 1920 ysgrifennodd Hitler a Drexler ddogfen ddaeth i gael ei galw yn Rhaglen 25 Pwynt (gweler Tabl 3.1). Maniffesto gwleidyddol oedd hwn. Cadwodd Hitler at y rhan fwyaf o'r syniadau oedd ynddo ar hyd ei oes. Cyhoeddwyd y Rhaglen mewn cyfarfod yn München, ac yn fuan wedyn cafodd y geiriau 'Sosialwyr Cenedlaethol' eu hychwanegu at enw'r blaid, felly yr **NSDAP** oedd hi bellach. Tyfodd y blaid yn gyflym yn 1920 a Hitler oedd yn bennaf cyfrifol am hyn. Daeth cannoedd o bobl i gyfarfodydd yr *NSDAP* i wrando arno'n siarad. Yn sgil y cynnydd mewn aelodau, llwyddodd y blaid i brynu a chyhoeddi ei phapur newydd ei hun – *Völkischer Beobachter* ('Gwyliwr y Bobl').

Roedd gan Hitler ddylanwad mawr ar y blaid a daeth yn arweinydd arni ym mis Gorffennaf 1921. Dechreuodd ddatblygu ei syniadau ar y ffordd orau o arwain y blaid. Roedd ganddo'r teitl *Führer*, sy'n golygu 'arweinydd', ond yn raddol datblygodd ystyr llawer mwy grymus i'r gair. Iddo ef, roedd hyn yn golygu bod yn rhaid iddo gael grym ac awdurdod absoliwt o fewn y blaid fel nad oedd yn gorfod ateb i neb. Dyma oedd y *Führerprinzip* (egwyddor yr arweinydd), a daeth hyn yn hollbwysig i drefniadaeth y blaid.

Pwynt	Cynnwys
Rhif 1	Uno'r holl Almaenwyr i ffurfio Almaen Fwy.
Rhif 2	Dileu Cytundeb Versailles.
Rhif 4	Pobl o waed Almaenig yn unig fyddai'n cael bod yn ddinasyddion y wladwriaeth. Felly, fyddai Iddewon ddim yn cael bod yn ddinasyddion y wlad.
Rhif 6	Dinasyddion Almaenig yn unig fyddai'n cael yr hawl i bleidleisio mewn etholiadau.
Rhif 7	Byddai dinasyddion tramor yn cael eu halltudio pe bai'n dod yn amhosibl bwydo'r boblogaeth gyfan.
Rhif 8	Byddai unrhyw un oedd ddim yn Almaenig ac oedd wedi dod i'r wlad ar ôl 1914 yn gorfod gadael.
Rhif 13	Byddai'r llywodraeth yn gwladoli'r holl fusnesau oedd wedi'u ffurfio yn gorfforaethau.
Rhif 14	Byddai'r llywodraeth yn rhannu elw'r prif ddiwydiannau.
Rhif 17	Rhoi diwedd ar hapfuddsoddi mewn tir a meddiannu unrhyw dir oedd ei angen at ddibenion cymunedol. Ni fyddai unrhyw iawndal.
Rhif 23	Byddai'n rhaid i bob golygydd papur newydd ac unrhyw gyfranwyr fod yn Almaenwyr, ac os nad oedd papurau newydd yn rhai Almaenig, dim ond gyda chaniatâd y llywodraeth y bydden nhw'n cael eu cyhoeddi.
Rhif 24	Rhyddid crefyddol i bawb – ar yr amod na fyddai'r safbwyntiau fyddai'n cael eu mynegi yn bygwth nac yn gwylltio pobl yr Almaen.
Rhif 25	Creu llywodraeth ganolog gadarn ar gyfer y **Reich** er mwyn rhoi'r rhaglen newydd ar waith.

▲ Tabl 3.1 Prif bwyntiau'r Rhaglen 25 Pwynt

GWEITHGAREDDAU

1 Esboniwch ystyr *Führerprinzip*.
2 Edrychwch ar brif nodweddion y Rhaglen 25 Pwynt yn Nhabl 3.1. Copïwch y tabl isod a nodwch pa bwyntiau yn y Rhaglen sy'n ymwneud â'r meysydd sydd i'w gweld.

Cytundeb Versailles	Hil	Crefydd	Hawliau sifil	Diwydiant

3 Gweithiwch mewn parau. Beth mae'r Rhaglen 25 Pwynt yn ei ddweud wrthych chi am ideoleg y Blaid Natsïaidd gynnar?

▲ Ffigur 3.2: Y swastica

Mae pobl yn credu bod Hitler wedi dewis dangos y swastica mewn cylch gwyn ar gefndir coch gan fod gwyn yn sefyll dros genedlaetholdeb a choch dros y gweithiwr. Mae'n bosibl y cafodd y swastica ei ddewis oherwydd ei fod yn wrth-Semitaidd ac yn cynrychioli buddugoliaeth yr hil Ariaidd.

Y *Sturmabteilung* (SA)

Fel arweinydd y Blaid Natsïaidd, dechreuodd Hitler wneud rhai newidiadau. Fe wnaeth ef sefydlu'r swastica fel arwyddlun y blaid (gweler Ffigur 3.2), ac annog y defnydd o saliwt gyda'r fraich wedi'i chodi. Arweiniodd y cyfarfodydd gwleidyddol yn München yn ystod y cyfnod hwn at ddigwyddiadau treisgar, felly er mwyn gwarchod siaradwyr Natsïaidd, cafodd sgwadiau amddiffyn eu defnyddio. Cafodd y dynion hyn eu trefnu o fewn yr Adran Gymnasteg a Chwaraeon, a datblygodd y grŵp i fod yn *Sturmabteilung* (SA) yn 1921, dan arweiniad Ernst Röhm. Yr enw cyffredin ar aelodau'r SA oedd 'Y Crysau Brown' oherwydd lliw eu lifrai.

Twf cynnar y Blaid Natsïaidd

Yn ystod y cyfnod 1921–23 cafodd yr SA eu defnyddio i darfu ar gyfarfodydd y Sosialwyr Democrataidd a'r Blaid Gomiwnyddol. Gwnaeth Hitler yn siŵr fod ei blaid yn cael llawer o gyhoeddusrwydd, a thyfodd yr aelodaeth o tua 1,100 ym mis Mehefin 1920 i tua 55,000 ym mis Tachwedd 1923.

Roedd ei areithiau yn cynnwys y feirniadaeth arferol o lywodraeth Weimar, ond dechreuodd gyfeirio fwyfwy hefyd at burdeb yr hil Almaenig (neu **Ariaidd**) gan wneud sylwadau miniog am Iddewon. I Hitler a'i ddilynwyr, roedd yr Iddewon yn datblygu'n fwch dihangol ar gyfer holl broblemau'r Almaen. Er mai sefydliad rhanbarthol oedd y Blaid Natsïaidd yn ystod y cyfnod hwn, gyda'i phrif gefnogaeth yn Bafaria (gweler Ffigur 3.3), wnaeth hyn ddim atal gobeithion gwleidyddol cenedlaethol Hitler.

> **Ffynhonnell B:** Aelod o'r Blaid Natsïaidd yn disgrifio un o areithiau Hitler yn 1922
>
> *Cafodd fy ngallu i feddwl yn feirniadol ei chwalu. Gan bwyso ymlaen, fel petai'n ceisio gwthio ei fod mewnol i mewn i ymwybyddiaeth yr holl filoedd hynny, roedd yn dal y dorf, a finnau hefyd, o dan hud hypnotig oherwydd grym ei gred... anghofiais i am bopeth ond y dyn ei hun; yna wrth edrych o gwmpas, gwelais fod ei swyn yn dal y miloedd hynny fel un.*

◀ Ffigur 3.3: Map yn dangos yr Almaen a Bafaria

GWEITHGAREDD ?

1 Pa mor bwysig oedd yr SA i'r Blaid Natsïaidd?

2 Edrychwch ar Ffynhonnell B. Yn ôl y ffynhonnell hon, pam roedd Hitler yn siaradwr da?

Putsch München, 1923

Yn sgil argyfwng economaidd a gwleidyddol yr Almaen yn 1923, penderfynodd Hitler fod y Blaid Natsïaidd mewn sefyllfa lle gallai ddymchwel y llywodraeth ranbarthol yn München ac yna y byddai'n gallu gorymdeithio i Berlin. Roedd Hitler yn casáu Gweriniaeth Weimar ac felly, ar ôl i Ffrainc feddiannu ardal y Ruhr ac wrth i orchwyddiant ddod i'r amlwg (gweler tudalennau 13–14), gwelodd Hitler ei gyfle i ddymchwel Weimar gan ei bod mor amhoblogaidd. Gan fod y Blaid Natsïaidd wedi tyfu o ran nerth yn München a Bafaria a dod yn boblogaidd yno, penderfynodd Hitler mai'r cam cyntaf fyddai cipio Bafaria ac yna gorymdeithio i Berlin. Yna byddai'n cael gwared ar wleidyddion gwan y Weimar ac yn ffurfio ei lywodraeth Natsïaidd ei hun.

Rhesymau dros y *Putsch*

Wrth i aelodaeth y Blaid Natsïaidd dyfu, ac wrth i Hitler ddod yn ffigwr amlwg yng ngwleidyddiaeth Bafaria, dechreuodd ef ystyried y syniad o'i gyflwyno'i hun ar y llwyfan cenedlaethol. Roedd gweithredoedd Benito Mussolini, oedd wedi cipio grym yn yr Eidal yn 1922, wedi gwneud argraff arno. Roedd Mussolini, arweinydd Plaid Ffasgaidd Genedlaethol yr Eidal, wedi defnyddio ei fyddin breifat (y Crysau Duon) i gipio grym ar ôl gorymdeithio i'r brifddinas. Gwelodd Hitler fod gan Mussolini gefnogaeth y fyddin barhaol ac roedd yn gwybod y byddai'n rhaid iddo ennill cefnogaeth byddin a llynges yr Almaen (y *Reichswehr*) os oedd e'n mynd i orymdeithio i Berlin.

Doedd llywodraeth Bafaria, dan arweiniad von Kahr, na phennaeth y fyddin, von Lossow, a phennaeth yr heddlu, von Seisser, erioed wedi cefnogi Gweriniaeth Weimar yn llwyr. Roedd Hitler yn gwybod y gallai ei ymosodiad ar Berlin lwyddo pe bai'n gallu ennill cefnogaeth y tri dyn pwysig hyn. Mae Ffigur 3.4 isod yn edrych ar y rhesymau dros y *Putsch*.

▼ Ffigur 3.4: Y rhesymau dros *Putsch* München. Mae'r ffotograff yn dangos cynghorydd tref (mewn dillad bob dydd) yn cael ei arestio ar 8 Tachwedd 1923.

Roedd Hitler yn casáu Cytundeb Versailles ac roedd eisiau dileu'r telerau

Roedd y gefnogaeth i'r Blaid Natsïaidd wedi tyfu erbyn 1923, yn enwedig yn ardal Bafaria

Roedd Hitler yn casáu Gweriniaeth Weimar

Roedd nifer o Almaenwyr yn flin iawn fod Gweriniaeth Weimar wedi galw ar bobl y Ruhr i ddod â'r gwrthwynebiad di-drais i'r Ffrancwyr i ben

Roedd Hitler wedi ennill cefnogaeth y Cadfridog Ludendorff, cyn-gadbennaeth y fyddin. Roedd Ludendorff yn ddyn poblogaidd iawn.

Roedd nifer o Almaenwyr yn beio Gweriniaeth Weimar am orchwyddiant

Byddai'r SA yn cael eu defnyddio fel cymorth arfog

Roedd Hitler yn credu byddai pobl o bob cwr o'r Almaen yn ei gefnogi ef yn lle Weimar

Roedd Hitler yn hyderus byddai von Kahr a'r fyddin yn Bafaria yn ei gefnogi

GWEITHGAREDDAU

1 Esboniwch pam roedd Hitler yn credu gallai gael cefnogaeth genedlaethol i'w ymgais i gipio pŵer yn 1923.

2 Edrychwch ar Ffigur 3.4. Gan weithio mewn parau, rhowch yr achosion yn eu trefn yn ôl eu pwysigrwydd. Esboniwch y rhesymau dros eich dewis.

Digwyddiadau *Putsch* München

Ffynhonnell C:
Cyhoeddiad Hitler ar ddechrau'r *Putsch* ar 9 Tachwedd 1923

Cyhoeddiad i bobl yr Almaen! Heddiw mae Llywodraeth Troseddwyr Tachwedd yn Berlin wedi cael ei dymchwel. Mae Llywodraeth Genedlaethol dros dro wedi ei ffurfio ar gyfer yr Almaen; mae'n cynnwys y Cadfridog Ludendorff, Adolf Hitler a'r Cyrnol von Seisser.

Ar noson 8 Tachwedd 1923, cipiodd Hitler a 600 o Natsïaid y Burgerbräukeller lle'r oedd von Kahr, von Seisser a von Lossow mewn cyfarfod. Rhoddodd Hitler y tri arweinydd mewn ystafell ac ar ôl eu bygwth nhw gyda gwn, gwnaeth pob un addo ei gefnogi pe bai'n llwyddo i gipio grym. *Putsch* München yw'r enw gafodd ei roi ar y digwyddiadau hyn. Yn rhyfeddol, cafodd y tri eu rhyddhau o'r adeilad. Ond y diwrnod canlynol, newidiodd von Seisser a von Lossow eu meddyliau, gan drefnu'r fyddin a'r heddlu i wrthsefyll yr orymdaith arfog roedd Hitler wedi'i chynllunio drwy München.

Er i'w gynlluniau gael eu difetha, aeth Hitler yn ei flaen â'r orymdaith drwy München. Ond dim ond tua 2,000 o reifflau oedd gan y Natsïaid, a phan gawson nhw eu herio doedden nhw ddim yn gallu cystadlu â'r heddlu a'u holl arfau. Wrth i'r ddau grŵp ddod wyneb yn wyneb, dechreuodd rhai saethu, a lladdwyd 16 o Natsïaid a phedwar aelod o'r heddlu. Daeth y digwyddiad i ben yn gyflym a gwasgarodd y Natsïaid. Diflannodd Hitler ond cafodd ei arestio ddau ddiwrnod yn ddiweddarach. Cafodd y Blaid Natsïaidd ei gwahardd yr un diwrnod.

▲ Ffynhonnell CH: Dynion arfog yr SA ger baricêd yn München, 9 Tachwedd 1923. Mae'r dyn fyddai'n dod yn arweinydd y *Schutzstaffel* (*SS*), Heinrich Himmler, yn dal baner yr Ail *Reich* (cyn 1918) yng nghanol y ffotograff.

GWEITHGAREDDAU

1 Pa mor llwyddiannus oedd *Putsch* München?

2 Edrychwch ar Ffynhonnell C. Allwch chi awgrymu pam byddai rhai Almaenwyr wedi cefnogi Hitler yn y *Putsch*?

3 Beth gallwch chi ei ddysgu o Ffynhonnell CH am yr SA yn 1923?

4 Gan ddefnyddio map meddwl, crynhowch y prif resymau dros fethiant y *Putsch*.

Cwestiwn ymarfer

Disgrifiwch brif ddigwyddiadau *Putsch* München. (*I gael arweiniad, gweler tudalen 93.*)

Achos llys Hitler a'i garcharu

Cafodd Hitler ei arestio gyda'i brif gefnogwr, y Cadfridog Ludendorff, a'i roi ar brawf am frad. Dechreuodd yr achos ym mis Chwefror 1924 gan barhau am fis bron. Rhoddodd yr achos llys lwyfan cyhoeddus cenedlaethol i Hitler, gan ei gyflwyno i bobl yr Almaen yn y wasg genedlaethol. Roedd e'n gwadu'r cyhuddiad o frad. Mynnodd mai ei fwriad oedd adfer mawredd yr Almaen a gwrthwynebu llywodraeth wan ac aneffeithiol Weimar. Cyflwynodd feirniadaeth hallt o Droseddwyr Tachwedd, Cytundeb Versailles a'r **Bolsiefigiaid** Iddewig oedd wedi bradychu'r Almaen. Ymosododd ar Weimar ar bob cyfle posibl a defnyddiodd yr achos i gyflwyno ei safbwyntiau gwleidyddol. Rhoddodd y barnwyr, oedd yn cydymdeimlo ag ef, gyfle iddo wneud areithiau hir a byddai'r papurau newydd wedyn yn eu hadrodd. O ganlyniad, daeth Hitler yn enwog yn yr Almaen (gweler Dehongliad 1).

Ar 1 Ebrill cafwyd Hitler yn euog o frad ond cafodd ei drin yn drugarog gan y barnwyr a'i ddedfrydu i bum mlynedd o garchar, sef y ddedfryd leiaf. Ni chafodd Ludendorff ei gyhuddo.

Dim ond naw mis dreuliodd Hitler yng ngharchar Landsberg. Yn y carchar, ysgrifennodd ei hunangofiant *Mein Kampf* ('Fy Mrwydr'), oedd hefyd yn trafod ei safbwyntiau gwleidyddol (gweler Ffigur 3.5). Yn ystod ei gyfnod yn y carchar cafodd gyfle i fyfyrio ar y *Putsch* a'i ddyfodol ym myd gwleidyddiaeth (gweler Ffynhonnell DD). Mae haneswyr bellach yn credu mai yng ngharchar Landsberg y penderfynodd Hitler mai ef oedd yr arweinydd fyddai'n gwneud yr Almaen yn wlad gryf unwaith eto. Cafodd amser gweddol hawdd yn y carchar ac roedd e'n gallu cael cynifer o ymwelwyr ag roedd yn dymuno. Derbyniodd nifer fawr o lythyrau ac roedd pob math o lyfrau ar gael iddo.

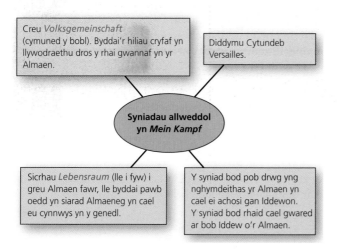

▲ Ffigur 3.5: Syniadau *Mein Kampf*

Creu *Volksgemeinschaft* (cymuned y bobl). Byddai'r hiliau cryfaf yn llywodraethu dros y rhai gwannaf yn yr Almaen.

Diddymu Cytundeb Versailles.

Syniadau allweddol yn *Mein Kampf*

Sicrhau *Lebensraum* (lle i fyw) i greu Almaen fawr, lle byddai pawb oedd yn siarad Almaeneg yn cael eu cynnwys yn y genedl.

Y syniad bod pob drwg yng nghymdeithas yr Almaen yn cael ei achosi gan Iddewon. Y syniad bod rhaid cael gwared ar bob Iddew o'r Almaen.

Dehongliad 1: O'r llyfr *The Rise and Fall of the Third Reich* gan William Shirer, newyddiadurwr o UDA oedd yn byw yn Berlin yn yr 1930au

Roedd Hitler yn ddigon call i ddeall y byddai ei achos llys yn cynnig llwyfan newydd i ledaenu ei enw y tu hwnt i Bafaria, a hyd yn oed yr Almaen, am y tro cyntaf... Erbyn diwedd yr achos... roedd Hitler wedi troi methiant yn llwyddiant... wedi gwneud argraff ar bobl yr Almaen gyda'i allu i siarad a'i genedlaetholdeb angerddol, ac roedd ei enw ar dudalennau blaen y byd.

▲ **Ffynhonnell D:** Y prif ddiffynyddion yn yr achos llys ar ôl y *Putsch*. O'r chwith i'r dde: H. Pernet, F. Weber, Wilhelm Frick, H. Kriebel, y Cadfridog Ludendorff, Adolf Hitler, W. Bruckner, Ernst Röhm ac R. Wagner

Ffynhonnell DD: Sylwadau gafodd eu gwneud gan Hitler pan oedd yn garcharor yn Landsberg. Roedd yn siarad gyda chyd-garcharor Natsïaidd

Pan fydda' i'n ail-afael yn y gwaith, bydd angen dilyn polisi newydd. Yn lle gweithio i ennill grym drwy gynllwyn arfog, bydd yn rhaid i ni lyncu'n balchder a brwydro am le yn y senedd yn erbyn yr aelodau Catholig a chomiwnyddol. Os yw eu trechu trwy bleidlais yn cymryd mwy o amser na'u trechu gyda bwledi, o leiaf bydd eu cyfansoddiad nhw eu hunain yn sicrhau'r canlyniadau. Yn hwyr neu'n hwyrach, bydd gennym ni fwyafrif yn y senedd ...

GWEITHGAREDDAU

1 Edrychwch ar Ffynhonnell D. Beth mae'n ei ddangos i chi am y bobl oedd yn rhan o *Putsch* München?

2 Defnyddiwch Ddehongliad 1 a'r hyn rydych chi'n ei wybod i esbonio pam roedd yr achos llys mor bwysig i Hitler.

3 Edrychwch ar Ffynhonnell DD. Beth mae'n ei ddweud wrthym ni am agwedd Hitler tuag at fethiant y *Putsch*?

4 Dyluniwch hysbyseb ar gyfer *Mein Kampf*. Dylech chi bwysleisio pam ei bod yn bwysig i Almaenwyr ei ddarllen, sut mae'n dangos syniadau Hitler a sut bydd yn newid barn pobl.

Y Blaid Natsïaidd, 1924–29

Dirywio wnaeth y Blaid Natsïaidd tra oedd Hitler yn y carchar. Er i'r Blaid Natsïaidd gael ei gwahardd, roedd hi'n dal i fodoli yn ddirgel. Ychydig iawn o allu i arwain oedd gan yr arweinydd newydd, Alfred Rosenberg, a rhannodd y blaid yn grwpiau bach. Ar ôl cael ei ryddhau o'r carchar, llwyddodd Hitler i berswadio Arlywydd Bafaria i ddod â'r gwaharddiad ar y Blaid Natsïaidd i ben. Ym mis Chwefror 1924, cafodd y Blaid Natsïaidd ei hailgychwyn a dechreuodd Hitler reoli'r blaid unwaith eto. Aeth ati i wneud newidiadau i'r blaid a'i strwythur. Gwnaeth Hitler yn siŵr mai ei gyfeillion agosaf yn unig oedd yn helpu i redeg y blaid o München. Roedd y bobl hyn a'r *Gauleiter* (arweinwyr lleol y blaid) yn hyrwyddo syniad y *Führerprinzip* (gweler tudalen 23).

Cynhadledd Bamberg

Yng Nghynhadledd y Blaid yn Bamberg yn 1926, parhaodd Hitler i gryfhau ei safle fel arweinydd y blaid. Llwyddodd i ennill cefnogaeth gwrthwynebwyr posibl fel Gregor Strasser a Josef Goebbels. Cafodd Strasser ei benodi yn Arweinydd Propaganda'r Blaid a Goebbels yn *Gauleiter* Berlin. Cafodd Hitler wared ar wrthwynebwyr eraill. Er enghraifft, mynnodd Hitler fod Röhm yn ymddiswyddo fel arweinydd yr SA gan ei fod yn poeni byddai'r SA yn parhau i fod yn grŵp treisgar. Allai ef ddim bod yn siŵr byddai Röhm yn dilyn ei orchmynion. Ernst von Salomon oedd arweinydd newydd yr SA. Yna, creodd Hitler uned bersonol i'w warchod, sef y *Schutzstaffel*, ddaeth i gael ei hadnabod fel yr **SS**. Un newid arall yn ystod y cyfnod hwn oedd sefydlu'r *HitlerJugend* (**Mudiad Ieuenctid Hitler**), er mwyn cystadlu â grwpiau ieuenctid eraill (gweler tudalen 56).

Arweinyddiaeth Hitler

Erbyn 1926 Hitler, heb amheuaeth, oedd yr arweinydd – *Der Führer* – a'i neges oedd defnyddio propaganda diddiwedd i ennill cefnogaeth y pleidleiswyr. Cafodd Rhaglen 25 Pwynt 1920 ei derbyn fel prif bolisi'r Blaid Natsïaidd. Ond yn 1928, newidiwyd Pwynt 17 (gweler tudalen 23) i ddweud mai dim ond os oedd tir preifat yn eiddo i Iddewon y byddai'n cael ei gymryd gan y llywodraeth. Cyn 1928 roedd Hitler wedi ceisio ennill cefnogaeth pleidleiswyr yn y trefi, ond nawr penderfynodd dargedu pleidleiswyr yr ardaloedd gwledig hefyd. Roedd hyn ar adeg pan oedd ffermwyr yn dechrau wynebu problemau economaidd ac felly'n cael eu denu at Natsïaeth.

Ar ôl cael ei had-drefnu dan arweinyddiaeth Hitler, aeth y blaid o nerth i nerth. Yn 1925, dim ond 27,000 o aelodau oedd gan y blaid, ond roedd ganddi fwy na 100,000 erbyn diwedd 1928. Roedd yn blaid genedlaethol oedd wedi dechrau denu pobl o bob dosbarth. Ond er yr holl newidiadau hyn, dim ond 12 sedd enillodd y Natsïaid yn etholiadau seneddol 1928, er bod ganddyn nhw 32 sedd yn 1924.

Daeth mwy o newidiadau i'r Blaid Natsïaidd ar ddiwedd yr 1920au pan ddechreuodd Hitler weld gwerinwyr fel grŵp etholiadol allweddol. Hefyd, daeth Goebbels yn Arweinydd Propaganda'r Blaid yn lle Strasser.

Fodd bynnag, digwyddiadau yn UDA wnaeth arwain at lwyddiant gwleidyddol y Blaid Natsïaidd yn yr Almaen. Fe wnaeth **Cwymp Wall Street** yn 1929 achosi storm economaidd, ac wrth i ddiweithdra ddechrau codi yn yr Almaen, felly hefyd y tyfodd y gefnogaeth i'r Blaid Natsïaidd. Dim ond bedair blynedd ar ôl y Cwymp, roedd Hitler a'r Natsïaid mewn grym.

GWEITHGAREDDAU

1 Esboniwch pam roedd Cynhadledd Bamberg yn bwysig i Hitler.

2 Lluniwch boster etholiad ar gyfer y Blaid Natsïaidd yn 1928, gan ddangos sut mae'r blaid wedi newid ers *Putsch* München.

Effaith y dirwasgiad

Erbyn 1929, roedd y rhan fwyaf o'r Almaen wedi cael pum mlynedd o ffyniant llewyrchus. Roedd benthyciadau gan UDA wedi helpu i ddileu chwyddiant ac roedd llawer o fuddsoddi wedi bod mewn diwydiant. Ond roedd y ffyniant hwn yn dibynnu ar UDA a phan syrthiodd marchnad stoc America ym mis Hydref 1929, cafodd y problemau hyn effaith enfawr ar economi'r Almaen. Bu farw Stresemann y flwyddyn honno, gan ychwanegu at yr argyfwng. Roedd llawer o Almaenwyr yn credu mai ef oedd yr unig un allai arwain yr Almaen drwy gyfnod anodd eto.

Cafodd Cwymp Wall Street a'r dirwasgiad ddaeth yn ei sgil effaith drychinebus ar lywodraeth a phobl yr Almaen (gweler Ffynhonnell E). Dyma greodd yr amodau oedd yn help mawr i'r Blaid Natsïaidd dyfu a dod i rym.

> **Ffynhonnell E:** O'r llyfr *Slump! A Study of Stricken Europe Today* wedi'i ysgrifennu gan H. H. Tiltman, newyddiadurwr o UDA, 1932
>
> *Lle bydd naw o bob deg Sais yn dechrau sgwrs drwy drafod chwaraeon, bydd dau Almaenwr yn gofyn i'w gilydd pam dylen nhw a'u teuluoedd lwgu mewn byd sy'n llawn bwyd... Mae hyn yn esbonio'r diddordeb brwd sydd gan bob dosbarth yn yr Almaen mewn gwleidyddiaeth... Os yw degau o filoedd o ddynion a menywod yn barod i eistedd am oriau i wrando ar Sosialwyr Cenedlaethol a chomiwnyddion, mae'n rhaid bod gwleidyddiaeth yn berthnasol i fywyd bob dydd.*

Roedd y benthyciadau gafodd eu gwneud i'r Almaen o dan **Gynllun Dawes** yn 1924 yn cael eu tynnu'n ôl gan fancwyr ac arianwyr UDA. Roedd llai o fasnach ryngwladol a llawer llai o gynnyrch yn cael ei allforio o'r Almaen yn y blynyddoedd ar ôl 1929. Felly roedd y **Dirwasgiad Mawr** wedi cyrraedd yr Almaen. Dechreuodd diweithdra godi wrth i gyflogwyr ddiswyddo gweithwyr ac wrth i ffatrïoedd gau. Roedd ffermwyr yr Almaen yn wynebu problemau yn barod. Gwaethygodd eu sefyllfa wrth i brisiau bwyd ddal i ostwng. Roedd rhai Almaenwyr yn methu â thalu'r rhent, a rhai yn gorfod byw ar y stryd.

Gallai'r llywodraeth gynnig tâl diweithdra i'r di-waith, ond wrth i arian fynd yn brin, daeth yn amlwg y byddai'n rhaid torri budd-daliadau. Roedd pobl ddi-waith a newynog yn chwilio am atebion ac yn troi at bleidiau gwleidyddol fel y Natsïaid, gan gredu bydden nhw'n gallu datrys eu problemau.

Daliodd diweithdra i gynyddu ar ddechrau'r 1930au ac erbyn dechrau 1932 roedd dros 6 miliwn yn ddi-waith (gweler Ffigur 3.6). Felly roedd pedwar o bob deg gweithiwr yn yr Almaen yn ddi-waith. Yn wahanol i 1923, nid poeni am chwyddiant roedd pobl yr Almaen y tro hwn, ond poeni am ddiweithdra. Pe bai plaid wleidyddol yn gallu cynnig atebion clir a syml i'r problemau economaidd, byddai'n ennill pleidleisiau'n hawdd. Roedd y gweithwyr eisiau swyddi ac roedd y dosbarth canol yn ofni chwyldro comiwnyddol fel yr un ddigwyddodd yn Rwsia yn 1917. Roedd Plaid Gomiwnyddol yr Almaen (*KPD*) yn tyfu ac, fel y Natsïaid, roedd yn addo dod â'r dirwasgiad i ben.

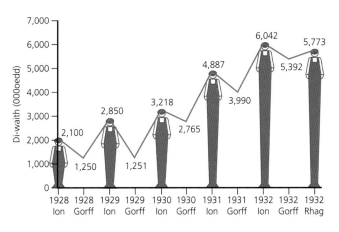

▲ Ffigur 3.6: Diweithdra yn yr Almaen, 1928–32

▲ Ffynhonnell F: Gweithwyr di-waith yn Hanover, yn aros am eu budd-daliadau yn 1932. Sylwch ar yr ysgrifen ar wal yr adeilad. Mae'n dweud 'Pleidleisiwch dros Hitler'

GWEITHGAREDDAU

1 Edrychwch ar Ffynhonnell E. Beth mae'n ei awgrymu am y sefyllfa wleidyddol yn yr Almaen yn 1932?

2 Beth gallwch chi ei ddysgu o'r graff a Ffynhonnell F am y sefyllfa yn yr Almaen yn 1932?

3 Lluniwch fap meddwl i ddangos effeithiau'r dirwasgiad ar yr Almaen.

Cwestiwn ymarfer

Defnyddiwch Ffynhonnell F a'r hyn rydych chi'n ei wybod i ddisgrifio'r sefyllfa yn yr Almaen erbyn 1932. (*I gael arweiniad, gweler tudalennau 91–92.*)

Yr effaith ar lywodraeth Weimar

Achosodd yr argyfwng economaidd broblemau i lywodraeth Weimar a doedd neb yn gallu cytuno sut i ddatrys diweithdra a thlodi. Ym mis Mawrth 1930, cafodd Heinrich Brüning o'r **Blaid Ganolog** swydd y canghellor yn lle'r Canghellor Müller. Doedd gan Brüning ddim y mwyafrif gofynnol yn ôl Cyfansoddiad Weimar, ac roedd yn rhaid iddo ddibynnu ar yr Arlywydd Hindenburg gan ddefnyddio Erthygl 48 (gweler tudalen 7). O hyn ymlaen, roedd y *Reichstag* (y senedd) yn cael ei ddefnyddio yn llai aml. Mae llawer o haneswyr yn credu mai dyma pryd daeth Gweriniaeth Weimar a democratiaeth seneddol i ben.

Gan nad oedd gan Brüning fwyafrif yn y *Reichstag*, galwodd etholiad cyffredinol ym mis Medi 1930. Yr etholiad hwn agorodd y drws i'r Natsïaid. Llwyddodd y blaid i ennill 107 o seddi a sefydlu ei hun fel yr ail blaid fwyaf yn yr Almaen ar ôl y Sosialwyr Democrataidd (SPD) oedd wedi ennill 143 sedd. Doedd Brüning dal ddim yn gallu bod yn siŵr y byddai ei bolisïau yn cael eu derbyn yn y *Reichstag*, a daeth i ddibynnu fwyfwy ar yr Arlywydd Hindenburg (gweler Tabl 3.2).

	1930	1931	1932
Ordinhadau Arlywyddol (*Presidential Decrees*)	5	44	66
Cyfreithiau'r *Reichstag*	98	34	5
Reichstag: sawl diwrnod bu'n cyfarfod	94	42	13

▲ Tabl 3.2: Y Reichstag a'r Arlywydd, 1930–32

Wrth i Brüning dorri gwariant y llywodraeth, collodd gefnogaeth y bobl ddi-waith a chafodd y llysenw 'Canghellor y newyn'. Roedd pobl yr Almaen wedi hen flino ar brinder bwyd – roedden nhw bellach yn wynebu prinder am y trydydd tro mewn 16 mlynedd. Brüning gafodd y bai hefyd wrth i fuddsoddwyr tramor dynnu asedau yn ôl o'r Almaen. At hynny, yn ystod argyfwng bancio 1931, methodd rhai banciau yn yr Almaen, gan godi braw ar fuddsoddwyr posibl. Roedd rhai llywodraethau tramor yn fodlon rhoi benthyg arian i'r Almaen ond doedd eu telerau ddim yn dderbyniol. Unig ganlyniad da yr argyfwng economaidd oedd gohirio'r taliadau iawndal, ond wnaeth hyn ddim digwydd tan 1931. Roedd y sefyllfa economaidd yn wael o hyd.

Doedd Brüning ddim yn gallu ennill cefnogaeth i'w bolisïau ac felly ymddiswyddodd ym mis Mai 1932. Yn ystod ei gyfnod fel canghellor, roedd y Blaid Natsïaidd adain dde wedi cael llwyddiant yn yr etholiadau rhanbarthol a chyffredinol. At hynny, yn ystod yr wyth mis nesaf parhaodd y problemau gwleidyddol ac economaidd a daeth y pleidiau eithafol yn fwy treisgar. Roedd rhai o'r newidiadau gyflwynodd Brüning wedi arwain at welliannau, ond doedden nhw ddim yn ddigon ac roedden nhw'n rhy hwyr. Roedd fel petai'r dirwasgiad wedi achosi anhrefn yn yr Almaen. Arweiniodd hyn at benodi Hitler yn Ganghellor ym mis Ionawr 1933 (gweler tudalen 38).

GWEITHGAREDDAU ?

1 Edrychwch ar Dabl 3.2 uchod. Beth mae'n ei ddweud wrthych chi am ddemocratiaeth yn Almaen y Weimar yn ystod y blynyddoedd 1930–32?

2 Esboniwch pam roedd rhai Almaenwyr yn gwrthwynebu polisïau economaidd Brüning.

Cwestiwn ymarfer

Disgrifiwch sut gwnaeth y Canghellor Brüning geisio delio ag effaith y Dirwasgiad. (*I gael arweiniad, gweler tudalen 93.*)

Plaid Gomiwnyddol yr Almaen

Un o'r rhesymau dros y twf yn y gefnogaeth i'r Blaid Natsïaidd oedd ofn, yn enwedig yn achos y dosbarth canol, y byddai'r comiwnyddion yn dod i rym (gweler Dehongliad 2).

Llwyddodd Plaid Gomiwnyddol yr Almaen (*KPD*) i adennill nerth yn raddol yn dilyn methiant Chwyldro'r Spartacistiaid yn 1919, a marwolaeth Rosa Luxemburg a Karl Liebknecht (gweler tudalen 11). Yn 1923 penderfynodd arweinydd newydd y *KPD*, Ernst Thälmann, roi'r gorau i'r nod o greu chwyldro yn y dyfodol agos. O 1924 ymlaen, canolbwyntiodd y blaid ar etholiadau'r *Reichstag*, gyda rhywfaint o lwyddiant.

Yn ystod blynyddoedd Gweriniaeth Weimar, y *KPD* oedd plaid gomiwnyddol fwyaf Ewrop ac roedd pobl yn ei gweld fel 'prif blaid' y mudiad comiwnyddol y tu allan i'r **Undeb Sofietaidd**. Roedd yn gwneud yn dda yn yr etholiadau, gan ennill mwy na 10 y cant o'r bleidlais fel rheol, ac etholwyd 100 o aelodau yn etholiadau Tachwedd 1932. Yn etholiad arlywyddol y flwyddyn honno, enillodd Thälmann 13.2 y cant o'r bleidlais, o'i gymharu â Hitler wnaeth ennill 30.1 y cant o'r bleidlais.

▼ Ffynhonnell FF: Poster etholiad Plaid Gomiwnyddol yr Almaen (*KPD*) o 1932. Mae'n darllen, 'Ymaith â'r system' mewn Almaeneg.

Dehongliad 2: O'r llyfr *The Past is Myself* wedi'i ysgrifennu yn 1968 gan Christabel Bielenberg, Saesnes oedd yn byw yn yr Almaen o dan y Natsïaid. Yma, mae hi'n cofio sgwrs gyda Herr Neisse, ei garddwr

Yna, daeth 1929 a'r problemau economaidd, a disgynnodd cwmwl enfawr dros Ewrop ac America gan adael llond gwlad o fethdalwyr. Collodd Herr Neisse y cyfle i fod yn berchennog stondin lysiau a chollodd ei swydd. Ymunodd â byddin o 6 miliwn o bobl ddi-waith ... Doedd comiwnyddiaeth ddim yn apelio ato... yr unig beth roedd e'i eisiau oedd cael perthyn i rywbeth. Sosialaeth Genedlaethol felly oedd yr ateb. Dechreuodd fynd i gyfarfodydd y Blaid Natsïaidd... yn y rhain clywodd mai'r Iddewon oedd ar fai am holl broblemau'r Almaen. Er ei fod e'n gwybod bod nifer o aelodau'r blaid yn anonest, roedd e'n credu nad oedd Hitler yn gwybod dim am hyn. Dywedodd Neisse fod 'Hitler yn caru plant a chŵn hefyd.'

GWEITHGAREDDAU ?

1 Edrychwch ar Ffynhonnell FF ac esboniwch pam roedd y *KPD* mor atyniadol i nifer o Almaenwyr.

2 Gweithiwch mewn grwpiau o dri neu bedwar. Dychmygwch eich bod chi'n sefydlu plaid wleidyddol yn yr Almaen yn 1932. Lluniwch restr o'r prif bwyntiau byddech chi'n tynnu sylw atyn nhw er mwyn apelio at gymaint o bobl yr Almaen â phosibl. Dyluniwch bosteri:
   a) i ddangos eich credoau gwleidyddol
   b) i ymosod ar y Canghellor Brüning.

Cwestiwn ymarfer

Beth oedd pwrpas Ffynhonnell FF?
(I gael arweiniad, gweler tudalennau 94–95.)

Y rhesymau dros y twf yn y gefnogaeth i'r Natsïaid

Tyfodd y gefnogaeth i Hitler a'r Blaid Natsïaidd o 1930 ymlaen yn rhannol oherwydd effeithiau'r dirwasgiad, ond hefyd oherwydd gwaith Josef Goebbels a phropaganda, cefnogaeth ariannol a gweithgareddau'r SA.

Defnyddio propaganda

Roedd Hitler yn sylweddoli pa mor bwysig oedd propaganda (gweler Ffynhonnell H). Yn ystod 1929-33 enillodd y Natsïaid fwy o gefnogaeth drwy ddefnyddio propaganda. Roedd ganddyn nhw wahanol ffyrdd o wneud hyn, fel cynnal ralïau enfawr, gosod posteri mewn mannau amlwg a chwifio baneri ar bob cyfle er mwyn rhoi'r argraff bod y Natsïaid ym mhob man.

Roedd y Natsïaid yn ffodus iawn o gael rhywun oedd yn gwybod sut i ddefnyddio'r cyfryngau torfol a dylanwadu ar gynulleidfaoedd enfawr. Gwnaeth Goebbels yn siŵr fod neges y Natsïaid yn syml ac yn cael ei hailadrodd yn gyson. Erbyn dechrau'r 1930au, roedd y Natsïaid yn berchen ar 120 o bapurau newydd dyddiol neu wythnosol oedd yn cael eu darllen yn rheolaidd ar draws y wlad. Wrth i'r Almaen wynebu anhrefn gwleidyddol yn 1930-32, llwyddodd Goebbels i gyflwyno syniadau a delwedd y Blaid Natsïaidd mewn etholiadau lleol, rhanbarthol, cenedlaethol ac arlywyddol. Roedd neges y Natsïaid i'w chlywed ym mhob man, yn enwedig ar y radio.

▲ Ffynhonnell NG: Poster etholiad y Blaid Natsïaidd, 1930. Mae'r testun ar frig y poster yn darllen 'Rhestr 9 Plaid Genedlaethol Sosialaidd Gweithwyr yr Almaen'. Dyma rai o'r geiriau sy'n dod o'r neidr: usuriaeth, Versailles, diweithdra, celwydd euogrwydd rhyfel, Bolsiefigiaeth, chwyddiant ac arswyd

> **Ffynhonnell H:** Dyfyniad o *Mein Kampf*, hunangofiant Hitler, gafodd ei ysgrifennu yn 1924
>
> *Mae'n rhaid i bropaganda gyfyngu ei hun i ychydig iawn o bwyntiau, a'u hailadrodd yn ddiddiwedd. Yma, fel yn achos cynifer o bethau yn y byd hwn, dyfalbarhad yw'r amod cyntaf a'r pwysicaf er mwyn llwyddo.*

▲ Ffynhonnell G: Poster etholiad y Natsïaid, 1932. Mae'r testun yn dweud 'Gwaith a Bara' mewn Almaeneg. Mae'r poster yn dangos mathau gwahanol o offer yn cael eu dosbarthu, i ddangos y byddai'r Natsïaid yn helpu pob math o weithiwr

GWEITHGAREDDAU

Edrychwch ar Ffynonellau G ac NG, ac atebwch y cwestiynau canlynol.

1 Pa grwpiau o bobl fyddai'n cael eu denu at y Natsïaid gan y posteri hyn?

2 Esboniwch y rhesymau pam roedd y Natsïaid mor atyniadol i bobl.

3 Pa mor ddefnyddiol yw'r ffynonellau fel tystiolaeth o'r rhesymau pam gwnaeth pobl bleidleisio dros y Natsïaid?

Llwyddiant yn yr etholiadau

Pan alwodd y Canghellor Brüning etholiad cyffredinol yn 1930, roedd yn gobeithio ennill mwyafrif clir ar gyfer ei Blaid Ganolog. Fodd bynnag, cafodd Cwymp Wall Street a'r dirwasgiad effaith ar y sefyllfa wleidyddol. Roedd diweithdra wedi effeithio ar bob dosbarth cymdeithasol felly ceisiodd Hitler a'r Natsïaid apelio at bob rhan o'r gymdeithas. Neges y Natsïaid oedd mai llywodraeth Weimar oedd wedi achosi'r argyfwng economaidd a bod y **llywodraethau clymbleidiol** gwan ddim yn gallu cynnig unrhyw atebion. Dim ond y Natsïaid allai uno'r Almaen mewn cyfnod o argyfwng economaidd.

Roedd y Natsïaid hefyd yn manteisio ar y dicter tuag at Gytundeb Versailles (gweler Ffynhonnell I). Ailagorwyd hen glwyfau a chafodd Troseddwyr Tachwedd a Gweriniaeth Weimar eu beio am broblemau'r Almaen. Dim ond y Natsïaid allai adfer hen fawredd yr Almaen.

> **Ffynhonnell I: Rhan o araith gan Hitler yn München, Awst 1923**
>
> *Fe ddaw y dydd pan fydd gan lywodraeth yr Almaen y dewrder i ddweud wrth y grymoedd tramor:*
>
> *'Mae Cytundeb Versailles yn seiliedig ar gelwydd. Rydyn ni'n gwrthod bodloni ei amodau o hyn ymlaen. Gwnewch fel mynnwch chi! Os ydych chi am fynd i ryfel, yna cydiwch yn eich arfau! Cawn ni weld wedyn a allwch chi droi 70 miliwn o Almaenwyr yn gaethweision!' Bydd yr Almaen naill ai'n suddo ... neu gallwn ni fentro brwydro yn erbyn marwolaeth a'r diafol.*

Os oedd unrhyw un yn amau negeseuon syml y Natsïaid, yna roedd Hitler wedi meddwl am fwch dihangol arall. Rhoddodd y bai ar yr Iddewon am broblemau'r Almaen, gan ddatgan:

- eu bod yn rhan o gomiwnyddiaeth ond hefyd wedi'u cysylltu â drygioni cyfalafiaeth
- eu bod wedi helpu i achosi diweithdra
- eu bod wedi cynllwynio i helpu'r Almaen gael ei threchu yn y Rhyfel Byd Cyntaf
- eu bod wedi cymryd rhan yn y Chwyldro Bolsiefigaidd
- eu bod yn paratoi i greu chwyldro yn yr Almaen, fyddai'n golygu bod y wladwriaeth yn meddiannu pob eiddo a chyfoeth preifat.

Roedd etholiad 1930 yn drobwynt i Hitler a'r Blaid Natsïaidd (gweler Tabl 3.3). Bu'n rhaid i Brüning barhau i ddibynnu ar bleidiau eraill a dal ati hefyd i ddibynnu ar Hindenburg ac Erthygl 48 (gweler tudalen 7).

Plaid wleidyddol	Safbwynt gwleidyddol	Medi 1930	Mai 1928
Plaid y Sosialwyr Democrataidd (SPD)	Cymhedrol	143	153
Y Blaid Genedlaethol (DNVP)	Adain dde	41	73
Y Blaid Natsïaidd (NSDAP)	Adain dde	107	12
Y Blaid Ganolog (ZP)	Cymhedrol	68	62
Y Blaid Gomiwnyddol (KPD)	Adain chwith	77	54
Plaid y Bobl (DVP)	Adain dde	30	45
Y Blaid Ddemocrataidd (DDP)	Adain chwith	20	25

▲ Tabl 3.3: Nifer seddi yn y *Reichstag* ar ôl etholiadau Mai 1928 a Medi 1930

GWEITHGAREDD

Edrychwch ar Dabl 3.3. Esboniwch pam roedd y gefnogaeth i'r Blaid Natsïaidd wedi cynyddu erbyn Medi 1930.

Etholiad arlywyddol 1932

Yn ystod etholiad arlywyddol 1932, pan oedd Hitler yn sefyll yn erbyn Hindenburg, roedd y Natsïaid yn barod iawn i fanteisio ar dechnoleg fodern. Er enghraifft, drwy ddefnyddio awyren gallai Hitler siarad mewn cynifer â phum dinas ar yr un diwrnod, gan hedfan o un lleoliad i'r nesaf. Gwnaeth Goebbels yn siŵr fod ralïau enfawr yn cael eu cynnal, bod neges y Natsïaid yn cael ei lledaenu, a hefyd bod Hitler yn cael ei adnabod fel ffigur gwleidyddol cenedlaethol. Cafodd y neges ei lledaenu ar ffilm, ar y radio a hyd yn oed drwy recordiau. Aeth Goebbels ati i feistroli'r grefft o ddefnyddio propaganda yn ystod y blynyddoedd hyn. Wnaeth yr Arlywydd Hindenburg ddim ymgyrchu.

Methodd Hindenburg o drwch blewyn ag ennill dros 50 y cant o'r pleidleisiau yn yr etholiad, ac felly roedd yn rhaid cynnal ail rownd o bleidleisio. Llwyddodd Hitler i ennill cryn dipyn o bleidleisiau ym mhob rownd (gweler Ffigur 3.7), er ei fod ef ei hun yn eithaf siomedig yn ei berfformiad. Er nad oedd y blaid wedi llwyddo i ennill, ceisiodd Goebbels bortreadu'r ymgyrch fel buddugoliaeth oherwydd y bleidlais enfawr i Hitler a chanran gyffredinol y pleidleisiau gafodd eu hennill.

Roedd tactegau Hitler a Goebbels yn llwyddo ac roedd gwell i ddod yn etholiadau'r *Reichstag* ym mis Gorffennaf 1932 (gweler tudalen 38). Gwnaeth Goebbels yn siŵr fod yr Almaenwyr yn gweld delwedd gadarnhaol o Hitler a'r Natsïaid. Parhaodd hefyd i chwarae ar eu hofnau, yn enwedig ofn comiwnyddiaeth.

Ymgeisydd	Rownd gyntaf	Ail rownd
Hindenburg	18,650,000	19,360,000
Hitler (NSDAP)	11,340,000	13,420,000
Thälmann (KPD)	4,968,000	3,710,000

▲Ffigur 3.7: Canlyniadau yr etholiad arlywyddol

◀Ffynhonnell J: Clawr y llyfr *Hitler über Deutschland* (*Hitler dros yr Almaen*), a gyhoeddwyd yn yr Almaen yn 1932

Cwestiwn ymarfer

Beth oedd pwrpas Ffynhonnell J? (*I gael arweiniad, gweler tudalennau 94–95.*)

GWEITHGAREDD ?

Darllenwch dudalennau 28–35, copïwch y tabl isod a llenwch y golofn ar y dde, gan roi o leiaf un rheswm ar gyfer pob categori i ddangos sut roedd y Natsïaid yn gallu apelio at wahanol grwpiau yn y gymdeithas ar yr un pryd.

	Apêl y Natsïaid
Y dosbarth gweithiol	
Diwydianwyr	
Y dosbarth canol	
Y dosbarth uwch	

Cymorth ariannol i'r Natsïaid

Fyddai Hitler a'r Natsïaid ddim wedi gallu cynnal eu hymgyrchoedd heb gefnogaeth ariannol. Gwelwyd un enghraifft o ba mor hanfodol oedd arian yn 1932, wrth i 600,000 copi o'r rhaglen economaidd gael eu hargraffu a'u dosbarthu adeg etholiad y *Reichstag* ym mis Gorffennaf. Cafodd y Blaid Natsïaidd arian gan **ddiwydianwyr** amlwg fel Thyssen, Krupp a Bosch. Roedd y diwydianwyr hyn yn ofni'r bygythiad comiwnyddol a hefyd yn poeni am rym cynyddol yr **undebau llafur**. Roedden nhw'n gwybod bod Hitler yn casáu comiwnyddion ac y byddai ef yn lleihau dylanwad yr undebau.

Yn ogystal â hyn, erbyn 1932 roedd y Natsïaid wedi dechrau datblygu cysylltiadau agos â'r Blaid Genedlaethol (*DNVP*). Roedd arweinydd y *DNVP*, Alfred Hugenberg, yn berchennog papurau newydd. Rhoddodd ef ganiatâd i'r Natsïaid gyhoeddi erthyglau yn ymosod ar y Canghellor Brüning. Felly, roedd hi'n bosibl i Goebbels barhau â'r ymgyrch genedlaethol yn erbyn Weimar a chadw'r Natsïaid yn amlwg ym meddyliau pobl.

Roedd y comiwnyddion, y blaid fwyaf ond un, yn parhau i gynnig y bygythiad mwyaf difrifol i dwf y Blaid Natsïaidd (gweler Ffynhonnell L).

Yr SA a'r comiwnyddion

Yn ei areithiau, roedd Hitler yn honni nad oedd democratiaeth seneddol yn gweithio. Dywedodd mai dim ond ef a'r *NSDAP* allai sefydlu'r llywodraeth gadarn roedd yr Almaen ei hangen. Defnyddiodd y Natsïaid eu byddin breifat, y *Sturmabteilung* (SA), i'w hamddiffyn yn eu cyfarfodydd a hefyd i darfu ar gyfarfodydd eu gwrthwynebwyr, yn enwedig y comiwnyddion. Cafodd Ernst Röhm ei ailbenodi yn arweinydd yr SA ym mis Ionawr 1931 gan Hitler, a chyn pen blwyddyn roedd 100,000 o aelodau newydd – 170,000 o aelodau i gyd. Y dynion hyn oedd 'bwlis' a 'cholbwyr' y Blaid, oedd wrth eu bodd yn ymladd â'u gwrthwynebwyr gwleidyddol ar y strydoedd.

Roedd gan y comiwnyddion eu byddin breifat eu hunain (*Die Rotfrontkämpfer* – Ymladdwyr y Rheng Goch) a bu llawer iawn o ymladd rhyngddyn nhw a'r SA (gweler Ffynhonnell LL). Roedd pobl yn cael eu lladd mewn nifer o'r digwyddiadau hyn. Ceisiodd Hitler ddangos i bobl yr Almaen y gallai gael gwared ar drais y comiwnyddion a'u bygythiad o chwyldro. Roedd yr SA hefyd yn erlid pobl oedd yn dangos eu gwrthwynebiad i'r Natsïaid, ac yn ymosod arnyn nhw.

▲ **Ffynhonnell L:** Poster yn erbyn Hitler gan y comiwnydd, John Heartfield. Ei enw genedigol oedd Helmut Herzfeld, ond newidiodd ei enw mewn protest yn erbyn y Natsïaid. Dihangodd o'r Almaen yn 1933. Mae'r pennawd yn dweud 'Ystyr saliwt Hitler. Ei arwyddair: mae miliynau yn sefyll y tu ôl i mi! Dyn bach yn gofyn am anrhegion mawr'

▲ **Ffynhonnell LL:** Brwydr rhwng aelodau'r SA ac Ymladdwyr comiwnyddol y Rheng Goch yn 1932. Y geiriau ar yr arwyddion yw 'Ymlaen â'r Chwyldro' a 'Rhyddhewch y carcharorion gwleidyddol'

GWEITHGAREDDAU

1 Esboniwch pam cafodd y Blaid Natsïaidd fwy o gefnogaeth ariannol cyn etholiad 1932.

2 Pa mor bwysig oedd yr SA yn ystod esgyniad Hitler i rym?

3 Gan weithio mewn parau, meddyliwch am ddau bennawd ar gyfer Ffynhonnell LL:
   ☐ un wedi ei greu gan y Natsïaid
   ☐ y llall wedi ei greu gan y comiwnyddion.

Apêl etholiadol Hitler

Roedd Hitler wedi datblygu'r grefft o siarad yn gyhoeddus yn nyddiau cynnar yr *NSDAP* (gweler Ffynhonnell M). Roedd ei areithiau bob amser yn denu llawer o bobl, gan helpu i gynyddu aelodaeth y Blaid Natsïaidd. Roedd wedi helpu i lunio'r Rhaglen 25 Pwynt (gweler tudalen 23) ac ar ôl y *Putsch*, roedd yn sylweddoli bod angen iddo ddangos ei fod ef a'i blaid yn ufudd i'r gyfraith ac yn ddemocrataidd. Roedd hefyd yn gwybod bod yn rhaid iddo allu cynnig rhywbeth i bob rhan o gymdeithas yr Almaen er mwyn llwyddo mewn unrhyw etholiadau. Wnaeth ef ddim anghofio'r pwyntiau hyn yn ystod y ddwy flynedd cyn iddo ddod yn arweinydd yr Almaen.

Gallai Hitler fod yn bopeth i bawb. Roedd yn arwr rhyfel, yn achubwr, ac yn ddyn cyffredin ar y stryd. Roedd y ddelwedd gafodd ei chreu yn awgrymu ei fod wedi rhoi ei holl fywyd i'r Almaen, ac na fyddai unrhyw beth arall yn dwyn ei sylw a'i rwystro rhag cyflawni ei amcanion. Roedd wedi creu ffordd o feddwl roedd pawb yn gallu ei deall. Ar ben hynny, roedd ei weledigaeth ar gyfer y dyfodol yn canolbwyntio ar wneud yn siŵr mai'r Almaen fyddai'r genedl gryfaf yn y byd. Roedd un peth am Hitler oedd yn brin ymhlith gwleidyddion eraill – carisma (gweler Dehongliad 3 a Ffynhonnell O).

▼ **Ffynhonnell N:** Ffotograff wedi ei liwio o Hitler yn Nhrydedd Rali Flynyddol y Blaid Natsïaidd yn Nürnberg (Nuremberg), 1927

> **Ffynhonnell M:** Rhan o araith Hitler yn München, Awst 1923
>
> *Fe ddaw y dydd pan fydd gan lywodraeth yr Almaen y dewrder i ddweud wrth y grymoedd tramor: 'Mae Cytundeb Versailles wedi'i adeiladu ar gelwydd enfawr. Rydyn ni'n gwrthod bodloni ei amodau o hyn ymlaen. Gwnewch fel mynnwch chi! Os ydych chi eisiau rhyfel, yna cydiwch yn eich arfau! Cawn ni weld wedyn a allwch chi droi 70 miliwn o Almaenwyr yn gaethweision!' Bydd yr Almaen naill ai'n suddo... neu gallwn ni fentro i'r frwydr yn erbyn marwolaeth a'r diafol...*

Dehongliad 3: O'r llyfr *Inside the Third Reich* gan Albert Speer, wedi'i ysgrifennu yn 1970. Roedd Speer yn cofio cyfarfod yn Berlin yn 1930 lle siaradodd Hitler. Darlithydd prifysgol oedd Speer ac yn ddiweddarach daeth yn Weinidog Arfau yn yr Almaen Natsïaidd

Cefais fy nghario ar don o frwdfrydedd (gan yr araith) ... roedd yr araith yn dileu unrhyw amheuaeth, unrhyw betruso. Doedd gwrthwynebwyr ddim yn cael unrhyw gyfle i siarad... Dyma, i mi, oedd gobaith. Roedd ganddo ddelfrydau newydd, dealltwriaeth newydd, tasgau newydd. Llwyddodd Hitler i'n perswadio ni y byddai bygythiad comiwnyddiaeth, oedd wedi teimlo'n sicr o ddod, yn gallu cael ei ddileu. Yn hytrach nag anobaith diweithdra, gallai'r Almaen symud ymlaen at adferiad economaidd.

Ffynhonnell O: Addasiad o ddyddiadur Luise Solmitz, 23 Mawrth 1932. Roedd Solmitz yn athrawes, ac yma mae'n ysgrifennu am gyfarfod yn Hamburg lle bu Hitler yn siarad

Yno y safai Hitler mewn côt ddu syml, yn edrych dros y dorf o 120,000 o bobl o bob dosbarth a phob oed... agorodd llu o faneri swastica, ac roedd gorfoledd y funud i'w weld yn y saliwt balch a swnllyd... Roedd y dorf yn rhoi ei ffydd yn Hitler ac yn ei barchu am ei allu i'w cynorthwyo, eu hachub, eu gwaredu rhag caledi annioddefol ... Ef yw achubwr yr ysgolhaig, y ffermwr, y gweithiwr a'r di-waith.

GWEITHGAREDDAU

?

1 Edrychwch ar Ffynonellau M, N, O a Dehongliad 3. Copïwch y tabl isod a'i lenwi i ddangos beth gallwch chi ei ddysgu am rôl ac apêl Hitler.

Ffynhonnell/ Dehongliad	Rôl ac apêl Hitler
M	Mae Ffynhonnell M yn awgrymu bod Hitler yn apelio at bobl oherwydd ei fod yn beirniadu llywodraeth yr Almaen...
N	
3	
O	

2 Lluniwch fap meddwl i ddangos pam daeth y Natsïaid mor boblogaidd erbyn Gorffennaf 1932. Rhowch y rheswm pwysicaf yn gyntaf am 12 o'r gloch gan weithio mewn cyfeiriad clocwedd tuag at y rheswm lleiaf pwysig.

Cwestiwn ymarfer

Edrychwch ar Ffynonellau M ac N. Pa un o'r ffynonellau sydd fwyaf defnyddiol i hanesydd wrth astudio rhesymau cynifer o Almaenwyr am bleidleisio dros Hitler? *(I gael arweiniad, gweler tudalennau 96–97.)*

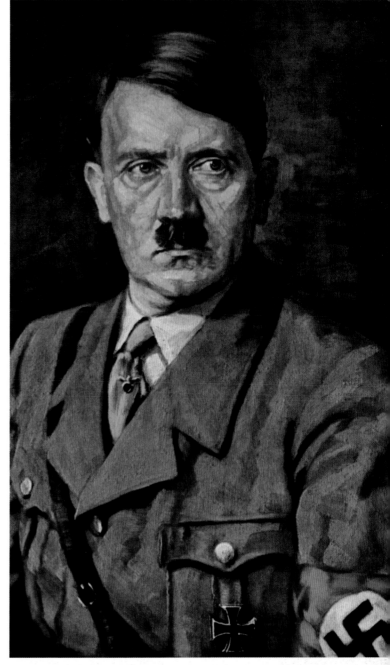

Ffynhonnell P: Portread o ▶ Hitler wedi'i baentio yn 1933 gan B. von Jacobs

Cynllwynio gwleidyddol 1932–33

Roedd Hitler wedi bod yn eithaf llwyddiannus yn etholiadau arlywyddol Mawrth ac Ebrill 1932. Erbyn hyn, roedd yn arwain y blaid fwyaf ond un yn y *Reichstag* ac yn adnabyddus ar draws yr Almaen.

Etholiad, Gorffennaf 1932

Pan gafodd etholiad cyffredinol arall ei alw ar 31 Gorffennaf 1932, roedd y Natsïaid yn gobeithio cael nifer uwch na'r pleidleisiau roedden nhw wedi'u hennill yn yr etholiad blaenorol ym mis Medi 1930.

Roedd llawer o drais yn y cyfnod cyn yr etholiad. Lladdwyd tua 100 o bobl ac anafwyd dros 1,125 mewn gwrthdaro rhwng y pleidiau gwleidyddol. Ar 17 Gorffennaf, lladdwyd o leiaf 19 o bobl yn Hamburg.

Pleidleisiodd mwy o bobl ym mis Gorffennaf nag mewn unrhyw un o etholiadau blaenorol y Weimar. Enillodd y Natsïaid 230 sedd a bellach nhw oedd y blaid fwyaf yn y *Reichstag* (gweler Tabl 3.4). Ond er na wnaeth y Canghellor von Papen, o'r Blaid Ganolog, lwyddo i ennill mwyafrif y seddi, ni wnaeth ef ymddiswyddo, a dechreuodd gynllwynio gyda'r Arlywydd Hindenburg. Mynnodd Hitler gael swydd y canghellor. Ond mewn cyfarfod gyda Hitler ym mis Awst, gwrthododd Hindenburg ystyried Hitler fel Canghellor, er ei fod yn arwain y blaid fwyaf yn y *Reichstag* (gweler Dehongliad 4).

Plaid wleidyddol	Nifer y seddi yn y *Reichstag*	Canran y bleidlais
Y Blaid Natsïaidd (*NSDAP*)	230	37.4
Y Sosialwyr Democrataidd (*SPD*)	133	21.6
Y Blaid Gomiwnyddol (*KPD*)	89	14.3
Y Blaid Ganolog (*ZP*)	75	12.5
Y Blaid Genedlaethol (*DNVP*)	37	5.9
Plaid y Bobl (*DVP*)	7	1.2
Y Blaid Ddemocrataidd (*DDP*)	4	1.0

▲ Tabl 3.4: Canlyniadau etholiad cyffredinol Gorffennaf 1932

> **Dehongliad 4:** O'r llyfr *Hitler, 1889–1936: Hubris* gan yr Athro I. Kershaw, hanesydd arbenigol yn ysgrifennu yn 1998
>
> *Yn y cyfarfod ym mis Awst, gwrthododd Hindenburg roi swydd y Canghellor i Hitler. Ni allai ateb, meddai, o flaen Duw, ei gydwybod a'r Famwlad, pe bai'n trosglwyddo holl rym y llywodraeth i un blaid ac i un oedd mor anoddefgar o bobl o safbwyntiau gwahanol.*

Von Papen ac etholiadau Tachwedd 1932

Doedd hi ddim yn bosibl i un blaid gael mwyafrif yn y *Reichstag* ac roedd yn amhosibl cynnal clymblaid. Diddymodd von Papen y *Reichstag* ym mis Medi 1932 a chafodd etholiadau newydd eu trefnu ar gyfer dechrau mis Tachwedd y flwyddyn honno. Roedd von Papen yn credu bod y Natsïaid yn colli momentwm: pe bai'n dal ei afael am ychydig mwy, bydden nhw'n diflannu'n raddol o'r byd gwleidyddol. Roedd yn wir eu bod yn colli cefnogaeth, fel dangosodd canlyniadau etholiad cyffredinol Tachwedd (gweler Tabl 3.5).

Plaid wleidyddol	Nifer y seddi yn y *Reichstag*	Canran y bleidlais
Y Blaid Natsïaidd (*NSDAP*)	196	33.1
Y Sosialwyr Democrataidd (*SPD*)	121	20.4
Y Blaid Gomiwnyddol (*KPD*)	100	16.9
Y Blaid Ganolog (*ZP*)	70	11.9
Y Blaid Genedlaethol (*DNVP*)	52	8.8
Plaid y Bobl (*DVP*)	11	1.9
Y Blaid Ddemocrataidd (*DDP*)	2	1.0

▲ Tabl 3.5: Canlyniadau etholiad y *Reichstag* Tachwedd 1932

Von Schleicher

Ond hyd yn oed wedyn, allai von Papen ddim ennill mwyafrif yn y *Reichstag*. Ar yr un pryd, roedd Hitler yn parhau i fynnu swydd y canghellor ar y sail mai'r Blaid Natsïaidd oedd y fwyaf yn y *Reichstag*. Pan awgrymodd von Papen y syniad o ddiddymu Cyfansoddiad Weimar, llwyddodd Kurt von Schleicher, y Gweinidog Amddiffyn, i berswadio Hindenburg y gallai hyn arwain at ryfel cartref.

Collodd von Papen hyder Hindenburg, ac ymddiswyddodd. Cymerodd von Schleicher ei le. Roedd von Schleicher yn gobeithio ennill mwyafrif yn y *Reichstag* drwy ffurfio *Querfront*, sef 'croes-ffrynt', lle byddai'n dod ag elfennau gwahanol y pleidiau adain chwith ac adain dde at ei gilydd.

Hitler yn dod yn ganghellor

Roedd von Papen yn benderfynol o adennill grym ac felly trefnodd i gyfarfod Hitler ar ddechrau Ionawr 1933. Cytunodd y ddau y byddai Hitler yn arwain llywodraeth Natsïaidd-Genedlaetholgar gyda von Papen yn is-ganghellor. Daeth cynllwynio i gymryd lle trafodaethau gwleidyddol agored. Roedd y fyddin, y tirfeddianwyr mawr ac arweinwyr diwydiant yn credu'n gryf fod von Papen a Hitler yn achub yr Almaen rhag cynlluniau Schleicher ac unrhyw ymgais bosibl gan y comiwnyddion i gipio grym. Roedd y syniad y gallai llywodraeth von Schleicher gynnwys rhai sosialwyr yn beth ofnadwy yn eu golwg nhw.

PAUL VON HINDENBURG 1846–1934

1846	Cafodd ei eni yn Posen
1866	Ymunodd â byddin Prwsia
1870–71	Bu'n ymladd yn Rhyfel Ffrainc a Phrwsia
1903	Daeth yn Gadfridog
1914	Arweiniodd fyddinoedd yr Almaen yn Nwyrain Prwsia. Roedd yn fuddugol ym Mrwydrau Tannenberg a Llynnoedd Maswria
1916	Cafodd ei wneud yn bennaeth staff cyffredinol
1918	Ymddeolodd o'r fyddin
1919	Cyflwynodd ddamcaniaeth *Dolchstoss* (gweler tudalen 8)
1925–34	Arlywydd Gweriniaeth Weimar

FRANZ VON PAPEN 1879–1969

Gyrfa hyd at 1933:

1879	Cafodd ei eni yn Werl, Westfalen
1913	Ymunodd â'r gwasanaeth diplomyddol fel swyddog milwrol i lysgennad yr Almaen yn Washington DC
1917	Cynghorwr byddin yr Almaen i Dwrci, a gwasanaethodd hefyd fel uwchgapten ym myddin Twrci ym Mhalesteina
1918	Gadawodd fyddin yr Almaen. Dechreuodd ei yrfa wleidyddol ac ymunodd â'r Blaid Ganolog Gatholig.
1922	Cafodd ei ethol i'r *Reichstag*
1932	Cafodd ei benodi yn ganghellor ym Mehefin. Cynllwyniodd gyda Hindenburg, gan gredu y bydden nhw'n gallu dylanwadu ar Hitler a'r Natsïaid
1933	Cafodd ei benodi yn is-ganghellor o dan Hitler. Roedd yn credu y byddai'n bosibl rheoli Hitler

Llwyddodd von Papen i argyhoeddi'r Arlywydd Hindenburg y byddai llywodraeth glymblaid, gyda Hitler yn ganghellor, yn achub yr Almaen ac yn gwneud y wlad yn fwy sefydlog. Dywedodd von Papen y byddai'n gallu rheoli Hitler - 'byddai e'n gwneud i Hitler wichian'.

Ar 30 Ionawr 1933, daeth Adolf Hitler yn ganghellor yr Almaen. Ef oedd arweinydd y blaid fwyaf ac roedd yr arlywydd wedi ei wahodd i fod yn arweinydd y *Reichstag*. Roedd wedi cyflawni ei nod o ddod yn ganghellor trwy ddulliau cyfreithiol a democrataidd.

GWEITHGAREDDAU ?

1 Cymharwch ganlyniadau etholiadau Gorffennaf a Thachwedd 1932 (Tablau 3.4 a 3.5 ar dudalen 38). Esboniwch sut a pham maen nhw'n wahanol i'w gilydd.

2 Beth yw neges y cartŵn (Ffynhonnell PH)?

3 Ailddarllenwch dudalennau 38–39. Mae digwyddiadau 1932 yn gymhleth. Er mwyn eu symleiddio, cwblhewch y tabl isod. Ym mhob blwch, ysgrifennwch brif weithredoedd pob unigolyn rhwng canol 1932 ac 1933.

Hitler	von Papen	von Schleicher	Hindenburg

4 Gan weithio mewn parau, lluniwch siart llif i grynhoi'r prif ddatblygiadau gwleidyddol yn 1932–33 ddaeth â Hitler i rym yn Ionawr 1933.

Cwestiwn ymarfer

Ai problemau economaidd a gwleidyddol Gweriniaeth Weimar ar y pryd oedd y prif reswm dros lwyddiant y Blaid Natsïaidd rhwng 1928 a 1932? *Defnyddiwch yr hyn rydych chi'n ei wybod a'i ddeall am y mater i gefnogi eich ateb. (I gael arweiniad, gweler tudalennau 98–99.)*

▼ Ffynhonnell PH: Cartŵn o'r cylchgrawn Prydeinig *Punch*, Ionawr 1933, sy'n dangos Hitler yn cael ei gario ar ysgwyddau Hindenburg a von Papen

THE TEMPORARY TRIANGLE.

Von Hindenburg and Von Papen (*together*)—
"FOR HE'S A JOLLY GOOD FELLOW,
FOR HE'S A JOLLY GOOD FELLOW,
FOR HE'S A JOLLY GOOD FE-EL-LOW,
(*Aside:* "Confound him!")
AND SO SAY BOTH OF US!"

4 Atgyfnerthu grym

Yn y cyfnod rhwng Ionawr 1933 ac Awst 1934, enillodd Hitler a'r Natsïaid reolaeth lwyr dros bob rhan o wladwriaeth yr Almaen. Erbyn mis Awst 1934, roedd Hitler wedi cyfuno swyddi'r canghellor a'r arlywydd ac yn gwybod bod ganddo gefnogaeth y fyddin hefyd. At hynny, trwy wahardd pleidiau gwleidyddol, a thrwy reoli'r cyfryngau, yr undebau llafur a'r heddlu, roedd wedi gwneud yn siŵr bod bron dim gwrthwynebiad i'r drefn Natsïaidd. Unwaith eto, pwysleisiodd Hitler ei fod bob amser yn gweithredu o fewn fframwaith y gyfraith ar y pryd.

Tân y *Reichstag*

GWEITHGAREDD ?

Gweithiwch mewn parau. Mae Ffynhonnell A yn dangos y *Reichstag* ar dân. Yn eich barn chi, beth fyddai'r ymateb petai'r Senedd yn Llundain yn cael ei llosgi? Esboniwch eich ateb yn ofalus. (Meddyliwch pwy byddai pobl yn eu beio a beth byddai pobl eisiau i'r llywodraeth ei wneud).

Cafodd adeilad y *Reichstag* ei losgi ychydig wythnosau yn unig ar ôl i Hitler ddod yn ganghellor. Hwn oedd yr esgus perffaith iddo gael gwared ar fygythiad ei brif wrthwynebwyr – y Blaid Gomiwnyddol.

Pan ddaeth Hitler yn ganghellor, dim ond dau arall o 12 aelod y cabinet oedd yn Natsïaid – Wilhelm Frick a Hermann Goering. Doedd sefyllfa Hitler ddim yn gryf gan fod y Natsïaid a'u cynghreiriaid, y **Blaid Genedlaethol**, heb fwyafrif yn y *Reichstag*. Ar ben hynny, roedd yr Arlywydd Hindenburg yn casáu Hitler. Fodd bynnag, daeth yn amlwg yn fuan fod von Papen yn hollol anghywir pan ddywedodd byddai'n gallu rheoli Hitler.

Galwodd Hitler etholiad cyffredinol ar unwaith ar gyfer 5 Mawrth 1933, gan obeithio byddai e'n ennill mwyafrif clir yn y *Reichstag*. Pe bai'n gallu rheoli'r senedd, yna byddai'n gallu creu deddfau er mwyn tynhau ei afael ar y genedl. Byddai hyn i gyd yn cael ei wneud yn ôl y gyfraith – y gyfraith Natsïaidd. Roedd llawer o drais a therfysg yn ystod yr ymgyrch etholiadol hon hefyd, a chafodd tua 70 o bobl eu lladd yn yr wythnosau cyn diwrnod y bleidlais. Unwaith eto, cafodd Hitler lawer o arian gan **ddiwydianwyr** amlwg i gefnogi ei ymgyrch. Trwy fanteisio ar y cyfryngau, roedd e'n gwybod byddai Goebbels yn gallu lledaenu neges y Natsïaid drwy'r amser. Wythnos cyn yr etholiad, ar 27 Chwefror 1933, cafodd adeilad y *Reichstag* ei roi ar dân.

Ffynhonnell A: Ffotograff ▶ o'r *Reichstag* (senedd yr Almaen) yn llosgi ar noson 27 Chwefror 1933

Dydyn ni ddim yn gwybod pwy wnaeth gynnau'r tân, ond fe wnaeth y Natsïaid arestio Marinus van der Lubbe, comiwnydd o'r Iseldiroedd. Manteisiodd Hitler a Goebbels ar hyn i'r eithaf, gan honni bod y comiwnyddion ar fin ceisio cipio grym.

Yn dilyn tân y *Reichstag*, fe wnaeth Hitler berswadio Hindenburg i lofnodi 'Ordinhad i Amddiffyn y Bobl a'r Wladwriaeth'. Roedd hwn yn dileu hawliau sifil sylfaenol, ac yn rhoi caniatâd i'r Natsïaid garcharu nifer mawr o'u gwrthwynebwyr gwleidyddol. Cafodd papurau newydd comiwnyddol a sosialaidd eu gwahardd.

> **Dehongliad 1: Darn o hunangofiant Rudolf Diels, pennaeth Heddlu Prwsia yn 1933. Roedd yn ysgrifennu am ymateb Hitler i'r tân yn y *Reichstag*. Roedd Diels yn ysgrifennu yn 1950**
>
> *Roedd Hitler yn sefyll ar falconi yn syllu ar fôr coch o dân. Trodd tuag aton ni... roedd ei wyneb yn goch i gyd gan gyffro... Yn sydyn dechreuodd sgrechian ar dop ei lais: 'Fe ddangoswn ni iddyn nhw nawr! Bydd unrhyw un sy'n ein rhwystro ni yn cael eu bwrw i lawr. Mae pobl yr Almaen wedi bod yn rhy wan yn rhy hir. Rhaid saethu pob arweinydd comiwnyddol. Rhaid carcharu pob ffrind i'r comiwnyddion. Ac mae hynny'n cynnwys y Sosialwyr Democrataidd hefyd.'*

GWEITHGAREDDAU

1 Esboniwch pam roedd von Papen yn credu byddai'n gallu rheoli Hitler.

2 Meddyliwch am benawdau ar gyfer Ffynonellau A a B i'w cyhoeddi mewn papur newydd Natsïaidd.

3 Gwnewch waith ymchwil i ddarganfod mwy am gefndir ac achos llys Marinus van der Lubbe.

4 I ba raddau mae Dehongliad 1 yn cefnogi'r farn fod democratiaeth seneddol wedi dod i ben yn yr Almaen erbyn mis Mawrth 1933?

5 Beth mae Ffynhonnell C yn ei ddangos am rôl yr heddlu yn Berlin ym mis Mawrth 1933?

Cwestiwn ymarfer

Defnyddiwch Ffynhonnell A a'r hyn rydych chi'n ei wybod i ddisgrifio digwyddiadau tân y *Reichstag*. (I gael arweiniad, gweler tudalennau 91–92.)

▲ Ffynhonnell B: Achos llys Marinus van der Lubbe. Mae van der Lubbe yn gwisgo siaced streipiog

▲ Ffynhonnell C: Heddlu Berlin yn llosgi baneri coch ar ôl chwilio drwy gartrefi comiwnyddion, 26 Mawrth 1933

Etholiad 1933 a'r Ddeddf Alluogi

Yn yr etholiad ym mis Mawrth 1933, enillodd y Blaid Natsïaidd (**NSDAP**) 288 o seddi (gweler Tabl 4.1). Er iddyn nhw garcharu llawer o sosialwyr a chomiwnyddion ac er eu bod nhw'n rheoli'r cyfryngau, wnaeth y Natsïaid ddim ennill mwyafrif. Felly, cafodd clymblaid ei ffurfio gyda'r Blaid Genedlaethol, gan sicrhau mwyafrif yn y *Reichstag*. Er bod ganddo fwyafrif, roedd Hitler yn siomedig oherwydd bod angen dwy o bob tair sedd er mwyn gallu newid y cyfansoddiad.

Plaid wleidyddol	Seddi gafodd eu hennill	Canran y bleidlais
Y Blaid Natsïaidd (*NSDAP*)	288	43.9
Y Blaid Genedlaethol (*DNVP*)	52	8.0
Plaid y Bobl (*DVP*)	2	1.1
Y Blaid Ganolog (*ZP*)	92	13.9
Y Blaid Ddemocrataidd (*DDP*)	5	0.9
Plaid y Sosialwyr Democrataidd (*SPD*)	120	18.3
Y Blaid Gomiwnyddol (*KPD*)	81	12.3
Eraill	7	1.6

▲ Tabl 4.1: Canlyniadau'r etholiad, Mawrth 1933

Pwysigrwydd y Ddeddf Alluogi

Cam nesaf Hitler oedd pasio'r **Ddeddf Alluogi**. Byddai'r ddeddf hon yn rhoi pwerau llawn iddo ef a'i lywodraeth am y pedair blynedd nesaf, ac yn golygu byddai'r *Reichstag* yn cymeradwyo holl weithgareddau'r Natsïaid. Cafodd y Ddeddf ei phasio – ond drwy ddulliau cyfrwys (gweler Ffigur 4.1).

Pasiwyd y Ddeddf Alluogi ar 23 Mawrth 1933, gan ddod â Chyfansoddiad Weimar a democratiaeth i ben. Y Ddeddf hon oedd 'carreg sylfaen' y Drydedd *Reich* ac roedd yn cynnig ffordd i Hitler sicrhau rheolaeth gadarn dros y genedl. Arweiniodd yn gyflym iawn at wahardd hawliau sifil, cyflwyno **sensoriaeth** a rheoli'r wasg, dileu **undebau llafur** a dod â'r pleidiau gwleidyddol i gyd i ben, heblaw am y Blaid Natsïaidd. Dyma oedd ffordd Hitler o greu 'unbennaeth'.

GWEITHGAREDD ?

Gweithiwch mewn parau. Rydych chi'n newyddiadurwyr ymchwiliol yn yr Almaen yn 1933. Ysgrifennwch erthygl sy'n datgelu'r cysylltiadau rhwng tân y *Reichstag* (tudalennau 42–43) a sut llwyddodd y Natsïaid i basio'r Ddeddf Alluogi.

Ffigur 4.1: Crynhoi sut ▶ llwyddodd Hitler i sicrhau digon o bleidleisiau i basio'r Ddeddf Alluogi

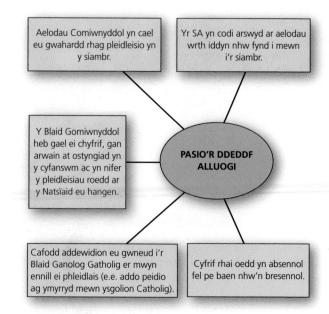

Aelodau Comiwnyddol yn cael eu gwahardd rhag pleidleisio yn y siambr.

Yr SA yn codi arswyd ar aelodau wrth iddyn nhw fynd i mewn i'r siambr.

Y Blaid Gomiwnyddol heb gael ei chyfrif, gan arwain at ostyngiad yn y cyfanswm ac yn nifer y pleidleisiau roedd ar y Natsïaid eu hangen.

PASIO'R DDEDDF ALLUOGI

Cafodd addewidion eu gwneud i'r Blaid Ganolog Gatholig er mwyn ennill ei phleidlais (e.e. addo peidio ag ymyrryd mewn ysgolion Catholig).

Cyfrif rhai oedd yn absennol fel pe baen nhw'n bresennol.

Cwestiwn ymarfer

Disgrifiwch sut gwnaeth Hitler ddefnyddio'r Ddeddf Alluogi i gryfhau ei rym. (*I gael arweiniad, gweler tudalen 93.*)

Cael gwared ar wrthwynebwyr

Yn sgil y Ddeddf Alluogi newydd, roedd Hitler bellach yn gallu sicrhau bod cymdeithas yr Almaen yn dilyn syniadau'r Natsïaid. Enw'r polisi hwn oedd *Gleichschaltung*. Byddai hyn yn creu gwladwriaeth wirioneddol Genedlaethol Sosialaidd, gyda phob agwedd ar fywyd cymdeithasol, gwleidyddol ac economaidd yr Almaenwyr yn cael ei rheoli a'i monitro gan y Natsïaid.

Undebau llafur

Ar 2 Mai 1933, cafodd yr holl undebau llafur eu gwahardd. Dywedodd y Natsïaid fod cymuned genedlaethol wedi cael ei chreu, ac felly doedd dim angen sefydliadau fel hyn mwyach. Cafodd y Ffrynt Llafur (*Deutsche Arbeitsfront* – DAF) ei sefydlu i gymryd lle undebau llafur a grwpiau cyflogwyr hefyd. Roedd cyflogau'n cael eu gosod gan y Ffrynt Llafur, ac fe wnaethon nhw roi llyfrau gwaith i'r gweithwyr er mwyn cofnodi eu swyddi a'u hanes (gweler Ffynhonnell CH). Roedd yn rhaid cael llyfr gwaith er mwyn cael swydd. Roedd mynd ar streic yn anghyfreithlon bellach, a byddai unrhyw wrthwynebwyr yn cael eu hanfon i'r carchardai newydd, sef gwersylloedd crynhoi, i gael eu hailaddysgu yn wleidyddol. Cafodd rhai o arweinwyr yr undebau eu hanfon i'r gwersylloedd crynhoi newydd ar unwaith. Agorodd y gwersyll crynhoi cyntaf yn Dachau ym mis Mawrth 1933. Ni allai neb herio'r wladwriaeth Natsïaidd.

Pleidiau gwleidyddol

Roedd y Blaid Gomiwnyddol (*KPD*) wedi cael ei gwahardd ar ôl tân y *Reichstag* ac roedd ei heiddo wedi cael ei gymryd oddi ar yr aelodau. Ar 10 Mai, cafodd pencadlys, eiddo a phapurau newydd Plaid y Sosialwyr Democrataidd eu cipio. Penderfynodd y pleidiau gwleidyddol eraill ddod i ben yn wirfoddol ar ddiwedd Mehefin a dechrau Gorffennaf. Ar 14

Gorffennaf 1933, pasiwyd y Ddeddf yn erbyn Ffurfio Pleidiau, gan olygu mai'r Blaid Natsïaidd oedd yr unig blaid wleidyddol gyfreithlon yn yr Almaen. Felly, o fewn ychydig fisoedd, roedd Hitler wedi ennill rheolaeth wleidyddol dros y wlad.

Yn etholiad cyffredinol Tachwedd 1933, pleidleisiodd 95.2 y cant o'r etholwyr ac enillodd y Natsïaid 39,638,000 o bleidleisiau. (Roedd rhywfaint o brotestio yn erbyn y Natsïaid – cafodd tua 3 miliwn o bapurau pleidleisio eu difetha).

Rheoli llywodraethau'r taleithiau (*Länder*)

Aeth Hitler ati i chwalu strwythur ffederal yr Almaen hefyd. Roedd 18 *Länder* ac roedd gan bob un o'r rhain ei senedd ei hun. Weithiau yn ystod cyfnod Weimar, roedd rhai o'r *Länder* wedi achosi problemau i'r Arlywydd gan fod eu cyfansoddiad gwleidyddol yn wahanol, ac roedden nhw wedi gwrthod derbyn penderfyniadau'r *Reichstag*. Roedd yr Arlywydd Ebert wedi cyhoeddi mwy na 130 o ordinhadau brys i ennill rheolaeth dros rai o'r *Länder*. Penderfynodd Hitler y dylai llywodraethwyr y *Reich* redeg y *Länder* felly cafodd eu seneddau eu diddymu yn Ionawr 1934. Drwy wneud hyn, cafodd y wlad ei llywodraethu o'r canol am y tro cyntaf ers iddi gael ei chreu yn 1871.

GWEITHGAREDDAU

1 Beth yw ystyr y term *Gleichschaltung*?
2 Sut gwnaeth Hitler gryfhau ei reolaeth dros weithwyr yr Almaen?
3 Esboniwch pam roedd Hitler eisiau i'r pleidiau gwleidyddol eraill ddod i ben.

▼ Ffynhonnell CH: Llyfr gwaith gweithiwr Almaenig sy'n cofnodi lle bu'n gweithio rhwng 1932 a 1940. Mae hyn yn dangos pa mor gadarn oedd rheolaeth y Natsïaid

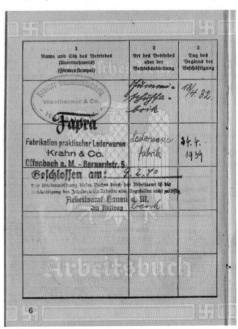

Noson y Cyllyll Hirion

Noson y Cyllyll Hirion (enw arall arni yw 'Ymgyrch Hummingbird' neu'r 'Gwared Gwaedlyd' sef *Blood Purge*) oedd yr ymgyrch i gael gwared ar wrthwynebwyr gwleidyddol a milwrol Hitler yn yr SA (*Sturmabteilung*). Un rheswm dros gael gwared ar arweinwyr yr SA oedd fod angen i Hitler ennill cefnogaeth y fyddin (gweler tudalen 46). Ond yn ystod misoedd cyntaf ei gyfnod fel canghellor, roedd Hitler yn ystyried yr SA yn fygythiad mawr.

Roedd yr SA wedi bod yn rhan allweddol o dwf y Natsïaid, ac erbyn 1933 roedden nhw'n adnabyddus iawn ar draws yr Almaen. Roedd mwyafrif yr SA yn bobl o'r dosbarth gweithiol oedd yn ffafrio safbwyntiau sosialaidd y rhaglen Natsïaidd. Roedden nhw'n gobeithio byddai Hitler yn diwygio'r system er mwyn helpu'r gweithwyr.

Yn ogystal â hyn, roedd Röhm, arweinydd yr SA, eisiau dod â'r fyddin i mewn i'r SA, ac roedd wedi'i siomi bod gan Hitler berthynas agos gyda diwydianwyr ac arweinwyr y fyddin. Roedd Röhm eisiau i'r llywodraeth gymryd mwy o ddiddordeb yn y ffordd roedd y wlad yn cael ei rhedeg, er mwyn helpu'r bobl gyffredin. Roedd eisiau symud i ffwrdd oddi wrth strwythur dosbarth yr Almaen er mwyn sicrhau gwell cydraddoldeb rhwng pobl. I bob pwrpas, roedd ef eisiau gweld chwyldro cymdeithasol. Roedd Hitler hefyd yn wynebu mwy o densiwn oherwydd bod ei warchodlu personol, yr SS (*Schutzstaffel*), dan arweiniad Heinrich Himmler, eisiau torri'n rhydd oddi wrth yr SA. Roedd Goering (Pennaeth y *Gestapo*) eisiau arwain y lluoedd arfog, ac felly roedd e'n gweld Röhm fel gwrthwynebydd.

Ffynhonnell D: Hitler a Röhm ▶ gyda milwyr yr SA. Mae'r baneri'n dod o unedau gwahanol yr SA ar draws yr Almaen

Ffynhonnell DD: Rhan o *Hitler Speaks* gan H. Rauschning, 1940. Swyddog Natsïaidd oedd Rauschning. Gadawodd yr Almaen yn 1934 i fyw yn UDA. Yma, mae'n disgrifio sgwrs gyda Röhm yn 1934. Roedd Röhm wedi meddwi

'Mae Adolf yn hen fochyn... Dim ond gyda'r rhai ar y dde mae e'n cymdeithasu... Dyw ei hen ffrindiau ddim yn ddigon da iddo. Mae Adolf yn dechrau troi'n dipyn o ŵr bonheddig. Mae eisiau eistedd ar ben y bryn ac esgus mai ef yw Duw. Mae'n gwybod yn union beth rydw i'i eisiau... Hen ffyliaid yw'r cadfridogion... Fi yw cnewyllyn y fyddin newydd.'

Digwyddiadau 30 Mehefin 1934

Penderfynodd Hitler weithredu ym mis Mehefin, ar ôl i Himmler ddweud wrtho bod Röhm ar fin cipio grym. Nawr, roedd yn rhaid i Hitler ddewis rhwng yr SA a'r fyddin. Dewisodd ef y fyddin ac yn ystod y nos ar 30 Mehefin 1934, cafodd Röhm a phrif arweinwyr yr SA eu saethu gan aelodau'r SS. Manteisiodd Hitler ar y cyfle i gael gwared ar rai o'i hen elynion hefyd – cafodd von Schleicher ei lofruddio, a Gregor Strasser. Roedd Strasser yn ffigwr allweddol i'r Natsïaid ac roedd ganddo syniadau sosialaidd tebyg i Röhm. Llofruddiwyd tua 400 o bobl yn y cyrch hwn.

> **Ffynhonnell E: O araith Hitler i'r *Reichstag* ar 13 Gorffennaf 1934, yn cyfiawnhau ei weithredoedd yn erbyn yr SA**
>
> *O dan yr amgylchiadau dim ond un penderfyniad roeddwn i'n gallu ei wneud. Os oedden ni am osgoi trychineb, roedd yn rhaid i ni weithredu ar unwaith. Dim ond trwy ymyrryd yn ddidostur a gwaedlyd byddai'n bosibl rhwystro'r gwrthryfel rhag lledaenu. Os bydd unrhyw un yn gweld bai arnaf i ac yn gofyn pam na wnes i ddefnyddio'r llysoedd barn i roi'r troseddwyr o flaen eu gwell, y cwbl gallaf i ei ddweud yw – 'ar yr awr hon roeddwn i'n gyfrifol am dynged pobl yr Almaen ac felly fi oedd barnwr goruchaf pobl yr Almaen.'*

Effaith Noson y Cyllyll Hirion

Mae Noson y Cyllyll Hirion yn aml yn cael ei gweld fel trobwynt i lywodraeth Hitler yn yr Almaen. Cafodd wared ar ei wrthwynebwyr posibl ac enillodd gefnogaeth y fyddin. Dim ond swyddogaeth fechan oedd gan yr SA ar ôl hyn, ac os oedd unrhyw amheuaeth wedi bod am ddulliau rheoli Hitler, daeth yn amlwg wedyn fod ofn ac arswyd yn mynd i chwarae rhan bwysig.

GWEITHGAREDDAU?

1 Edrychwch ar Ffynhonnell D. Beth mae'n ei ddangos i chi am Hitler a'r SA?

2 Esboniwch pam roedd Hitler yn dechrau poeni am rôl yr SA.

3 Edrychwch ar Ffynhonnell E. Sut mae Hitler yn cyfiawnhau Noson y Cyllyll Hirion?

4 Pa mor bwysig oedd Noson y Cyllyll Hirion i gryfhau grym Hitler?

▲ Ffynhonnell F: Cartŵn gan David Low, gafodd ei gyhoeddi yn y *London Evening Standard*, 3 Gorffennaf 1934. Mae'r isbennawd yn dweud: 'Maen nhw'n saliwtio â'r ddwy law nawr.' Mae Goering yn sefyll ar y dde i Hitler, wedi'i wisgo fel arwr Llychlynnaidd, ac mae Goebbels ar ei liniau y tu ôl i Hitler. Mae'r papur ar y llawr o flaen yr SA yn dweud 'Addewidion gwag Hitler', ac mae'r geiriau '*the double cross*' i'w gweld o amgylch y swastica ar fand braich Hitler.

Cwestiynau ymarfer

1 Beth oedd pwrpas Ffynhonnell F? (*I gael arweiniad, gweler tudalennau 94–95.*)

2 Edrychwch ar Ffynonellau DD (tudalen 44) ac E. Pa un o'r ffynonellau sydd fwyaf defnyddiol i hanesydd wrth astudio'r rhesymau dros Noson y Cyllyll Hirion? (*I gael arweiniad, gweler tudalennau 96–97.*)

Hitler yn dod yn *Führer*

Erbyn diwedd Awst 1934, Hitler oedd unig arweinydd yr Almaen, gan gyfuno swyddi'r canghellor a'r arlywydd, a rhoi'r teitl *Führer* arno'i hun.

Ond yn gyntaf roedd yn rhaid i Hitler ennill cefnogaeth y fyddin. Erbyn dechrau 1934, roedd rhai pobl yn y Blaid Natsïaidd, fel Röhm, sef arweinydd yr SA, eisiau tynnu'r fyddin i mewn i'r SA. Roedd Hitler yn gwybod, fodd bynnag, y byddai cadfridogion y fyddin yn erbyn hyn, ac y gallai hynny fygwth ei sefyllfa yntau. At hynny, pe bai'n cael gwared ar yr SA, byddai'n gallu ennill cefnogaeth y fyddin wrth geisio dod yn arlywydd. Roedd y fyddin yn teimlo dan fygythiad gan yr SA, a doedd llawer o arweinwyr y fyddin ddim yn hoffi natur sosialaidd yr SA. Roedd yr Arlywydd Hindenburg yn heneiddio ac yn wan iawn. Ceisiodd Hitler gyfuno ei swydd ei hun gyda swydd yr arlywydd. Enillodd gefnogaeth y fyddin ar ôl Noson y Cyllyll Hirion pan lofruddiwyd arweinwyr yr SA.

Ar ôl i Hindenburg farw yn mis Awst 1934, tyngodd y fyddin lw i Hitler. Ar ôl cyfuno swyddi'r canghellor a'r arlywydd, ef bellach oedd y *Führer* (gweler Ffynhonnell FF). Daeth yn Gadbennaeth y Lluoedd Arfog. Penderfynodd Hitler fod angen i bobl yr Almaen gael cyfle i gadarnhau ei benderfyniad i gyfuno'r swyddi. Yn refferendwm 19 Awst, fe wnaeth dros 90 y cant o'r pleidleiswyr (38 miliwn) gytuno â'r penderfyniad. Dim ond 4.5 miliwn bleidleisiodd yn ei erbyn, a chafodd 870,000 o bapurau pleidleisio eu difetha.

GWEITHGAREDDAU?

1 Edrychwch ar Ffynonellau FF a G. Beth maen nhw'n ei ddangos am y gefnogaeth i Hitler ym mis Awst 1934?

2 Sut gwnaeth Hitler gynyddu ei reolaeth dros yr Almaen ar ôl marwolaeth yr Arlywydd Hindenburg?

3 Esboniwch pam roedd angen cefnogaeth y fyddin ar Hitler.

Cwestiwn ymarfer

Ai pasio'r Ddeddf Alluogi oedd y digwyddiad pwysicaf wrth i Hitler atgyfnerthu grym rhwng 1933 a 1934? *Defnyddiwch yr hyn rydych chi'n ei wybod a'i ddeall am y mater i gefnogi eich ateb. (I gael arweiniad, gweler tudalennau 98–99.)*

Ffynhonnell FF: Llw teyrngarwch y fyddin i Hitler, Awst 1934

Tyngaf lw gerbron Duw i roi fy ufudd-dod diamod i Adolf Hitler, Führer y Reich a phobl yr Almaen, a rhoddaf fy ngair fel milwr dewr i gadw'r llw hwn bob amser, hyd yn oed pan fydd fy mywyd mewn perygl.

▲ Ffynhonnell G: Mudiad Ieuenctid Hitler ar achlysur y Refferendwm ar Uno Swyddi Arlywydd y *Reich* a Changhellor y *Reich* (19 Awst 1934). Mae'r geiriau ar ochr y lori'n dweud, 'Mae'r *Führer* yn gorchymyn, rydyn ni'n ei ddilyn! Mae pawb yn dweud Ie!'

5 Polisi economaidd, cymdeithasol a hiliol y Natsïaid

Yn ystod y blynyddoedd 1933–39, cyflwynodd y Natsïaid bolisïau oedd yn adlewyrchu eu credoau nhw eu hunain am rôl gwahanol grwpiau yn yr Almaen. Aeth menywod yn ôl at eu lle traddodiadol o fewn y teulu, a chafodd syniadau Natsïaidd eu gwthio ar y bobl ifanc. Cafodd yr economi ei haildrefnu er mwyn paratoi'r Almaen ar gyfer rhyfel a dileu diweithdra. Yn ogystal â hyn, dechreuodd y Natsïaid reoli bywyd bob dydd gan gymryd gafael dynn ar grefydd, addysg, y teulu a gweithwyr. Yn olaf, cafodd yr Iddewon eu herlid er mwyn eu gyrru allan o'r Almaen.

Ymdrechion i leihau diweithdra

Erbyn mis Ionawr 1933, pan ddaeth Hitler yn Ganghellor, roedd yr Almaen wedi cael dros dair blynedd o **ddirwasgiad** ac roedd 6 miliwn o bobl yn ddi-waith. Roedd Hitler wedi apelio at y di-waith ac wedi addo creu swyddi pe bai'n cael ei ethol. Pan ddaeth yn ganghellor, cyflwynodd gyfres o fesurau i leihau diweithdra.

Y Corfflu Gwasanaeth Llafur Cenedlaethol (*Reichsarbeitsdienst*, RAD)

Roedd hwn yn gynllun i roi swyddi gwaith llaw a gwaith corfforol i ddynion ifanc. O 1935 ymlaen roedd yn rhaid i bob dyn rhwng 18 a 25 oed wasanaethu yn y **RAD** am chwe mis. Yn 1939, penderfynwyd bod yn rhaid i fenywod ymuno â'r RAD hefyd. Y bwriad oedd 'addysgu ieuenctid yr Almaen yn ysbryd Sosialaeth Genedlaethol er mwyn iddyn nhw gael gwir syniad o waith, ac yn bennaf oll magu parch at waith llaw'.

Roedd gweithwyr yn byw mewn gwersylloedd Gwasanaeth Llafur, yn gwisgo lifrai, yn derbyn cyflog bach iawn ac yn cymryd rhan mewn ymarferion milwrol yn ogystal â gweithio (gweler Ffynhonnell A).

> **Ffynhonnell A:** Ymwelydd o Awstria yn disgrifio gwersyll Gwasanaeth Llafur Cenedlaethol yn 1938
>
> *Mae'r gwersylloedd wedi'u trefnu mewn dull milwrol iawn. Mae'r bobl ifanc yn gwisgo lifrai fel milwyr. Yr unig wahaniaeth yw eu bod yn cario rhaw yn lle reiffl, ac yn gweithio yn y caeau.*

GWEITHGAREDDAU ?

1 Beth mae Ffynonellau A a B yn ei awgrymu am y dulliau gafodd eu defnyddio gan y Natsïaid i leihau diweithdra?

2 Beth oedd pwrpas y mudiad RAD?

◀ **Ffynhonnell B:** Dynion ifanc y Corfflu Gwasanaeth Llafur Cenedlaethol yn gwneud ymarferion milwrol yn 1933

Cynlluniau creu gwaith

I ddechrau, gwariodd Hitler filiynau ar gynlluniau creu gwaith, gyda'r gost yn codi o 18.4 biliwn *Reichsmark* yn 1933 i 37.1 biliwn erbyn 1938. Roedd y Natsïaid yn rhoi cymorth ariannol i gwmnïau preifat, yn enwedig yn y diwydiant adeiladu. Fe wnaethon nhw gyflwyno rhaglen enfawr i adeiladu ffyrdd hefyd, gan ddarparu 7,000 km o *autobahns* (traffyrdd) yn yr Almaen, yn ogystal â chynlluniau gwaith cyhoeddus eraill, fel adeiladu ysbytai, ysgolion a thai.

Ffynhonnell C: Ffotograff ▶ swyddogol y Natsïaid yn dangos gweithwyr yn dechrau adeiladu'r *autobahn* cyntaf, Medi 1933

Diweithdra cudd

Roedd y Natsïaid yn defnyddio rhai dulliau amheus i gadw ffigurau diweithdra yn isel. Doedd y ffigurau swyddogol ddim yn cynnwys:

- Iddewon gafodd eu diswyddo
- dynion dibriod dan 25 oed gafodd eu hanfon ar gynlluniau'r Gwasanaeth Llafur Cenedlaethol
- menywod gafodd eu diswyddo neu oedd wedi rhoi'r gorau i'w gwaith er mwyn priodi
- gwrthwynebwyr y drefn Natsïaidd oedd yn cael eu cadw mewn gwersylloedd crynhoi.

Roedd y ffigurau swyddogol hefyd yn cofnodi bod gweithwyr rhan amser yn cael eu cyflogi'n llawn amser. Erbyn 1939, mewn gweithlu o 25 miliwn, dim ond 35,000 o weithwyr gwrywaidd oedd wedi'u cofnodi yn ddi-waith.

Ailarfogi

Roedd Hitler yn benderfynol o dyfu a chryfhau'r lluoedd arfog yn barod ar gyfer rhyfel yn y dyfodol. Gwnaeth hyn gyfraniad i leihau diweithdra yn sylweddol hefyd.

- Pan gafodd consgripsiwn ei ailgyflwyno yn 1935, cafodd miloedd o ddynion ifainc eu gorfodi i ymuno â'r gwasanaeth milwrol. Tyfodd y fyddin o 100,000 yn 1933 i 1,400,000 erbyn 1939.
- Ehangodd diwydiannau trwm er mwyn bodloni anghenion y broses ailarfogi. Dyblodd y defnydd o lo a chemegion rhwng 1933 a 1939; treblodd y defnydd o olew, haearn a dur.
- Cafodd miliynau eu gwario ar gynhyrchu tanciau, awyrennau a llongau. Yn 1933, gwariwyd 3.5 biliwn marc ar ailarfogi. Roedd y ffigur hwn wedi codi i 26 biliwn marc erbyn 1939.

Cwestiwn ymarfer

Beth oedd pwrpas Ffynhonnell C? *(I gael arweiniad, gweler tudalennau 94–95.)*

GWEITHGAREDDAU

1 Pa mor llwyddiannus oedd Hitler wrth leihau diweithdra yn yr Almaen rhwng 1933 a 1939?

2 Pa mor gywir yw honiadau'r Natsïaid fod eu polisïau wedi arwain at ostyngiad dramatig yn nifer y di-waith yn yr Almaen?

Polisi'r Natsïaid tuag at weithwyr

Roedd Natsïaid yn benderfynol o reoli'r gweithlu er mwyn osgoi streiciau a sicrhau bod diwydiant yn bodloni anghenion y broses ailarfogi. Chwaraeodd dau fudiad ran allweddol wrth sicrhau hyn, sef y Ffrynt Llafur a'r Mudiad Cryfder trwy Lawenydd.

Ffrynt Llafur yr Almaen (*Deutsche Arbeitsfront*, DAF)

Ar 2 Mai 1933, er mwyn osgoi streiciau eraill a gweithredu diwydiannol eto, cafodd undebau llafur eu gwahardd gan y Natsïaid. Sefydlwyd Ffrynt Llafur yr Almaen yn eu lle, dan arweiniad Robert Ley. Cyn bo hir, y DAF oedd mudiad mwyaf yr Almaen Natsïaidd gyda 22 miliwn o aelodau erbyn 1939.

- Roedd y DAF yn cynnwys cyflogwyr a gweithwyr ac roedd y mudiad i fod i gynrychioli buddiannau'r ddau.
- Cafodd pob streic ei gwahardd, a'r Ffrynt Llafur oedd yn gosod cyflogau.
- Roedd gweithwyr yn cael cyflogau cymharol uchel, swyddi diogel, a rhaglenni o weithgareddau cymdeithasol a hamdden.
- Byddai gweithwyr yn cael llyfrau gwaith oedd yn cofnodi lle roedden nhw wedi bod yn gweithio. Roedd yn rhaid cael llyfr gwaith er mwyn cael swydd (gweler Ffynhonnell CH ar dudalen 43).
- Er bod aelodaeth o'r DAF yn wirfoddol, mewn gwirionedd roedd hi'n anodd i weithiwr mewn unrhyw ddiwydiant neu fasnach yn yr Almaen gael swydd heb fod yn aelod.
- Roedd tâl aelodaeth y Ffrynt Llafur yn amrywio o 15 *pfennig* i 3 *Reichsmark*, yn dibynnu ar swydd y gweithiwr.

Cynllun Volkswagen

Yn 1938, trefnodd Ffrynt Llafur yr Almaen gynllun y Volkswagen (car y bobl), gan roi cyfle i weithwyr dalu pum marc yr wythnos er mwyn prynu eu car eu hunain. Dywedodd y Ffrynt Llafur byddai'r ffatri geir, ar ôl iddi gael ei chwblhau, yn cynhyrchu mwy o geir bob blwyddyn na Ford yn UDA. Erbyn diwedd 1938, roedd dros 150,000 o bobl wedi archebu car a dywedodd y cwmni wrthyn nhw byddai'r ceir yn barod erbyn 1940.

Twyll oedd hyn. Ni chafodd unrhyw gar ei roi i unrhyw gwsmer, oherwydd trodd y ffatri i gynhyrchu cerbydau milwrol yn 1939. Ni chafodd neb yr arian yn ôl.

> **GWEITHGAREDDAU** ?
>
> 1 Beth oedd pwrpas cynllun y Volkswagen?
> 2 Edrychwch ar Ffynhonnell CH. Pam cafodd y ffotograff hwn ei ddangos ar draws yr Almaen?

> ## Cwestiwn ymarfer
>
> Disgrifiwch sut cafodd Ffrynt Llafur yr Almaen (DAF) ei ddefnyddio er mwyn helpu i leihau diweithdra. (*I gael arweiniad, gweler tudalen 93.*)

▼ **Ffynhonnell CH:** Ceir Volkswagen yn ystod seremoni i ddathlu adeiladu ffatri newydd, Mai 1938

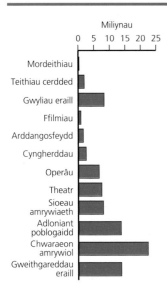

Miliynau

| | 0 | 5 | 10 | 15 | 20 | 25 |

Mordeithiau
Teithiau cerdded
Gwyliau eraill
Ffilmiau
Arddangosfeydd
Cyngherddau
Operâu
Theatr
Sioeau amrywiaeth
Adloniant poblogaidd
Chwaraeon amrywiol
Gweithgareddau eraill

▲ Ffigur 5.1: Ffigurau swyddogol y Blaid Natsïaidd yn dangos faint oedd yn cymryd rhan yng ngweithgareddau'r KdF yn 1938

Ffynhonnell DD:
Detholiad o'r cylchgrawn *Cryfder trwy Lawenydd*, 1936

Mae'r KdF nawr yn trefnu teithiau wythnosol o gefn gwlad i'r theatr yn München. Mae trenau theatr arbennig yn dod i München yn ystod yr wythnos o leoedd sydd mor bell â 120km i ffwrdd. Felly mae llawer o'n cyfeillion oedd yn arfer bod yn y Clwb Awyr Agored, er enghraifft, yn manteisio ar y cyfle i fynd ar deithiau gyda'r KdF. Yn syml, does dim dewis arall. Mae teithiau cerdded hefyd wedi dod yn boblogaidd iawn.

GWEITHGAREDD ❓

Pa mor ddefnyddiol yw Ffynhonnell DD a Ffigur 5.1 i hanesydd sy'n astudio gwaith y KdF?

Ffynhonnell D: Poster ▶ Cryfder trwy Lawenydd 1938 yn annog gweithwyr yr Almaen i fynd ar fordeithiau

Cryfder trwy Lawenydd (*Kraft durch Freude* – KdF)

Cafodd y mudiad hwn ei sefydlu gan Ffrynt Llafur yr Almaen i gymryd lle undebau llafur. Roedd y KdF yn ceisio gwella amser hamdden gweithwyr yr Almaen trwy dalu am bob math o deithiau hamdden a diwylliannol. Roedd y rhain yn cynnwys cyngherddau, mynd i'r theatr, teithiau i amgueddfeydd, digwyddiadau chwaraeon, tripiau penwythnos, gwyliau a mordeithiau. Aeth y mordeithiau i'r Ynysoedd Dedwydd, Madeira a Ffiordau Norwy, ac roedd gwyliau rhad i'r Eidal yn cael eu cynnig. Aeth tua 10 miliwn o bobl ar wyliau wedi'i drefnu gan y KdF yn yr Almaen yn 1938. Roedd y gweithgareddau'n rhad ac yn rhoi cyfle i weithwyr cyffredin wneud pethau oedd fel arfer yn cael eu gwneud gan bobl fwy cyfoethog yn unig.

Roedd Prydferthwch Llafur (*Schönheit der Arbeit*) yn adran o'r KdF oedd yn ceisio gwella amodau gwaith. Roedd yn trefnu'r gwaith o adeiladu ffreuturau, pyllau nofio a chyfleusterau chwaraeon. Roedd hefyd yn gosod goleuadau gwell yn y gweithle.

Rôl menywod

Roedd safle menywod yng nghymdeithas yr Almaen wedi gwella llawer yn ystod yr 1920au, fel sydd i'w weld yn Nhabl 5.1.

Cynnydd gwleidyddol	Cynnydd economaidd	Cynnydd cymdeithasol
Cafodd menywod dros 20 oed yr hawl i bleidleisio, ac roedden nhw'n cymryd mwy o ddiddordeb mewn gwleidyddiaeth. Erbyn 1933 roedd un o bob deg o aelodau'r *Reichstag* yn fenywod.	Dechreuodd nifer o fenywod weithio mewn swyddi proffesiynol, yn enwedig y gwasanaeth sifil, y gyfraith, meddygaeth ac addysg. Roedd y menywod oedd yn gweithio yn y gwasanaeth sifil yn ennill yr un cyflog â dynion. Erbyn 1933 roedd 100,000 o athrawesau a 3,000 o feddygon benywaidd.	Yn gymdeithasol, roedd menywod yn mynd allan ar eu pen eu hunain, yn yfed ac yn ysmygu'n gyhoeddus. Yn aml roedden nhw'n denau ac yn cymryd diddordeb mewn ffasiwn. Bydden nhw'n gwisgo sgertiau eithaf byr yn aml, yn torri eu gwallt yn gwta ac yn gwisgo colur.

▲ Tabl 5.1: Cynnydd menywod yr Almaen yn ystod yr 1920au

Delfrydau Natsïaidd

Roedd gan y Natsïaid farn draddodiadol iawn am rôl menywod, ac roedd hyn yn wahanol iawn i safle menywod yng nghymdeithas yr 1920au. Dyma rai o nodweddion menyw ddelfrydol y Natsïaid:

- ddim yn gwisgo colur
- yn olau ac yn athletaidd, gyda chluniau mawr
- gwisgo esgidiau sodlau isel a sgert lawn
- ddim yn ysmygu
- ddim yn mynd allan i weithio
- gwneud yr holl waith tŷ, yn enwedig coginio a magu'r plant
- ddim yn dangos unrhyw ddiddordeb mewn gwleidyddiaeth.

◀ Ffynhonnell FF: Poster Natsïaidd o 1937 yn dangos y ddelwedd ddelfrydol o fenyw Almaenig. Ystyr y geiriau Almaeneg yw 'Cefnogwch yr achos – y fam a'i phlentyn'

Ffynhonnell E: Goebbels yn disgrifio rôl y fenyw mewn araith yn 1929

Gwaith y fenyw yw bod yn hardd a dod â phlant i'r byd. Mae'r iâr yn ei gwneud ei hun yn hardd ar gyfer ei phartner ac yn dodwy wyau iddo. Yn gyfnewid am hyn, mae'r ceiliog yn gofalu am gasglu'r bwyd, yn gwarchod y nyth ac yn cadw'r gelyn i ffwrdd.

Ffynhonnell F: Rhigwm Almaeneg i fenywod y wlad

Tegell, ysgub, sosbennaid o ddŵr:

Dyna'r ffordd at galon gŵr.

Gadewch y siop, a'r swyddfa hefyd,

Yn y cartref mae'ch gwir fywyd.

GWEITHGAREDD

1 Beth mae Ffynonellau D ac DD yn ei awgrymu am agweddau'r Natsïaid at rôl y fenyw?

Cwestiwn ymarfer

Beth oedd pwrpas Ffynhonnell FF? *(I gael arweiniad, gweler tudalennau 94–95.)*

Newidiadau o dan y Natsïaid

Cyflwynodd y Natsïaid gyfres o fesurau i newid rôl menywod.

Priodas a theulu

Roedd y Natsïaid yn poeni'n fawr fod cyfradd genedigaethau wedi gostwng. Yn 1900 roedd mwy na 2 filiwn yn cael eu geni bob blwyddyn, ond roedd y ffigur hwn wedi syrthio i lai na miliwn yn 1933.

- Lansiwyd ymgyrch bropaganda enfawr i annog menywod i gael plant a theuluoedd mawr.
- Yn 1933 cafodd y Ddeddf Annog Priodas ei chyflwyno. Y nod oedd cynyddu cyfradd genedigaethau trwy roi benthyciadau fyddai'n helpu parau ifainc i briodi, ar yr amod bod y wraig yn gadael ei swydd. Byddai parau yn cael cadw chwarter y benthyciad am bob plentyn fyddai'n cael ei eni, hyd at bedwar plentyn.
- Ar ben-blwydd mam Hitler (12 Awst) byddai medalau, o'r enw Croes y Fam, yn cael eu rhoi i fenywod oedd â theuluoedd mawr.
- Yn 1938 newidiodd y Natsïaid y gyfraith ysgaru – roedd ysgaru yn bosibl os nad oedd gŵr neu wraig yn gallu cael plant. Roedd y Natsïaid yn ystyried priodas heb blant yn ddiwerth.
- Hefyd, sefydlodd y Natsïaid raglen *Lebensborn* (Ffynnon Bywyd) lle gallai menywod di-briod gael eu dewis yn arbennig i 'roi baban yn anrheg i'r **Führer**' drwy gael eu beichiogi gan ddynion 'pur eu hil' yr **SS** (*Schutzstaffel*).
- Roedd mudiad cenedlaethol newydd, sef Menter Menywod yr Almaen, yn trefnu dosbarthiadau a sgyrsiau radio ar bynciau fel y cartref a sgiliau magu plant.

Dehongliad 1: Roedd Marianne Gartner yn aelod o Gynghrair Merched yr Almaen ac yma mae hi'n cofio un o'r cyfarfodydd yn 1936

Mewn un cyfarfod, cododd arweinydd y tîm ei llais. 'Nid oes gwell anrhydedd i Almaenes na geni plant ar gyfer y Führer *ac ar gyfer y Famwlad! Mae'r* Führer *wedi gorchymyn na fydd unrhyw deulu yn gyflawn heb bedwar plentyn o leiaf. Nid yw'r Almaenes yn gwisgo colur! Nid yw'r Almaenes yn ysmygu! Mae ganddi ddyletswydd i gadw'n heini ac iach! Unrhyw gwestiynau?' 'Pam nad yw'r* Führer *yn briod ac yn dad ei hun?' gofynnais innau.*

▲ **Ffynhonnell G:** Cartŵn Almaenig o'r 1930au. Mae'r pennawd yn dweud: 'A dyma gyflwyno Frau Müller, sydd wedi dod â 12 plentyn i'r byd hyd yma'

1. Cofiwch mai Almaenes ydych chi.
2. Os ydych chi'n iach o ran geneteg, dylech chi briodi.
3. Cadwch eich corff yn bur.
4. Cadwch eich meddwl a'ch ysbryd yn bur.
5. Priodwch oherwydd cariad yn unig.
6. A chithau'n Almaenes, dewiswch ŵr o dras a gwaed tebyg i chi'ch hun.
7. Wrth ddewis gŵr, holwch am ei hynafiaid.
8. Mae iechyd yn hanfodol ar gyfer harddwch corfforol.
9. Peidiwch â chwilio am rywun i chwarae â nhw – chwiliwch am gymar mewn glân briodas.
10. Dylech chi ddymuno cael cynifer o blant ag sy'n bosibl.

▲ **Ffynhonnell NG:** Dehongliad artist o bamffled Natsïaidd gafodd ei anfon at fenywod ifanc Almaenig

Gwaith

Yn lle mynd i'r gwaith, roedd gofyn i fenywod gadw at 'y tair K', sef: *Kinder, Küche, Kirche* – 'plant, y gegin, yr eglwys'. Roedd gan y Natsïaid reswm arall dros geisio cael menywod i roi'r gorau i'w gwaith. Un rheswm pam cawson nhw eu hethol oedd eu bod wedi addo mwy o swyddi. Wrth i fenyw ddychwelyd i'r cartref, byddai ei swydd ar gael i ddyn. Cafodd menywod oedd yn feddygon, yn weision sifil ac yn athrawon eu gorfodi i roi'r gorau i'w swyddi. Hyfforddwyd merched ysgol ar gyfer gweithio yn y cartref (gweler tudalennau 55–56) a'u hannog i beidio â mynd ymlaen i gael addysg uwch.

Ond o 1937 ymlaen, roedd yn rhaid i'r Natsïaid newid y polisïau hyn. Roedd yr Almaen yn ailarfogi. Roedd dynion yn ymuno â'r fyddin. Nawr, roedd ar y Natsïaid angen i fwy o fenywod fynd allan i weithio. Rhoddwyd diwedd ar y benthyciadau priodas, a chafodd 'blwyddyn ddyletswydd' orfodol ei chyflwyno i bob menyw oedd yn dechrau gweithio. Roedd hyn fel arfer yn golygu helpu ar fferm neu mewn cartref teuluol, gan gael gwely a bwyd ond dim cyflog. Doedd y polisi newydd hwn ddim yn llwyddiannus iawn. Erbyn 1939, roedd llai o fenywod yn gweithio nag oedd yng nghyfnod Gweriniaeth Weimar.

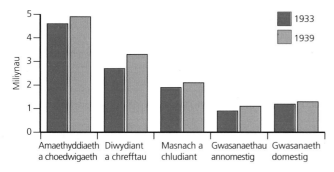

▲ Ffigur 5.2: Cyflogaeth menywod (fesul miliwn)

Ymddangosiad

Câi menywod eu hannog i gadw'n iach a gwisgo eu gwallt i fyny neu mewn plethi. Roedden nhw'n cael eu hannog i beidio gwisgo trowsus, sodlau uchel a cholur, lliwio neu steilio eu gwallt, na cholli pwysau, gan fod hyn yn cael ei ystyried yn beth gwael ar gyfer geni plant.

GWEITHGAREDDAU   **?**

1 Lluniwch ddau fap meddwl yn dangos sut gwnaeth safle menywod newid rhwng Cyfnod Weimar a Chyfnod y Natsïaid.
   ☐ Labelwch y map meddwl cyntaf gyda nodweddion 'menywod modern' yn ystod Gweriniaeth Weimar yr Almaen.
   ☐ Labelwch yr ail fap meddwl gydag 'agweddau'r Natsïaid at fenywod'.

2 I ba raddau mae Dehongliad 1 yn cefnogi'r farn bod gan fenywod le pwysig yn y gymdeithas Natsïaidd?

3 Pa neges mae'r cartwnydd yn ceisio ei chyfleu yn Ffynhonnell G?

4 Pa mor ddefnyddiol yw Ffynhonnell NG i hanesydd sy'n astudio agweddau'r Natsïaid at fenywod?

5 Lluniwch fap meddwl fel yr un hwn i ddangos beth oedd yn cael ei ddisgwyl gan fenywod oedd yn byw yn yr Almaen o dan y Natsïaid. Mae'r blwch cyntaf wedi cael ei gwblhau i chi.

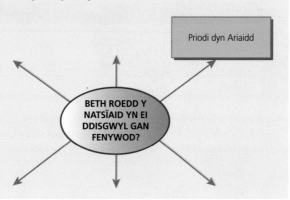

Cwestiwn ymarfer

Disgrifiwch beth oedd barn y Natsïaid am rôl menywod. *(I gael arweiniad, gweler tudalen 93.)*

Pa mor llwyddiannus oedd y polisïau hyn?

Edrychwch yn ofalus ar y ffynonellau isod ac atebwch gwestiynau'r gweithgareddau. Yna byddwch chi'n gallu penderfynu drosoch chi eich hun a oedd polisïau'r Natsïaid tuag at fenywod yn llwyddiannus neu beidio.

> **Ffynhonnell H: Detholiad o lythyr gan sawl menyw at bapur newydd yn Leipzig yn 1934**
>
> *Heddiw mae dyn yn cael ei addysgu, nid o blaid, ond yn erbyn priodas. Rydyn ni'n gweld ein merched yn tyfu mewn twpdra digyfeiriad heb ddim ond rhyw obaith annelwig o ddod o hyd i ddyn a chael plant. Mae mab, hyd yn oed yn ifanc iawn, yn chwerthin yn wyneb ei fam. Mae'n edrych arni fel ei forwyn a dyw menywod yn gyffredinol yn ddim mwy nag offer parod sydd ar gael i gyflawni ei ddymuniad.*

> **Ffynhonnell I: Darn o erthygl papur newydd gan Judith Grunfeld, newyddiadurwraig Americanaidd, 1937**
>
> *Faint o weithwyr benywaidd gafodd eu hanfon adref gan y Führer? Yn ôl ystadegau Adran Llafur yr Almaen, roedd 5,470,000 o fenywod yn gweithio ym Mehefin 1936, sef 1,200,000 yn fwy nag yn Ionawr 1933. Dyw ymgyrch y Natsïaid ddim wedi llwyddo i leihau nifer y menywod sy'n gweithio. Yn lle hynny, mae wedi eu hel allan o'r swyddi oedd yn talu'n dda a'u gyrru i swyddi **llafur rhad**. Mae'r math hwn o waith, gyda'i gyflogau isel a'i oriau hir, yn beryglus iawn i iechyd menywod ac yn diraddio'r teulu.*

> **Dehongliad 2: Atgofion Wilhelmine Haferkamp oedd yn 22 oed yn 1933. Roedd hi'n byw yn ninas ddiwydiannol Oberhausen**
>
> *Pan oedd gan rywun ddeg o blant, wel, nid deg efallai ond pentwr ohonyn nhw, yna roedd yn rhaid i chi ymuno â'r Blaid Natsïaidd. Yn 1933 roedd gen i dri o blant yn barod ac roedd y pedwerydd ar ei ffordd. Os oedd rhywun â llawer o blant yn ymuno â'r Blaid, roedd cyfle da i'r plant ddod ymlaen yn y byd. Cefais 30 marc am bob plentyn gan lywodraeth Hitler ac 20 marc am bob un gan y ddinas. Roedd hynny'n llawer o arian. Weithiau byddai 'arian y plant' yn fwy na chyflog fy ngŵr.*

> **Ffynhonnell J: O erthygl papur newydd gan Toni Christen, newyddiadurwr Americanaidd, 1939**
>
> *Siaradais â Mrs Schmidt, gwraig tua 50 oed, wrth iddi ddod allan o'r siop. 'Welwch chi, dydy menywod hŷn yn dda i ddim yn yr Almaen,' meddai. 'Dydyn ni ddim yn gallu cael plant bellach. Dydyn ni ddim o unrhyw werth i'r wladwriaeth. Dydyn nhw ddim yn poeni amdanon ni famau a neiniau bellach. Rydyn ni wedi gwneud ein gwaith, ac felly'n cael ein rhoi o'r neilltu.'*

GWEITHGAREDDAU

1 Copïwch y tabl canlynol. Trefnwch Ffynonellau H, I, J a Dehongliad 2 yn llwyddiannau a methiannau, o ran polisïau'r Natsïaid ym meysydd priodas/teulu a swyddi. Cwblhewch y tabl gan esbonio eich dewis. Mae un wedi cael ei wneud i chi.

	Llwyddiant	Methiant
Priodas/Teulu		Ffynhonnell J, gan nad oedd y Natsïaid yn ystyried menywod hŷn yn werthfawr
Swyddi		

2 Rydych chi'n newyddiadurwr o Brydain sydd wedi ymweld â'r Almaen Natsïaidd yn 1938 i ymchwilio i rôl menywod. Defnyddiwch y gwaith rydych chi wedi ei wneud yng Ngweithgaredd 1 i ysgrifennu erthygl yn esbonio llwyddiannau a methiannau polisïau'r Natsïaid. Bydd angen pennawd bachog. Gallech chi gynnwys cyfweliadau dychmygol.

Rheoli addysg

Pobl ifanc oedd dyfodol y Drydedd *Reich* yng ngolwg Hitler. Roedd yn rhaid eu hannog i gredu delfrydau Natsïaidd. Y ffordd o wneud hyn oedd drwy reoli addysg. Roedd yn rhaid i bawb yn yr Almaen fynd i'r ysgol tan eu bod yn 14 oed. Ar ôl hynny, roedd addysg yn ddewisol. Roedd merched a bechgyn yn mynd i ysgolion gwahanol. Mae Ffigur 5.3 yn rhoi syniad i chi o fywyd ysgol yn yr Almaen Natsïaidd.

▼ Ffigur 5.3: Sut gwnaeth y Natsïaid reoli ysgolion ar ôl 1933

GWERSLYFRAU

Cafodd y gwerslyfrau eu hailysgrifennu i gyd-fynd â safbwynt y Natsïaid ar hanes a phurdeb hiliol. Roedd rhaid i bob gwerslyfr gael ei gymeradwyo gan y Weinyddiaeth Addysg. Daeth *Mein Kampf* yn werslyfr safonol.

ATHRAWON

Roedd yn rhaid i athrawon dyngu llw o ffyddlondeb i Hitler ac ymuno â **Chynghrair Athrawon y Natsïaid**. Erbyn 1937, roedd 97 y cant o athrawon wedi ymuno â'r Gynghrair. Roedd yn rhaid i athrawon hyrwyddo syniadau'r Natsïaid yn yr ystafell ddosbarth, ac roedd nifer ohonyn nhw'n cael eu diswyddo os nad oedden nhw'n dangos ymrwymiad i Natsïaeth. Erbyn 1936, roedd 36 y cant o athrawon yn aelodau o'r Blaid Natsïaidd.

GWERSI

Ar ddechrau a diwedd y wers byddai'r myfyrwyr yn saliwtio ac yn dweud **'Heil Hitler'**. Byddai themâu Natsïaidd yn cael eu cyflwyno drwy bob pwnc. Roedd problemau mathemateg yn delio â materion cymdeithasol. Cafodd gwersi daearyddiaeth eu defnyddio i ddangos sut roedd yr Almaen wedi cael ei hamgylchynu â chymdogion gelyniaethus. Mewn gwersi hanes, roedd myfyrwyr yn cael eu dysgu am ddrygioni comiwnyddiaeth a chaledi Cytundeb Versailles.

CWRICWLWM

O dan y Natsïaid, cafodd y cwricwlwm ei newid er mwyn paratoi myfyrwyr at eu rolau yn y dyfodol. Yn ôl Hitler, dylai dynion a menywod fod yn iach a heini, felly roedd pymtheg y cant o'r amser yn yr ysgol yn cael ei roi i addysg gorfforol. Yn achos y bechgyn, roedd y pwyslais ar baratoi at y fyddin. Roedd pwyslais mawr hefyd ar orffennol yr Almaen a'r hil **Ariaidd**. Cafodd y disgyblion eu dysgu fod Ariaid yn uwchraddol ac na ddylen nhw briodi hiliau israddol fel yr Iddewon. Roedd merched yn dysgu gwnïo a chrefftau cartref, yn enwedig coginio, er mwyn bod yn wraig tŷ a mam dda. Cafodd pynciau newydd fel astudiaethau hil eu cyflwyno er mwyn cyfleu syniadau'r Natsïaid ynghylch hil a rheoli'r boblogaeth. Byddai plant yn cael eu dysgu sut i fesur eu penglogau ac i adnabod hiliau gwahanol. Daeth addysg grefyddol yn bwnc dewisol.

Ffynhonnell L: Cwestiwn o werslyfr mathemateg, 1933

Mae'r Iddewon yn estroniaid yn yr Almaen. Yn 1933 roedd 66,060,000 o bobl yn byw yn Reich yr Almaen ac roedd 499,862 ohonyn nhw yn Iddewon. Beth yw canran yr estroniaid yn yr Almaen?

Dehongliad 3: Darn o atgofion Almaenwr, wedi'i ysgrifennu yn yr 1960au. Mae'n cofio'i gyfnod yn ddisgybl yn yr 1930au

Wnaeth neb yn ein dosbarth ni erioed ddarllen Mein Kampf. *Fe ddefnyddiais i'r llyfr i gael dyfyniadau, a dyna'r cwbl. Yn gyffredinol, doedden ni ddim yn dysgu llawer am syniadau'r Natsïaid. Doedd ein hathrawon ddim yn sôn llawer am wrth-Semitiaeth, heblaw am draethawd Richard Wagner 'Iddewon mewn Cerddoriaeth'. Ond roedden ni'n gwneud llawer o ymarfer corff a choginio.*

GWEITHGAREDDAU

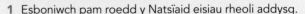

1 Esboniwch pam roedd y Natsïaid eisiau rheoli addysg.
2 Edrychwch ar Ffynhonnell L. Beth mae'n ei ddangos i chi am addysg yn yr Almaen Natsïaidd?
3 Beth gallwch chi ei gasglu o Ddehongliad 3 am addysg yn yr Almaen Natsïaidd?

Cwestiwn ymarfer

Disgrifiwch sut gwnaeth cwricwlwm yr ysgolion newid o dan y Natsïaid. *(I gael arweiniad, gweler tudalen 93.)*

Mudiad Ieuenctid Hitler

Roedd y Natsïaid hefyd eisiau rheoli oriau hamdden pobl ifanc. Gwnaethon nhw gyflawni hyn drwy weithgaredd **Mudiad Ieuenctid Hitler**. Roedd yn rhaid cael pobl ifanc i gredu mewn delfrydau Natsïaidd fel ufudd-dod, dilyn y *Führer*, rhoi'r genedl yn gyntaf a chryfhau purdeb hiliol y genedl. Gwthiwyd syniadau Natsïaidd ar bobl ifanc yn ystod eu hamser hamdden, ym Mudiad Ieuenctid Hitler, yn ogystal â drwy addysg a'r ysgolion. Trwy hyn, bydden nhw'n dod yn ddilynwyr ffyddlon ac ymroddedig i Hitler, a fydden nhw ddim eisiau beirniadu'r ffordd Natsïaidd o fyw. Felly:

- Cafodd pob mudiad ieuenctid arall ei wahardd.
- O 1939 ymlaen daeth yn orfodol i fod yn aelod o Fudiad Ieuenctid Hitler.
- Erbyn 1939 roedd 7 miliwn o aelodau.

Bechgyn Mudiad Ieuenctid Hitler	Merched Mudiad Ieuenctid Hitler

▲ Ffynhonnell LL: Poster recriwtio Mudiad Ieuenctid Hitler, 1933, sy'n dweud 'Dewch aton ni!', ac ar y gwaelod: 'Ymunwch â Mudiad Ieuenctid Hitler'	▲ Ffynhonnell M: Poster recriwtio ar gyfer y Merched Ifanc sy'n dweud 'Pob merch ddeg oed aton ni'
Roedd bechgyn yn ymuno â Phobl Ifanc yr Almaen *(Jungvolk)* yn 10 oed. Rhwng 14 ac 18 oed roedden nhw'n dod yn aelodau o Fudiad Ieuenctid Hitler *(HitlerJugend)*. Roedden nhw'n dysgu caneuon a syniadau Natsïaidd ac yn cymryd rhan mewn athletau, teithiau cerdded a gwersylla. Wrth iddyn nhw fynd yn hŷn, roedden nhw'n ymarfer gorymdeithio, darllen mapiau a sgiliau milwrol. Roedd llawer ohonyn nhw yn mwynhau'r cyfeillgarwch a'r frawdoliaeth. Mae'n bosibl eu bod hefyd yn mwynhau'r ffaith fod y gwersylloedd yn aml yn agos i rai Cynghrair Merched yr Almaen.	Roedd merched yn ymuno â'r Merched Ifanc *(Jungmädel)* yn 10 oed. Rhwng 14 ac 18 oed roedden nhw'n dod yn aelodau o Gynghrair Merched yr Almaen *(Bund Deutscher Mädel)*. Bydden nhw'n gwneud yr un math o beth â'r bechgyn, ond roedden nhw hefyd yn dysgu sgiliau gwaith tŷ er mwyn eu paratoi ar gyfer magu plant a phriodas. Roedd llawer llai o bwyslais ar hyfforddiant milwrol.

Cwestiynau ymarfer

1 Defnyddiwch Ffynhonnell LL a'r hyn rydych chi'n ei wybod eich hun i ddisgrifio Mudiad Ieuenctid Hitler. *(I gael arweiniad, gweler tudalennau 91–92.)*

2 Disgrifiwch weithgareddau Mudiad Ieuenctid Hitler. *(I gael arweiniad, gweler tudalen 93.)*

GWEITHGAREDD

1 Beth mae Ffynonellau LL ac M yn ei awgrymu am Fudiad Ieuenctid Hitler?

Pa mor llwyddiannus oedd y polisïau hyn?

Er bod llawer o Almaenwyr ifanc wedi ymuno â Mudiad Ieuenctid Hitler, doedd y mudiad ddim yn boblogaidd gan rai aelodau.

Dehongliad 4: Atgofion arweinydd Mudiad Ieuenctid Hitler, yn siarad mewn cyfweliad yn yr 1980au

Yr hyn roeddwn i'n ei hoffi am Ieuenctid Hitler oedd y cyfeillgarwch a'r cydweithio. Roeddwn i'n llawn brwdfrydedd pan ymunais i â'r Bobl Ifanc yn 10 oed. Hyd heddiw, gallaf gofio'r wefr roeddwn i'n ei theimlo pan oeddwn i'n clywed arwyddeiriau'r clwb: 'Mae Pobl Ifanc yn galed. Maen nhw'n gallu cadw cyfrinach. Maen nhw'n ffyddlon. Maen nhw'n gyfeillion.' Ac wedyn roedd gennych chi'r teithiau! A oes unrhyw beth yn well na mwynhau gogoniant y famwlad yng nghwmni eich cyfeillion?

Ffynhonnell N: Darn o erthygl am Fudiad Ieuenctid Hitler wedi'i gyhoeddi mewn cylchgrawn Prydeinig yn 1938

Mae'n ymddangos nad oes llawer o frwdfrydedd dros Fudiad Ieuenctid Hitler, ac maen nhw'n colli aelodau. Dyw llawer ohonyn nhw ddim eisiau dilyn gorchmynion. Maen nhw eisiau gallu gwneud fel maen nhw'n ddymuno. Fel arfer dim ond un rhan o dair o'r grŵp sy'n bresennol adeg cofrestru. Yn y cyfarfodydd gyda'r nos, mae'n wyrth os daw 20 allan o 80 iddyn nhw, ond dim ond 10 neu 12 sy'n dod fel arfer.

Ffynhonnell O: Llythyr gafodd ei ysgrifennu gan aelod o Fudiad Ieuenctid Hitler at ei rieni yn 1936

Sut roedden ni'n byw yng Ngwersyll S—, sydd i fod i osod esiampl i'r holl wersylloedd eraill? Prin ein bod ni'n cael munud o'r diwrnod i ni'n hunain. Nid bywyd gwersyll yw hwn, o nage! Mae fel bywyd mewn barics milwrol! Mae'r ymarferion yn dechrau yn syth ar ôl brecwast pitw. Byddai'n braf gallu cymryd rhan mewn athletau, ond does dim cyfle. Yr unig bethau rydyn ni'n eu gwneud yw ymarferion milwrol, i lawr yn y mwd, nes ein bod ni'n sychedig iawn. A dim ond un dymuniad sydd gennym ni: cysgu, cysgu...

GWEITHGAREDDAU

1 Esboniwch pam gwnaeth rhai pobl ifanc wrthryfela yn erbyn Mudiad Ieuenctid Hitler.

2 Pa mor ddefnyddiol yw Dehongliad 4 a Ffynhonnell N i hanesydd sy'n astudio Mudiad Ieuenctid Hitler?

3 Defnyddiwch Ffynhonnell O i esbonio pam nad oedd Mudiad Ieuenctid Hitler yn boblogaidd gan bob Almaenwr ifanc.

4 A yw Ffynonellau N–P a Dehongliad 4 yn awgrymu bod polisïau'r Natsïaid yn boblogaidd ymhlith pobl ifanc? Copïwch y tabl a'i lenwi er mwyn ateb y cwestiwn hwn. Mae un enghraifft wedi'i gwneud i chi. Rhowch esboniad byr ar gyfer pob dewis.

Poblogaidd	Amhoblogaidd	Heb benderfynu
		Ffynhonnell O: er bod y ffynhonnell yn dangos gorymdaith, nid yw'r merched yn edrych yn frwdfrydig.

▼ **Ffynhonnell P:** Aelodau o Gynghrair Merched yr Almaen yn mynd ar daith gerdded, 1936

Agweddau tuag at grefydd

Roedd delfrydau'r Natsïaid yn groes i gredoau a gwerthoedd yr Eglwys Gristnogol.

Natsïaeth	Cristnogaeth
Clodfori cryfder a thrais	Dysgu cariad a maddeuant
Casáu pobl wan	Helpu pobl wan
Credu bod ambell hil yn well na'i gilydd	Parch at bawb
Ystyried Hitler yn ffigwr tebyg i Dduw	Credu yn Nuw

Ond allai Hitler ddim mynd ati ar unwaith i erlid Cristnogaeth, gan mai gwlad Gristnogol oedd yr Almaen yn y bôn. Roedd bron i ddwy ran o dair o'r boblogaeth yn Brotestaniaid, a'r mwyafrif o'r rhain yn byw yn y gogledd. Roedd bron i draean yn Gatholig, a'r rhan fwyaf o'r rhain yn byw yn y de.

Sefydlodd Hitler Weinyddiaeth Materion Eglwysig yn 1935 i geisio llacio gafael yr eglwysi Catholig a Phrotestannaidd ar y bobl. Yn ogystal â'r Weinyddiaeth, roedd y Natsïaid yn hyrwyddo **Mudiad Ffydd yr Almaen**, gan obeithio byddai'n bosibl cael gwared ar werthoedd a seremonïau Cristnogol a sefydlu syniadau paganaidd (anghristnogol) yn eu lle. Ond dim ond tua 5 y cant o'r boblogaeth wnaeth ymuno â'r mudiad.

▲ Ffigur 5.4: Symbol Mudiad Ffydd yr Almaen

Yr Eglwys Gatholig

Er bod llawer o Gatholigion yn cefnogi Hitler gan ei fod yn gwrthwynebu Comiwnyddiaeth, roedd Hitler yn ystyried yr Eglwys Gatholig yn fygythiad i'w wladwriaeth Natsïaidd:

■ Roedd Catholigion yn deyrngar i'r Pab yn gyntaf, ac nid i Hitler. Felly, doedd eu teyrngarwch ddim yn cael ei roi yn llwyr i Hitler. Dywedodd Hitler fod rhywun yn gallu bod naill ai'n Gristion neu'n Almaenwr, ond nid y ddau.

■ Roedd neges yr ysgolion a mudiadau ieuenctid Catholig yn groes i neges y Blaid Natsïaidd.

■ Roedd y Catholigion yn gyson eu cefnogaeth i'r Blaid Ganolog. Roedd Hitler yn bwriadu cael gwared ar y blaid hon (daeth y blaid i ben yn wirfoddol ar ddechrau Gorffennaf 1933).

> **Ffynhonnell PH: O adroddiadau'r heddlu yn Bafaria yn 1937 a 1938**
>
> *Mae dylanwad yr Eglwys Gatholig ar y boblogaeth mor gryf fel na all ysbryd y Natsïaid eu cyrraedd. Mae'r offeiriaid yn dal i gael dylanwad cryf ar y boblogaeth leol. Mae'n well gan y bobl hyn gredu beth mae'r offeiriaid yn ei ddweud yn y pulpud na geiriau'r siaradwyr Natsïaidd gorau.*

Ar y dechrau, fodd bynnag, penderfynodd Hitler gydweithio gyda'r Eglwys Gatholig. Ym mis Gorffennaf 1933, llofnododd gytundeb, neu **concordat** gyda'r Pab Pius XI. Cytunodd y Pab y byddai'r Eglwys Gatholig yn cadw draw o faterion gwleidyddol, pe bai Hitler yn cytuno i beidio ag ymyrryd yn yr Eglwys. O fewn ychydig fisoedd, roedd Hitler wedi torri'r cytundeb hwn.

■ Cafodd offeiriaid eu poenydio a'u harestio. Roedd llawer ohonyn nhw yn feirniadol o'r Natsïaid ac fe gawson nhw eu hanfon i'r gwersylloedd crynhoi.

■ Roedd y Natsïaid yn tarfu ar ysgolion Catholig ac yn y pen draw cawson nhw eu cau.

■ Daeth mudiadau ieuenctid Catholig i ben.

■ Cafodd mynachlogydd eu cau.

> **Ffynhonnell R: Darn o lythyr anfonodd y Cardinal Bertram i'r Fatican, 10 Medi 1933. Roedd Bertram hefyd yn Archesgob Breslau**
>
> *Nid yw rhieni yn dymuno i'w plant berthyn i fudiadau Catholig erbyn hyn, oherwydd y pwysau sy'n dod oddi wrth rannau o'r Blaid Natsïaidd... ac mae athrawon ym mhob man o dan bwysau i wthio plant tuag at Fudiad Ieuenctid Hitler. Ar bob ochr, mae cymdeithasau Catholig yn cael eu cyhuddo o fod yn annibynadwy yn wleidyddol, o ddiffyg gwladgarwch ac o gasineb at y wladwriaeth.*

Yr Eglwys Brotestannaidd

Roedd rhai Protestaniaid yn edmygu Hitler. Roedden nhw'n cael eu galw yn 'Gristnogion Almaenig'. Fe wnaethon nhw sefydlu Eglwys newydd y *Reich*, yn y gobaith o uno Protestaniaid o dan un Eglwys. Yr arweinydd oedd Ludwig Müller. Daeth ef yn esgob y *Reich*, sef yr arweinydd cenedlaethol, ym mis Medi 1933.

> **Ffynhonnell RH:** Gweinidog Protestannaidd yn siarad mewn eglwys 'Gristnogol Almaenig' yn 1937
>
> *Rydyn ni i gyd yn gwybod: pe bai'r Drydedd Reich yn dymchwel heddiw, byddai Comiwnyddiaeth yn cymryd ei lle. Felly rhaid i ni ddangos ein teyrngarwch i'r Führer sydd wedi ein hachub rhag Comiwnyddiaeth a rhoi gwell dyfodol i ni. Cefnogwch yr Eglwys 'Gristnogol Almaenig'.*

Ond roedd llawer o Brotestaniaid yn gwrthwynebu Natsïaeth gan gredu ei bod yn gwbl groes i'w credoau Cristnogol eu hunain. Eu harweinydd nhw oedd y gweinidog, Martin Niemöller, comander llong danfor yn y Rhyfel Byd Cyntaf. Ym mis Rhagfyr 1933 fe wnaethon nhw sefydlu Cynghrair Argyfwng y Gweinidogion ar gyfer y rhai oedd yn gwrthwynebu Hitler.

GWEITHGAREDDAU

1 Edrychwch ar Ffynhonnell RH. Rhoddodd y Natsïaid lawer o sylw cyhoeddus i'r araith hon. Pam?

2 Edrychwch ar Ffynhonnell S. Rydych chi'n wrthwynebydd i Eglwys Brotestannaidd newydd y *Reich*. Meddyliwch am bennawd ar gyfer y ffotograff hwn.

Cwestiynau ymarfer

1 Defnyddiwch Ffynhonnell T a'r hyn rydych chi'n ei wybod i ddisgrifio ymdrechion y Natsïaid i reoli'r Eglwys. (*I gael arweiniad ar sut i ateb y math hwn o gwestiwn, gweler tudalennau 91–92.*)

2 Disgrifiwch bolisïau'r Natsïaid tuag at yr Eglwys yn yr Almaen. (*I gael arweiniad, gweler tudalen 93.*)

▲Ffynhonnell S: Ffotograff o esgob y Reich Ludwig Müller ar ôl cysegru Eglwys Gustav-Adolf, Berlin, 1933

Zur Gründung der deutschen Staatskirche

Das Kreuz war noch nicht schwer genug

▲Ffynhonnell T: Poster gan John Heartfield, artist comiwnyddol oedd yn gwrthwynebu'r Natsïaid. Mae'n dangos Hitler yn hoelio'r swastica i'r groes Gristnogol sy'n cael ei chario gan Iesu. Ystyr y geiriau yw 'Doedd y groes ddim yn ddigon trwm'

Y driniaeth a roddwyd i'r Iddewon

Roedd creu gwladwriaeth Almaenig bur yn rhan ganolog o bolisi'r Natsïaid. Roedd hyn yn golygu bod rhaid trin grwpiau oedd ddim yn Almaenwyr, ac yn enwedig yr Iddewon, fel dinasyddion eilradd. Roedd damcaniaeth hil Hitler yn seiliedig ar y syniad o'r 'hil oruchaf' a'r rhai 'isddynol' (*Untermenschen*). Ceisiodd gefnogi'r syniadau hyn trwy ddweud bod y Beibl yn dangos mai dim ond dwy hil oedd i'w cael – yr Iddewon a'r Ariaid – a bod gan Dduw bwrpas arbennig ar gyfer yr Ariaid.

Roedd y Natsïaid yn credu bod yr Almaenwyr yn hil bur o linach Ariaidd – disgynyddion yr *Herrenvolk* neu'r 'hil oruchaf'. Mewn gweithiau celf, roedden nhw'n cael eu dangos fel pobl olau gyda llygaid glas, yn dal, yn denau ac yn athletaidd – pobl oedd yn addas i fod yn feistri ar y byd. Ond roedd yr hil hon wedi cael ei llygru gan bobl 'isddynol'.

Yr Iddewon a'r Slafiaid, ar y llaw arall, oedd y rhai 'isddynol'. Roedd propaganda Natsïaidd yn portreadu'r Iddewon fel benthycwyr arian dieflig. Roedd Hitler yn meddwl am yr Iddewon fel grym drwg ac roedd yn credu eu bod nhw'n cyfrannu at gynllwyn byd-eang i ddinistrio gwareiddiad.

Credai Hitler fod dyfodol yr Almaen yn dibynnu ar greu gwladwriaeth hiliol Ariaidd bur. Dyma sut byddai'n cyflawni hyn:

- bridio detholus
- dinistrio'r Iddewon.

GROSSE POLITISCHE SCHAU IM BIBLIOTHEKSBAU DES DEUTSCHEN MUSEUMS ZU MÜNCHEN · AB 8. NOVEMBER 1937 · TÄGLICH GEÖFFNET VON 10·21 UHR

Roedd bridio detholus yn golygu atal pobl rhag cael plant os nad oedden nhw'n edrych fel pe baen nhw'n perthyn i'r hil Ariaidd. Roedd yr SS yn rhan o'r ymgyrch hon o fridio detholus. Bydden nhw'n recriwtio dynion tal o waed Ariaidd, gyda gwallt golau a llygaid glas. Os oedden nhw'n priodi, roedd yn rhaid i'w gwragedd fod o waed Iddewig.

◀ **Ffynhonnell TH:** Poster o arddangosfa, gafodd ei defnyddio gan y Natsïaid i droi pobl yn erbyn yr Iddewon, gyda'r teitl 'Yr Iddew Tragwyddol'

Ffynhonnell U: Rhan o araith Hitler i gefnogwyr Natsïaidd yn 1922

Fydd yna ddim cyfaddawd. Dim ond dau beth sy'n bosibl. Naill ai bydd yr Hil Oruchaf Ariaidd yn fuddugol, neu caiff yr Ariaid eu difodi gan arwain at fuddugoliaeth yr Iddew.

GWEITHGAREDD   **?**

Beth oedd prif nodweddion damcaniaeth hil y Natsïaid?

Cwestiwn ymarfer

Beth oedd pwrpas Ffynhonnell TH? *(I gael arweiniad, gweler tudalennau 94–95.)*

Erledigaeth yr Iddewon

Nid Hitler a'r Blaid Natsïaidd oedd y cyntaf i feddwl bod yr Iddewon yn wahanol a'u trin nhw fel gelynion ac estroniaid. Mae **gwrth-Semitiaeth** yn mynd yn ôl i'r Oesoedd Canol. Mae Ffigur 5.4 yn crynhoi rhai o'r rhesymau pam cafodd yr Iddewon eu herlid.

> Mae Iddewon wedi cael eu herlid ar hyd yr oesoedd, er enghraifft yn Lloegr yn ystod yr Oesoedd Canol. Mae hyn oherwydd bod yr Iddewon wedi bod yn eithaf amlwg fel pobl wahanol mewn rhanbarthau ar draws Ewrop. Roedd ganddyn nhw grefydd wahanol a gwahanol arferion. Roedd rhai Cristnogion yn beio'r Iddewon am groeshoeliad Crist ac yn dadlau bod angen cosbi Iddewon am hynny am byth. Aeth rhai Iddewon yn fenthycwyr arian a dod yn gymharol gyfoethog. O ganlyniad, roedd mwy o bobl yn eu casáu nhw ac yn eu hamau, oherwydd eu bod mewn dyled iddyn nhw neu'n genfigennus o'u llwyddiant.

> Pam cafodd yr Iddewon eu herlid?

> Roedd Hitler wedi treulio nifer o flynyddoedd yn Fienna lle roedd traddodiad hir o wrth-Semitiaeth.
>
> Bu'n byw fel cardotyn ac roedd e'n casáu cyfoeth llawer o'r Iddewon yn Fienna. Yn yr 1920au, fe wnaeth ef ddefnyddio'r Iddewon fel bwch dihangol ar gyfer holl broblemau cymdeithas.
>
> Roedd yn eu beio am fethiant yr Almaen yn y Rhyfel Byd Cyntaf, am orchwyddiant yn 1923 ac am Ddirwasgiad 1929.

> Roedd Hitler yn benderfynol o greu gwladwriaeth hiliol 'bur'. Doedd dim lle ynddi i'r 500,000 o Iddewon oedd yn byw yn yr Almaen. Roedd ef eisiau dileu'r Iddewon o gymdeithas yr Almaen, ond doedd ganddo ddim cynllun penodol i gyflawni hynny. Hyd at ddechrau'r Ail Ryfel Byd, doedd dim llawer o gysondeb na threfn i bolisïau'r Natsïaid o ran yr Iddewon.

▲ Ffigur 5.5: Rhesymau pam cafodd yr Iddewon eu herlid

Ffynhonnell W: Darn o *Mein Kampf* wedi'i ysgrifennu gan Hitler yn 1924

A oedd yna unrhyw fath o lygredd neu drosedd heb fod o leiaf un Iddew a'i fys yn y cyfan? Os ewch chi ati i ganfod gwraidd y drwg, fe ddewch o hyd i Iddew fel cynrhonyn mewn corff sy'n pydru, ac wedi cael ei ddallu gan y golau.

◀ **Ffynhonnell Y:** Cartŵn Natsïaidd o ddechrau'r 1930au. Y teitl yw 'Octopws y siop adrannol Iddewig'.

GWEITHGAREDDAU ?

1 Defnyddiwch Ffynhonnell W a'r hyn rydych chi'n ei wybod i esbonio pam roedd Hitler yn ystyried yr Iddewon yn elynion i'r Almaen.

2 Edrychwch ar Ffynhonnell Y. Pam cafodd y cartŵn hwn ei gyhoeddi ar ddechrau'r 1930au?

3 Esboniwch pam gwnaeth y Natsïaid erlid yr Iddewon.

Gwrth-Semitiaeth mewn ysgolion

Wnaeth erledigaeth yr Iddewon ddim dechrau ar unwaith. Roedd yn rhaid i Hitler wneud yn siŵr fod mwyafrif pobl yr Almaen yn cefnogi ei bolisïau gwrth-Semitaidd. Llwyddodd i wneud hyn drwy ddefnyddio propaganda a'r ysgolion. Cafodd pobl ifanc yn enwedig eu hannog i gasáu Iddewon, ac roedd gwersi ysgol a gwerslyfrau yn cyflwyno safbwyntiau gwrth-Semitaidd.

Y Weinyddiaeth Addysg oedd yn rheoli gwerslyfrau a deunyddiau dysgu yr ysgolion. Roedd y llywodraeth yn gallu rhoi deunydd gwrth-Semitaidd ym mhob ystafell ddosbarth. Yn ogystal â hyn, cafodd cyfreithiau eu pasio i leihau cyswllt Iddewon â'r byd addysg. Ym mis Hydref 1936 cafodd athrawon Iddewig eu gwahardd rhag rhoi hyfforddiant preifat i fyfyrwyr Almaenig. Ym mis Tachwedd 1938 cafodd plant Iddewig eu gwahardd o ysgolion yr Almaen.

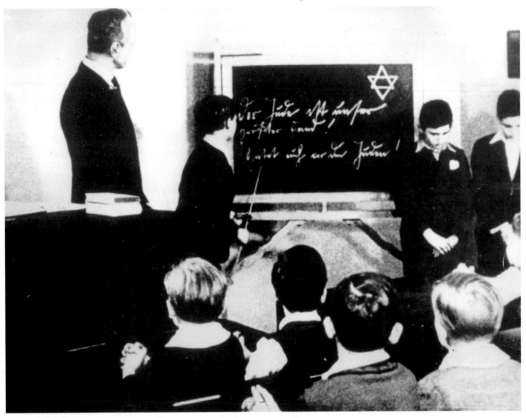

▲ Ffynhonnell AA: Plant ysgol Iddewig yn cael eu bychanu o flaen y dosbarth. Mae'r ysgrifen ar y bwrdd yn dweud 'Yr Iddewon yw ein gelynion pennaf!' a 'Gwyliwch rhag yr Iddewon!'

Dehongliad 5: Rhan o atgofion mam o'r Almaen. Cafodd yr atgofion eu hysgrifennu ar ôl yr Ail Ryfel Byd, yn y llyfr *Germany 1918–45* gan J. Brooman (Longman, 1996)

Un diwrnod daeth fy merch adref, a chywilydd arni. 'Doedd hi ddim yn ddiwrnod da heddiw.' 'Beth ddigwyddodd?' gofynnais. Roedd yr athro wedi anfon y plant Ariaidd i un pen y dosbarth a'r rhai oedd ddim yn Ariaid i'r pen arall. Yna gorchmynnodd yr athro i'r Ariaid astudio golwg y lleill a thynnu sylw at y nodweddion oedd yn arwyddion o'u hil Iddewig. Roedd y plant hyn wedi bod yn chwarae gyda'i gilydd fel ffrindiau y diwrnod cynt. Nawr roedden nhw'n sefyll fel petai bwlch enfawr yn eu gwahanu.

Dehongliad 6: Detholiad o'r gwerslyfr *Germany 1918–45* gan R. Radway (Hodder, 1998)

Mae Inge yn eistedd yn nerbynfa'r feddygfa. Mae hi'n dal i feddwl am rybuddion arweinydd y BDM: 'Ddylai Almaenwyr ddim mynd at feddyg Iddewig! Dylai merched yr Almaen, yn enwedig, gadw draw! Mae llawer o ferched sydd wedi mynd at feddyg Iddewig i gael ei gwella wedi cael afiechyd a chywilydd yn lle hynny. Mae'r drws yn agor. Mae Inge yn edrych i mewn. Yno mae'r Iddew yn sefyll. Mae hi'n sgrechian. Mae hi'n dychryn gymaint nes gollwng y cylchgrawn. Mae'n syllu i wyneb y meddyg Iddewig. Wyneb y diafol sydd ganddo. Yng nghanol wyneb y diafol mae trwyn cam enfawr. Y tu ôl i'w sbectol mae llygaid dihiryn. A gwefusau tew sy'n gwenu. 'O'r diwedd, rwyf wedi dy ddal di, ferch fach Almaenig.'

GWEITHGAREDDAU

1 Edrychwch ar Ffynhonnell AA. Beth mae'n ei ddangos i chi am y ffordd roedd plant ysgol Iddewig yn cael eu trin?

2 Pa mor ddefnyddiol yw Dehongliadau 5 a 6 i hanesydd sy'n astudio sut cafodd addysg ei defnyddio i annog casineb at yr Iddewon?

3 Sut newidiodd bywyd plant Iddewig o dan y Natsïaid?

Camau gafodd eu cymryd yn erbyn yr Iddewon

Afreolaidd ac anghyson oedd erledigaeth yr Iddewon yn yr 1930au. Yn gyntaf, cafodd boicot economaidd ei drefnu, ond ni chafodd hwn lawer o gefnogaeth ac roedd y rhan fwyaf o Almaenwyr yn ei gasáu. Yna daeth mwy o wahaniaethu agored ac o ran y gyfraith yn y blynyddoedd hyd at 1936. Ond doedd dim cymaint o hyn yn ystod y Gemau Olympaidd. Daeth mwy o erlid eto wedyn wrth i fwy o ddeddfau gael eu cyflwyno, ac fe ddigwyddodd y *Kristallnacht* (gweler tudalen 64). Roedd niferoedd mwy o Iddewon wedi gadael yr Almaen erbyn diwedd y degawd. Mae Ffigur 5.6 isod yn crynhoi'r camau gwahanol gafodd eu cymryd yn erbyn yr Iddewon.

1933	Ebrill	Trefnodd yr SA foicot o siopau a busnesau Iddewig. Paentiwyd '*Jude*' (Iddew) ar ffenestri gan geisio perswadio'r cyhoedd i beidio â mynd i mewn. Cafodd miloedd o weision sifil, cyfreithwyr ac athrawon prifysgol Iddewig eu diswyddo.
	Mai	Roedd deddf newydd yn gwahardd Iddewon rhag cymryd swyddi yn y llywodraeth. Cafodd llyfrau Iddewig eu llosgi.
	Medi	Cafodd Iddewon eu gwahardd rhag etifeddu tir.

| **1934** | | Fe wnaeth cynghorau lleol wahardd Iddewon rhag mynd i fannau cyhoeddus fel parciau, meysydd chwarae a phyllau nofio. |

1935	Mai	Rhoddwyd y gorau i recriwtio Iddewon i'r fyddin.
	Mehefin	Cafodd Iddewon eu gwahardd o bob tŷ bwyta yn yr Almaen.
	Medi	Roedd Deddfau Nürnberg yn gyfres o fesurau yn erbyn yr Iddewon gafodd eu pasio ar 15 Medi. Roedd hyn yn cynnwys Deddf y *Reich* ar Ddinasyddiaeth, oedd yn nodi mai dim ond pobl o waed Almaenig allai fod yn ddinasyddion yr Almaen. Collodd Iddewon eu dinasyddiaeth, yr hawl i bleidleisio a gweithio mewn swyddi yn y llywodraeth. Roedd y Ddeddf i Amddiffyn Gwaed Almaenig ac Anrhydedd yr Almaen yn gwahardd priodas neu berthynas rywiol rhwng Iddewon ac Almaenwyr.

| **1936** | Ebrill | Cafodd gweithgareddau proffesiynol Iddewon eu cyfyngu neu eu gwahardd – roedd hyn yn cynnwys milfeddygon, deintyddion, cyfrifyddion, syrfewyr, athrawon a nyrsys. |
| | Gorffennaf–Awst | Tawelodd yr ymgyrch wrth-Iddewig yn fwriadol wrth i'r Almaen gynnal y gemau Olympaidd, er mwyn creu argraff dda ar weddill y byd. |

| **1937** | Medi | Am y tro cyntaf mewn dwy flynedd, ymosododd Hitler yn gyhoeddus ar yr Iddewon. Cafodd mwy a mwy o fusnesau Iddewig eu meddiannu. |

1938	Mawrth	Roedd yn rhaid i Iddewon gofrestru eu heiddo, er mwyn ei gwneud yn haws i'w meddiannu.
	Gorffennaf	Roedd yn rhaid i Iddewon gario cardiau adnabod. Cafodd meddygon, deintyddion a chyfreithwyr Iddewig eu gwahardd rhag trin Ariaid.
	Awst	Roedd yn rhaid i ddynion Iddewig ychwanegu'r enw 'Israel' at eu henwau, ac roedd yn rhaid i fenywod Iddewig ychwanegu'r enw 'Sarah', er mwyn eu bychanu ymhellach.
	Hydref	Cafodd stamp coch gyda'r llythyren 'J' ei roi ar bob pasbort Iddewig.
	Tachwedd	*Kristallnacht*. Cafodd plant Iddewig eu gwahardd o ysgolion a phrifysgolion.

◀ Ffigur 5.6: Y mesurau gwahanol gafodd eu cymryd yn erbyn yr Iddewon

GWEITHGAREDDAU ?

1 Copïwch y tabl isod a rhowch enghreifftiau o'r mesurau oedd yn dileu hawliau gwleidyddol, cymdeithasol neu economaidd Iddewon. Mae un enghraifft wedi cael ei gwneud i chi.

| **Gwleidyddol** |
| |

| **Economaidd** |
| *Boicotio siopau* |

| **Cymdeithasol** |
| |

2 Gan ddefnyddio diagram llif, dangoswch y prif newidiadau ym mywydau'r Iddewon yn yr Almaen rhwng 1933 ac 1939.

3 Sut newidiodd safle Iddewon oedd yn byw yn yr Almaen yn ystod y blynyddoedd 1933–39?

Kristallnacht a'i sgileffeithiau

Ar 8 Tachwedd 1938, cerddodd Iddew Pwylaidd ifanc, o'r enw Herschel Grynszpan, i mewn i Lysgenhadaeth yr Almaen ym Mharis a saethu'r swyddog cyntaf a welodd. Roedd yn protestio yn erbyn y ffordd cafodd ei rieni eu trin yn yr Almaen cyn eu hanfon i ffwrdd i Wlad Pwyl.

Defnyddiodd Goebbels hyn fel cyfle i drefnu protestiadau gwrth-Iddewig. Arweiniodd hyn at ymosodiadau ar eiddo, siopau, tai a synagogau Iddewig ar draws yr Almaen. Oherwydd bod cynifer o ffenestri wedi cael eu torri fel rhan o'r ymgyrch ar 9–10 Tachwedd, cafodd y noson honno ei galw yn *Kristallnacht*, sy'n golygu 'Noson y Grisial' neu 'Noson Torri'r Gwydr'. Cafodd tua 100 o Iddewon eu lladd ac anfonwyd 20,000 i wersylloedd crynhoi. Dinistriwyd tua 7,500 o fusnesau Iddewig.

Os oedd Iddewon yn berchen ar eiddo, roedd y llywodraeth Natsïaidd yn gwrthod caniatáu iddyn nhw hawlio unrhyw yswiriant am ddifrod i'r eiddo hwnnw. At hynny, doedd unrhyw fusnesau Iddewig oedd wedi goroesi ddim yn cael ailagor o dan reolaeth Iddewon. Yn hytrach, roedd yn rhaid i Almaenwyr 'pur' eu rheoli.

Roedd llawer o Almaenwyr yn anghytuno'n llwyr â digwyddiadau *Kristallnacht*. Roedd Hitler a Goebbels yn awyddus i hyn beidio â chael ei weld fel gwaith y Natsïaid. Cafodd y digwyddiad ei bortreadu fel petai'r Almaenwyr wedi dial ar yr Iddewon heb gael eu cymell.

Ffynhonnell BB: Adroddiad am *Kristallnacht* gafodd ei gyhoeddi yn y *Daily Telegraph*, papur newydd Prydeinig, ar 12 Tachwedd 1938

Y dorf oedd yn rheoli Berlin drwy gydol y prynhawn a'r nos wrth i griwiau o hwliganiaid fwynhau cynddaredd y dinistrio. Nid wyf erioed wedi gweld ymosodiadau gwrth-Iddewig mor afiach â hyn. Gwelais fenywod mewn dillad ffasiynol yn clapio eu dwylo ac yn sgrechian mewn gorfoledd, a mamau parchus yn codi eu babanod i weld yr 'hwyl'. Wnaeth yr heddlu ddim ymgais o gwbl i atal yr ymosodwyr.

Ffynhonnell CC: Adroddiad am *Kristallnacht* gafodd ei gyhoeddi yn *Der Stürmer*, papur newydd gwrth-Semitaidd Almaenig, ar 10 Tachwedd 1938

Mae marwolaeth aelod ffyddlon o'r blaid gan y llofrudd Iddewig wedi sbarduno pobl i drefnu protestiadau gwrth-Iddewig drwy'r Reich. Cafodd siopau Iddewig mewn sawl man eu chwalu. Rhoddwyd synagogau ar dân, fel na fydd modd lledaenu credoau sy'n elyniaethus i'r wladwriaeth a'r bobl. Llongyfarchiadau i'r Almaenwyr hynny sydd wedi sicrhau bod llofruddiaeth yr Almaenwr diniwed yn cael ei ddial.

Ffynhonnell CHCH: Swyddog Americanaidd yn disgrifio'r hyn welodd yn Leipzig

Yn ystod oriau mân y bore, 10 Tachwedd 1938, torrwyd ffenestri siopau yr Iddewon, a chafodd nwyddau eu lladrata o'u siopau a'u cartrefi. Yn un o'r ardaloedd Iddewig, taflwyd bachgen 18 oed drwy ffenestr ar y trydydd llawr; torrodd ei ddwy goes pan laniodd ar y stryd lle'r oedd gwelyau wedi'u torri ym mhob man. Roedd gwydr yn deilchion ar hyd prif strydoedd y ddinas. Cafodd pob synagog ei losgi yn ulw.

Cwestiwn ymarfer

Edrychwch ar Ffynonellau BB a CC. Pa un o'r ffynonellau sydd fwyaf defnyddiol i hanesydd wrth astudio digwyddiadau *Kristallnacht*? *(I gael arweiniad, gweler tudalennau 96–97.)*

▲ **Ffynhonnell DD:** Siop Iddewig yn Berlin y diwrnod ar ôl *Kristallnacht*

Y sgileffeithiau

Aeth Hitler ati'n swyddogol i feio'r Iddewon eu hunain am ysgogi'r ymosodiadau. Fe ddefnyddiodd Hitler hyn fel esgus i gryfhau'r ymgyrch yn eu herbyn. Fe wnaeth ef orchymyn y canlynol:

- Gorfodi'r Iddewon i dalu dirwy o 1 biliwn *Reichsmark* fel iawndal am y difrod gafodd ei achosi.
- Gwahardd Iddewon rhag rheoli na bod yn berchen ar eu busnesau neu siopau eu hunain, na chyflogi gweithwyr.
- Fyddai plant Iddewig ddim yn cael mynd i ysgolion Ariaidd o hynny ymlaen.

Parhaodd yr erledigaeth yn ystod 1939:

- Ym mis Ionawr, cafodd Swyddfa Ymfudo Iddewon y *Reich* ei sefydlu, gyda Reinhard Heydrich yn rheolwr. Bellach, roedd yr SS yn gyfrifol am gael gwared ar Iddewon o'r Almaen trwy ymfudo gorfodol. Roedden nhw eisiau i wledydd eraill eu cymryd nhw fel ffoaduriaid.
- Yn ystod y misoedd canlynol, roedd yn rhaid i Iddewon ildio metalau a gemwaith gwerthfawr.
- Ar 30 Ebrill cafodd Iddewon eu troi allan o'u cartrefi a'u gorfodi i fynd i lety Iddewig arbennig neu i **getos**.
- Ym mis Medi, bu'n rhaid i Iddewon ildio eu setiau radio fel nad oedden nhw'n gallu gwrando ar newyddion tramor.

GWEITHGAREDDAU ?

1 **a)** Pa mor ddifrifol oedd bygythiad y mesurau canlynol i sefyllfa'r Iddewon yn yr Almaen Natsïaidd? Rhowch nhw yn eu trefn o 1 i 10 (10 yw'r mwyaf difrifol):
   - ☐ Boicotio siopau Iddewig 1933
   - ☐ Deddfau Nürnberg
   - ☐ *Kristallnacht* 1938.
   b) Ai *Kristallnacht* oedd y broblem waethaf i'r Iddewon ei hwynebu yn yr Almaen yn ystod y blynyddoedd 1933–39?

2 Esboniwch pam daeth newidiadau i fywydau Iddewon yn yr Almaen Natsïaidd yn ystod y blynyddoedd 1933–39.

Cwestiwn ymarfer

A oedd holl drigolion yr Almaen rhwng 1933 ac 1939 yn croesawu'r newidiadau gafodd eu cyflwyno gan y Natsïaid? *Defnyddiwch yr hyn rydych yn ei wybod a'i ddeall am y mater i gefnogi eich ateb. (I gael arweiniad, gweler tudalennau 98–99.)*

6 Arswyd a pherswâd

Un elfen hollbwysig wrth geisio cynnal unbennaeth y Natsïaid oedd creu teimlad cyson o ofn – hynny yw, codi cymaint o fraw ar bobl fel na fydden nhw'n gwrthwynebu'r wladwriaeth Natsïaidd yn agored. Cafodd hyn ei gyflawni drwy sefydlu gwladwriaeth heddlu, gan gynnwys heddlu cudd, y *Gestapo*, yr SS (*Schutzstaffel*), rheolaeth Natsïaidd dros y system gyfreithiol, a sefydlu gwersylloedd crynhoi. Ar ôl i Hitler gael gwared ar ei wrthwynebwyr, roedd yn rhaid iddo greu gwladwriaeth oedd yn credu mewn syniadau Natsïaidd ac yn eu cefnogi. Cafodd hyn ei gyflawni drwy ddefnydd medrus Goebbels o bropaganda. Roedd ei Weinyddiaeth Propaganda yn rheoli pob agwedd ar y cyfryngau, y celfyddydau ac adloniant.

Y defnydd o'r SS a'r *Gestapo*

Roedd gwladwriaeth heddlu'r Natsïaid yn gweithredu drwy ddefnyddio grym a chodi arswyd. Defnyddiodd y Natsïaid eu mudiadau eu hunain i godi ofn ar bobl yr Almaen. Yr **SS**, yr **SD** (*Sicherheitsdienst*, y Gwasanaeth Diogelwch) a'r *Gestapo* oedd y prif fudiadau. Yn 1936 daeth pob un o'r rhain o dan reolaeth Heinrich Himmler.

HEINRICH HIMMLER 1900–45

1900	Cafodd ei eni ger München
1918	Ymunodd â'r fyddin
1923	Ymunodd â'r Blaid Natsïaidd gan gymryd rhan yn *Putsch* München
1929	Cafodd ei benodi yn arweinydd yr SS
1930	Cafodd ei ethol yn aelod seneddol
1934	Trefnodd Noson y Cyllyll Hirion
1936	Daeth yn bennaeth ar bob asiantaeth heddlu yn yr Almaen
1945	Lladdodd ei hun

▼ Ffynhonnell A: Y *Gestapo* a heddlu arfog yn eu lifrai yn archwilio Almaenwyr ar y stryd

Rôl yr SS (*Schutzstaffel*)

Cafodd yr SS ei ffurfio yn 1925 fel uned i warchod Hitler. Heinrich Himmler oedd yn arwain yr SS o 1929 ymlaen. Aeth Himmler ati i ddatblygu'r SS gan sefydlu delwedd weledol glir ar ei gyfer – roedd yr aelodau yn gwisgo du. Roedden nhw yn gwbl ufudd i'r **Führer**. Erbyn 1934 roedd gan yr SS dros 50,000 o aelodau. Roedden nhw'n cael eu hystyried yn enghreifftiau gwych o'r hil **Ariaidd** ac roedd disgwyl iddyn nhw briodi gwragedd pur o ran hil.

Yn dilyn Noson y Cyllyll Hirion (gweler tudalennau 44–45), daeth yr SS yn gyfrifol am gael gwared ar holl wrthwynebwyr y Natsïaid yn yr Almaen. Erbyn 1939 roedd aelodaeth yr SS a'i gyrff gwahanol wedi tyfu i 250,000.

Y *Gestapo*

Cafodd y *Gestapo* (**Ge**heime **Sta**ats**po**lizei – Heddlu Cudd y Wladwriaeth) ei sefydlu yn 1933 gan Goering (gweler Ffynhonnell B). Yn 1936 daeth o dan reolaeth yr SS. Reinhard Heydrich, dirprwy Himmler a chyn-swyddog yn y llynges, oedd yn goruchwylio'r *Gestapo*. Erbyn 1939, y *Gestapo* oedd adran bwysicaf yr heddlu yn y wladwriaeth Natsïaidd. Gallai'r *Gestapo* arestio a charcharu pobl oedd yn cael eu hamau o wrthwynebu'r wladwriaeth. Roedd ei bresenoldeb i'w deimlo ym mhob man (gweler Ffynhonnell C). Byddai'r rhan fwyaf o'r bobl dan amheuaeth yn cael eu hanfon i wersylloedd crynhoi oedd yn cael eu rhedeg gan yr SS. Yn ôl yr amcangyfrif, roedd tua 160,000 o bobl wedi cael eu harestio am droseddau gwleidyddol erbyn 1939.

> **Ffynhonnell B:** Herman Goering yn esbonio'i rôl wrth sefydlu'r *Gestapo* yn ei lyfr *Germany Reborn*, gafodd ei ysgrifennu yn 1934
>
> *Yn olaf, es i yn unig ati, ar fy menter fy hun, i greu Adran Heddlu Cudd y Wladwriaeth. Dyma'r cyfrwng sy'n codi cymaint o ofn ar elynion y Wladwriaeth, ac sy'n bennaf cyfrifol am y ffaith nad oes cwestiwn o gwbl o berygl Marcsaidd neu Gomiwnyddol yn yr Almaen heddiw.*

> **Ffynhonnell C:** Digwyddiad gafodd ei gofnodi yn y Rheindir, Gorffennaf 1938
>
> *Mewn caffi, dywedodd gwraig 64 oed wrth ei ffrind wrth y bwrdd: 'Mae gan Mussolini [arweinydd yr Eidal] fwy o synnwyr gwleidyddol yn un o'i esgidiau nag sydd gan Hitler yn ei ymennydd cyfan.' Clywodd rhywun y sylw, ac o fewn pum munud roedd y wraig wedi cael ei harestio gan y Gestapo ar ôl iddyn nhw gael galwad ffôn.*

Y *Sicherheitsdienst* (SD)

Cafodd y *Sicherheitsdienst* (SD) ei sefydlu yn 1931 fel corff cudd-wybodaeth y Blaid Natsïaidd. Roedd o dan reolaeth Heinrich Himmler. Reinhard Heydrich gafodd ei benodi gan Himmler i drefnu'r adran. Prif nod yr SD oedd darganfod gelynion y Blaid Natsïaidd, a'r rhai fyddai'n gallu dod yn elynion, a chael gwared arnyn nhw.

Y Blaid Natsïaidd oedd yn cyflogi aelodau'r SD ac yn talu eu cyflogau. Cafodd llawer o bobl broffesiynol eu denu i'r SD – yn cynnwys pobl oedd wedi cael addysg dda, fel cyfreithwyr, economegwyr ac athrawon gwleidyddiaeth yn y brifysgol.

Dehongliad 1: Detholiad o *Years of Weimar and the Third* Reich gan D. Evans a J. Jenkins

Roedd aelodau'r SS wedi ymroi'n llwyr i'r pethau roedden nhw'n eu hystyried yn rhinweddau pennaf ideoleg y Natsïaid – teyrngarwch ac anrhydedd. Roedden nhw'n credu eu bod yn amddiffyn y ffordd Ariaidd o fyw ac yn amddiffyn y bobl yn erbyn cynhyrfwyr, troseddwyr a'r rhai roedden nhw'n eu gweld yn gyfrifol am y bygythiad Iddewig – comiwnyddol.

GWEITHGAREDDAU

1 Beth gallwch chi ei ddysgu am yr SS wrth ddarllen Dehongliad 1?
2 Edrychwch ar Ffynhonnell B. Yn eich barn chi, pam roedd Goering eisiau cymryd y clod am sefydlu'r *Gestapo*?
3 Defnyddiwch y wybodaeth yn Ffynhonnell C a'r hyn rydych chi'n ei wybod i esbonio pam roedd y *Gestapo* mor effeithiol yn yr Almaen Natsïaidd.
4 Pa mor bwysig oedd yr SS a'r *Gestapo* yng ngwladwriaeth heddlu y Natsïaid?

Cwestiwn ymarfer

Defnyddiwch Ffynhonnell A a'r hyn rydych chi'n ei wybod i ddisgrifio rôl y *Gestapo*. (I gael arweiniad, gweler tudalennau 91–92.)

Gwersylloedd crynhoi

Yn syth ar ôl pasio'r Ddeddf Alluogi (gweler tudalen 42), cafodd math newydd o garchar – sef gwersyll crynhoi – ei sefydlu gan y Natsïaid. Roedd hyn er mwyn carcharu'r bobl roedd y Natsïaid yn eu hystyried yn wrthwynebwyr o ran gwleidyddiaeth, ideoleg a hil. I ddechrau, cafodd y gwersylloedd crynhoi eu sefydlu er mwyn cadw gwrthwynebwyr gwleidyddol dan glo, gan gynnwys comiwnyddion, **sosialwyr**, **undebwyr llafur**, ac eraill oedd yn credu syniadau gwleidyddol **adain chwith** a rhyddfrydol. Yn 1939, cafodd dros 150,000 o bobl eu harestio am droseddau gwleidyddol.

Yr SA a'r SS oedd yn rhedeg y gwersylloedd crynhoi, ond dim ond y *Gestapo* oedd â'r hawl i arestio neu holi pobl a'u hanfon yno. Y cyntaf o'r rhain oedd gwersyll Dachau, ger München. Cafodd mwy eu hagor yn fuan wedyn, gan gynnwys Buchenwald, Mauthausen a Sachsenhausen.

Roedd carcharorion yn cael eu rhoi mewn categorïau, a byddai pob categori yn gorfod gwisgo triongl lliw gwahanol (gweler Ffigur 6.1). Er enghraifft, triongl du ar gyfer crwydriaid a phobl oedd yn 'osgoi gwaith', triongl pinc ar gyfer pobl hoyw, a thriongl coch ar gyfer carcharorion gwleidyddol.

Ar y dechrau, roedd y gwaith yn y gwersylloedd yn galed ac yn eithaf di-bwrpas – torri cerrig er enghraifft. Ond yn raddol, cafodd y carcharion eu gorfodi i weithio mewn chwareli, pyllau glo a ffatrïoedd arfau neu yn y diwydiant adeiladu. Cafodd y carcharorion eu trin yn greulon iawn. Doedden nhw ddim yn cael digon o fwyd ac roedd nifer fawr ohonyn nhw'n marw. Os oedd rhywun yn cael ei ladd mewn gwersyll crynhoi, byddai aelodau'r teulu yn derbyn nodyn yn dweud bod y person wedi marw o afiechyd neu wedi cael ei saethu wrth geisio dianc.

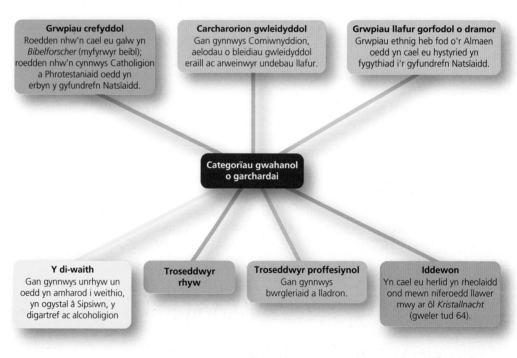

Ffigur 6.1: Categorïau ▶
gwahanol o garcharorion

Grwpiau crefyddol
Roedden nhw'n cael eu galw yn *Bibelforscher* (myfyrwyr beibl); roedden nhw'n cynnwys Catholigion a Phrotestaniaid oedd yn erbyn y gyfundrefn Natsïaidd.

Carcharorion gwleidyddol
Gan gynnwys Comiwnyddion, aelodau o bleidiau gwleidyddol eraill ac arweinwyr undebau llafur.

Grwpiau llafur gorfodol o dramor
Grwpiau ethnig heb fod o'r Almaen oedd yn cael eu hystyried yn fygythiad i'r gyfundrefn Natsïaidd.

Categorïau gwahanol o garchardai

Y di-waith
Gan gynnwys unrhyw un oedd yn amharod i weithio, yn ogystal â Sipsiwn, y digartref ac alcoholigion

Troseddwyr rhyw

Troseddwyr proffesiynol
Gan gynnwys bwrgleriaid a lladron.

Iddewon
Yn cael eu herlid yn rheolaidd ond mewn niferoedd llawer mwy ar ôl *Kristallnacht* (gweler tud 64).

Cwestiwn ymarfer

Disgrifiwch y categorïau gwahanol o garcharorion mewn gwersyll crynhoi. *(I gael arweiniad, gweler tudalen 93.)*

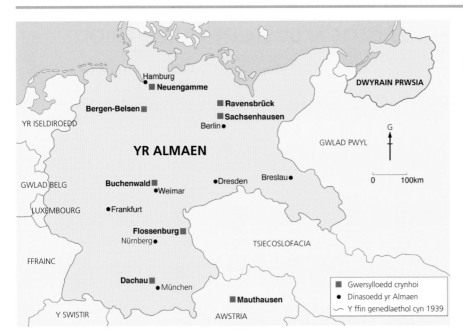

◀ Ffigur 6.2: Safle rhai o'r gwersylloedd crynhoi yn yr Almaen yn ystod y blynyddoedd 1933–39

Dehongliad 2: Edward Adler, wnaeth oroesi'r rhyfel, yn disgrifio ei daith i wersyll crynhoi Sachsenhausen yn 1934 a'r hyn ddigwyddodd ar ôl iddo gyrraedd yno (tystiolaeth Edward Adler, *Holocaust Encyclopedia*, Amgueddfa Coffáu'r Holocost, UDA)

Dw i'n cofio un digwyddiad arbennig fel petai'n ddoe. Hen ddyn o'r enw Solomon: wnaf i fyth anghofio. Mae'n rhaid ei fod ymhell yn ei saithdegau. Yn syml, doedd o ddim yn gallu rhedeg. Doedd o ddim yn gallu rhedeg ac fe ddisgynnodd, gan orwedd yn y ffordd. A daeth un o'r SS a sefyll ar ei wddf. Mae hyn yn wir. Mae'n anghredadwy, ond mae'n wir, fe safodd arno nes bod y dyn wedi marw. Roedd yn rhaid i ni godi ei gorff a'i daflu i ochr y ffordd, yna fe aethon ni yn ein blaenau i'r gwersyll ac ymgasglu mewn iard. A digwyddodd rhywbeth od yr adeg honno. Roedden ni'n wynebu barics, gyda drws ar y dde, a drws ar y chwith. Aeth pobl i mewn trwy'r drws ar y chwith, a daethon nhw allan trwy'r drws ar y dde yn bobl hollol wahanol. Roedd eu pennau wedi cael eu heillio, roedden nhw'n gwisgo dillad carcharorion, dillad â streipiau llydan iawn. Fy rhif i oedd 6199.

GWEITHGAREDDAU ?

1 Esboniwch beth oedd pwrpas gwersylloedd crynhoi.

2 Edrychwch ar Ffigur 6.2. Beth gallwch chi ei ddysgu gan y map am bwysigrwydd gwersylloedd crynhoi yn yr Almaen Natsïaidd?

◀ **Ffynhonnell CH:** Ffotograff o garcharorion yn cyrraedd gwersyll crynhoi Oranienburg yn 1933

Cwestiwn ymarfer

Defnyddiwch Ffynhonnell CH a'r hyn rydych chi'n ei wybod i ddisgrifio carcharorion yn cyrraedd gwersyll crynhoi. *(I gael arweiniad, gweler tudalennau 91–92.)*

Rheolaeth dros y system gyfreithiol

Er bod y Natsïaid yn rheoli'r *Reichstag* ac yn gallu gwneud deddfau, roedd Hitler eisiau gwneud yn siŵr bod pob deddf yn cael ei dehongli mewn ffordd Natsïaidd. Felly, cafodd y llysoedd barn brofiad o *Gleichschaltung* (gweler tudalen 43), yn union fel pob rhan arall o'r gymdeithas. Cafodd rhai barnwyr eu diswyddo, ac roedd yn rhaid i'r gweddill ddod yn aelodau o'r Gynghrair Sosialaidd Genedlaethol ar gyfer Cynnal y Gyfraith. Roedd hyn yn golygu bod safbwyntiau Natsïaidd yn cael eu cynnal yn y llysoedd. Ym mis Hydref 1933, sefydlwyd Ffrynt Cyfreithwyr yr Almaen ac roedd ganddyn nhw fwy na 10,000 o aelodau erbyn diwedd y flwyddyn. Roedd yn rhaid i gyfreithwyr dyngu llw y bydden nhw'n 'ymdrechu, fel arbenigwyr cyfreithiol yr Almaen, i ddilyn llwybr ein *Führer* hyd ddiwedd ein hoes.'

Yn 1934, cafodd Llys y Bobl ei sefydlu i wrando ar achosion o frad. Roedd y barnwyr yn Natsïaid ffyddlon. Roedd y barnwyr yn gwybod byddai'r Gweinidog Cyfiawnder yn cadw golwg ar eu penderfyniadau, i wneud yn siŵr eu bod nhw'n ddigon llym. Weithiau byddai Hitler yn newid dedfryd os oedd yn credu ei bod yn rhy drugarog. O 1936 ymlaen, roedd yn rhaid i farnwyr wisgo'r swastica a'r eryr Natsïaidd ar eu gwisgoedd.

Ffynhonnell D: Y Barnwr ▶ Roland Freisler, Ysgrifennydd Gwladol Gweinyddiaeth Gyfiawnder y *Reich*, yn llywyddu dros Lys y Bobl

Cwestiwn ymarfer

Disgrifiwch y dulliau allweddol oedd gan y Natsïaid o reoli'r system gyfreithiol. *(I gael arweiniad, gweler tudalen 93.)*

GWEITHGAREDDAU ?

1 Edrychwch ar Ffynhonnell D. Beth mae'n ei ddangos i chi am lysoedd Natsïaidd?

2 Defnyddiwch Ffynhonnell DD a'r hyn rydych chi'n ei wybod i esbonio pam roedd y Natsïaid eisiau rheoli'r system gyfreithiol.

3 Edrychwch ar Ffynhonnell E. Allwch chi awgrymu rhesymau pam roedd y frawddeg sydd mewn print trwm mor bwysig i'r Natsïaid?

4 Edrychwch ar Ffynhonnell F. Yn eich barn chi, pam gwnaeth y Natsïaid gyflwyno'r ordinhad hwn?

▲ **Ffynhonnell DD:** Esboniad o rôl y barnwr, wedi'i roi gan arbenigwr cyfreithiol y Natsïaid, yr Athro Karl Eckhardt, yn 1936

Bydd y barnwr yn diogelu trefn y gymuned hiliol, yn erlyn pob gweithred sy'n niweidiol i'r gymuned, ac yn cyflafareddu pan fydd anghytundeb. Ideoleg y Sosialwyr Cenedlaethol, yn enwedig fel caiff ei fynegi yn rhaglen y blaid ac yn areithiau ein Führer, *yw'r sail ar gyfer dehongli ffynonellau cyfreithiol.*

▲ **Ffynhonnell E:** Darn o'r gyfraith oedd yn ceisio newid y Cod Penyd, 28 Mehefin 1935

Mae Sosialaeth Genedlaethol yn ystyried bod pob ymosodiad ar les y gymuned genedlaethol yn beth drwg. **Yn y dyfodol, felly, bydd yn bosibl gwneud drwg yn yr Almaen hyd yn oed mewn achosion lle nad oes cyfraith yn erbyn yr hyn sy'n cael ei wneud.**

Ni all y sawl sy'n llunio'r gyfraith gynnig set cyflawn o reolau ar gyfer pob sefyllfa all godi mewn bywyd; felly mae'n rhaid ymddiried yn y barnwr i lenwi'r bylchau.

▲ **Ffynhonnell F:** Ordinhad ar gyfer Amddiffyn y Mudiad Cenedlaethol yn erbyn Ymosodiadau Maleisus ar y Llywodraeth, 21 Mawrth 1933

Os bydd rhywun yn gwneud neu'n lledaenu datganiad o natur ffeithiol sydd wedi cael ei or-ddweud yn fawr neu all gael effaith niweidiol ddifrifol ar les y Reich, byddan nhw'n cael eu cosbi trwy eu carcharu am hyd at ddwy flynedd.

Goebbels a phropaganda

Ym mis Mawrth 1934 sefydlodd Josef Goebbels y Weinyddiaeth ar gyfer Goleuo'r Cyhoedd a Phropaganda i reoli meddyliau, syniadau a barn pobl yr Almaen. Er lles dyfodol y Drydedd *Reich* yn y tymor hir, roedd hi'n bwysig bod mwyafrif y boblogaeth yn credu yn nelfrydau'r Blaid Natsïaidd. Defnyddiodd Goebbels y radio, sinema a dulliau eraill fel ralïau mewn ffordd fedrus iawn er mwyn rheoli'r Almaen.

> **Ffynhonnell FF:** Goebbels yn esbonio'r defnydd o bropaganda, mewn cylchgrawn Natsïaidd
>
> *Dyw'r math gorau o bropaganda ddim yn ei ddatgelu ei hun. Mae'r propaganda gorau yn gweithio'n anweledig, gan dreiddio i bob cell o fywyd heb fod gan y cyhoedd unrhyw syniad o amcanion y propagandydd.*

GWEITHGAREDD ?

Pa mor ddefnyddiol yw Ffynhonnell FF i hanesydd sy'n astudio'r defnydd o bropaganda yn yr Almaen Natsïaidd?

Radio

Cafodd pob gorsaf radio ei rhoi o dan reolaeth y Natsïaid. Roedd setiau radio yn cael eu masgynhyrchu a'u gwerthu'n rhad. Roedd hi'n bosibl talu amdanyn nhw fesul tipyn. Erbyn 1939, roedd tua 70 y cant o deuluoedd yr Almaen yn berchen ar radio. Cafodd setiau radio eu gosod mewn caffis, ffatrïoedd, ysgolion a swyddfeydd, a rhoddwyd uchelseinyddion yn y strydoedd. Roedd yn bwysig bod neges y Natsïaid yn cael ei chlywed gan gynifer o bobl â phosibl, mor aml â phosibl.

Doedd Radio'r Bobl ddim yn gallu derbyn signal tonfedd fer, ac roedd hyn yn bwysig gan ei bod yn anodd i'r Almaenwyr wrando ar ddarlledu o dramor. Roedd Hitler a Goebbels yn darlledu'n aml.

Sinema

Roedd Goebbels hefyd yn sylweddoli pa mor boblogaidd oedd y sinema. Roedd mwy na 100 o ffilmiau yn cael eu cynhyrchu bob blwyddyn gan ddenu cynulleidfaoedd o dros 250 miliwn yn 1933. Goebbels oedd un o'r bobl gyntaf i sylweddoli potensial y sinema i ddangos propaganda. Byddai plot pob ffilm yn cael ei ddangos iddo cyn i'r ffilmiau gael eu cynhyrchu. Gwelodd Goebbels fod llawer o Almaenwyr wedi diflasu ar ffilmiau oedd yn rhy amlwg wleidyddol. Yn lle hynny, cafodd negeseuon Natsïaidd eu cyflwyno mewn ffilmiau rhamantus a chyffrous. Un o'r rhai mwyaf adnabyddus oedd *Hitlerjunge Quex* (1933) sy'n adrodd stori bachgen yn gadael ei deulu comiwnyddol er mwyn ymuno â **Mudiad Ieuenctid Hitler**, cyn cael ei lofruddio gan gomiwnyddion. Cyn dangos pob ffilm, darlledwyd ffilm newyddion swyddogol 45 munud oedd yn clodfori Hitler a'r Almaen ac yn hyrwyddo llwyddiannau'r Natsïaid.

Un cyfarwyddwr ffilm Natsïaidd wnaeth ennill clod rhyngwladol oedd Leni Riefenstahl. Cynhyrchodd hi ffilm ddogfen am Gynhadledd a Rali'r Blaid Natsïaidd yn 1934 (*Buddugoliaeth yr Ewyllys*) a hefyd ffilm am Gemau Olympaidd Berlin yn 1936.

Rhoddodd Hitler orchymyn i Goebbels gynhyrchu ffilmiau gwrth-Semitaidd; doedden nhw ddim bob amser yn boblogaidd gan gynulleidfaoedd ond cafodd ffilmiau fel hyn eu cynhyrchu yn fwy aml ar ôl 1940.

Ralïau

Byddai rali anferth yn cael ei chynnal bob blwyddyn yn Nürnberg i arddangos grym y wladwriaeth Natsïaidd. Roedd gorymdeithiau mawreddog yn cael eu trefnu ar achlysuron arbennig eraill, fel pen-blwydd Hitler. Yr SA a Mudiad Ieuenctid Hitler fyddai'n arwain ralïau a gorymdeithiau lleol (gweler tudalen 56). Roedd ralïau Nürnberg yn parhau am sawl diwrnod ac yn denu bron i filiwn o bobl bob blwyddyn ar ôl i'r Natsïaid ddod i rym.

◀ **Ffynhonnell G:** Gweithwyr yn gwrando ar ddarllediad gan Hitler

Posteri

Cafodd posteri eu defnyddio mewn ffordd glyfar iawn i gyfleu neges y Natsïaid ac roedd llawer o'r rhain wedi'u hanelu at bobl ifanc. Roedden nhw i'w gweld ym mhob man ac roedd eu negeseuon yn syml ac uniongyrchol.

▲ Ffynhonnell NG: Poster propaganda o 1934 sy'n dweud 'Teyrngarwch, Anrhydedd a Threfn'

Llyfrau

Roedd pob llyfr yn cael ei sensro'n ofalus a'i reoli er mwyn cyflwyno neges y Natsïaid. Dan anogaeth Goebbels, yn Berlin fe losgodd myfyrwyr 20,000 o lyfrau wedi'u hysgrifennu gan Iddewon, comiwnyddion ac athrawon prifysgol gwrth-Natsïaidd mewn coelcerth anferth ym mis Mai 1933. Digwyddodd rhywbeth tebyg mewn dinasoedd eraill ar draws yr Almaen y flwyddyn honno. Cafodd llawer o awduron eu perswadio neu eu gorfodi i ysgrifennu llyfrau oedd yn canmol llwyddiannau Hitler. Penderfynodd rhai awduron Almaenig enwog fel Thomas Mann a Bertolt Brecht adael y wlad o'u gwirfodd yn hytrach na byw o dan y Natsïaid. Fe wnaeth tua 2,500 o awduron adael yr Almaen yn y blynyddoedd cyn 1939.

▲ Ffynhonnell H: Myfyrwyr a stormfilwyr yn llosgi llyfrau yn Berlin ym Mai 1933

Cwestiwn ymarfer

Disgrifiwch ddulliau'r Natsïaid o reoli'r cyfryngau yn ystod y blynyddoedd 1933–39. (I gael arweiniad, gweler tudalen 93.)

GWEITHGAREDDAU

1 Edrychwch ar Ffynhonnell H. Beth mae'n ei ddangos i chi am sensoriaeth yn yr Almaen Natsïaidd?

2 a) Ystyriwch pa mor effeithiol byddai pob dull propaganda neu sensoriaeth wedi bod (gweler tudalennau 71–72). Copïwch a llenwch y tabl isod, gan roi esboniad byr o'ch rhesymau. Mae un enghraifft wedi cael ei gwneud i chi.

	Effeithiol iawn	Effeithiol	Eithaf effeithiol	Ddim yn effeithiol
Radio	Oherwydd ei fod ar gael yn y rhan fwyaf o gartrefi			
Sinema				
Posteri				
Llyfrau				
Ralïau				

b) Pa un fyddai wedi cael yr effaith fwyaf yn eich barn chi? Pam?

Sensoriaeth o bapurau newyddion a'r celfyddydau

Cafodd pob agwedd ar y cyfryngau, gan gynnwys papurau newyddion, eu sensro gan Goebbels. Defnyddiodd y Natsïaid y celfyddydau fel dull propaganda hefyd. Cafodd Siambr Diwylliant y *Reich* ei sefydlu gan Goebbels. Roedd yn rhaid i gerddorion, awduron ac actorion fod yn aelodau o'r Siambr. Gwaharddwyd unrhyw un oedd yn cael ei ystyried yn anaddas. Fe wnaeth llawer o bobl adael yr Almaen mewn protest yn erbyn yr amodau hyn.

Papurau Newyddion

Cafodd papurau newyddion a chylchgronau oedd ddim yn rhai Natsïaidd eu cau. Roedd golygyddion yn cael gwybod pa ddeunydd i'w gyhoeddi, ac felly dim ond gwybodaeth roedd y Natsïaid am i'r Almaenwyr ei darllen oedd ar gael. Os oedd golygyddion yn gwrthod cydymffurfio, roedden nhw'n gallu cael eu harestio a'u hanfon i wersyll crynhoi. Erbyn 1935, roedd y Natsïaid wedi cau dros 1,600 o bapurau newydd a miloedd o gylchgronau. Pasiwyd Deddf Gwasg y *Reich* ym mis Hydref 1933 ac yn sgil hyn cafodd newyddiadurwyr Iddewig ac adain chwith eu diswyddo. Roedd y Weinyddiaeth Propaganda yn dweud wrth olygyddion beth oedd yn gallu cael ei gyhoeddi. Byddai'n rhaid i unrhyw newyddion tramor ddod gan Asiantaeth Gwasg yr Almaen oedd dan reolaeth y Natsïaid.

Cerddoriaeth

Roedd Hitler yn casáu cerddoriaeth gyfoes. Cafodd cerddoriaeth jazz ei gwahardd gan ei bod yn cael ei hystyried yn gerddoriaeth 'ddu' ac felly'n israddol yn hiliol. Yn lle hynny, roedd y Natsïaid yn hyrwyddo cerddoriaeth werin draddodiadol Almaenig yn ogystal â cherddoriaeth glasurol Bach a Beethoven, ac yn enwedig Richard Wagner, hoff gyfansoddwr Hitler.

Theatr

Roedd yn rhaid i'r theatr ganolbwyntio ar hanes yr Almaen a dramâu gwleidyddol. Roedd tocynnau theatr rhad ar gael er mwyn annog pobl i weld dramâu, oedd yn aml yn cynnwys thema wleidyddol neu hiliol Natsïaidd.

Pensaernïaeth

Roedd gan Hitler ddiddordeb mawr mewn pensaernïaeth. Roedd yn hoff o annog defnyddio'r 'arddull anferthol' ar gyfer adeiladau cyhoeddus. Adeiladau mawr cerrig oedd y rhain. Yn aml roedden nhw'n edrych yn debyg i adeiladau Hen Roeg neu Rufain ac yn dangos grym y Drydedd *Reich*. Roedd yr 'arddull wledig' yn cael ei defnyddio hefyd, ar gyfer cartrefi teuluol a hosteli. Adeiladau traddodiadol gyda chaeadau ar y ffenestri oedd y rhain, er mwyn annog pobl i ymfalchïo yng ngorffennol yr Almaen. Roedd Hitler yn edmygu arddull Groeg a Rhufain. Yn ei farn yntau, doedd yr Iddewon ddim wedi 'llygru' y bensaernïaeth hon.

Celf

Roedd Hitler wedi ennill bywoliaeth fel artist ar un adeg, ac roedd yn credu ei fod yn arbenigwr yn y maes. Roedd yn casáu celf gyfoes (unrhyw gelf ddaeth i'r amlwg o dan Weriniaeth

Weimar), gan ei fod yn ei gweld yn gyntefig, yn Iddewig, a heb fod yn ddigon gwladgarol. Cafodd celf fel hyn ei gwahardd a'i galw yn 'ddirywiedig'. Yn ei lle, aeth Hitler ati i annog celf oedd yn tynnu sylw at fawredd yr Almaen yn y gorffennol ac at gryfder a grym y Drydedd *Reich*. Roedd eisiau i'r byd celf wrthod y gwan a'r hyll, a rhoi clod i arwyr iach a chryf. Felly roedd disgwyl i arlunwyr bortreadu gweithwyr, gwerinwyr a menywod fel pobl fonheddig a gogoneddus. Ar ôl 1934, roedd yn rhaid i bob adeilad cyhoeddus newydd gael cerfluniau oedd yn dangos delfrydau Natsïaidd. Roedd paentiadau yn dangos:

- delfryd y Natsïaid o fywyd syml, gwerinol
- gwaith caled fel gwaith arwrol
- yr Ariaid perffaith – dynion a menywod ifanc Almaenig gyda chyrff perffaith
- menywod yn eu rôl fel gwragedd tŷ a mamau.

▲ Ffynhonnell I: Y Teulu. Paentiwyd y darlun hwn yn 1938 gan Walter Willrich, artist Natsïaidd

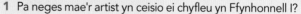

GWEITHGAREDDAU ?

1 Pa neges mae'r artist yn ceisio ei chyfleu yn Ffynhonnell I?

2 Rydych chi ar ymweliad â'r Almaen Natsïaidd. Esboniwch sut gwnaethoch chi ddod ar draws syniadau a safbwyntiau Natsïaidd mewn un diwrnod yn ystod eich arhosiad.

Cwestiwn ymarfer

Ai sensoriaeth a phropaganda oedd prif ddulliau'r Natsïaid o reoli pobl yr Almaen rhwng 1933 ac 1939? *Defnyddiwch yr hyn rydych chi'n ei wybod a'i ddeall am y mater i gefnogi eich ateb. (I gael arweiniad, gweler tudalennau 98–99.)*

Roedd polisi tramor Hitler yn hanfodol wrth iddo ddod i rym yn yr Almaen a chadw'r grym hwnnw. Roedd e'n dyheu am gael gwneud yr Almaen yn genedl wych ac uno holl siaradwyr yr iaith Almaeneg, ac roedd hynny'n apelio at bob rhan o gymdeithas yr Almaen. O ddechrau ei gyfnod fel canghellor yn Ionawr 1933, roedd ei weithredoedd yn dangos yn glir i'r pwerau mawrion y byddai e'n herio trefniant heddwch 1919. Ar hyd yr amser, roedd Hitler yn cynnig rhesymau synhwyrol dros ei weithredoedd. Ar adegau fe fentrodd, fel pan wnaeth ef ailfeddiannu'r Rheindir yn 1936. Ond roedd yn ymddangos bod ei ddulliau yn llwyddo, tan yr argyfwng ynghylch Gwlad Pwyl yn 1939. Cafodd yr *Anschluss* gydag Awstria yn 1938 ei dderbyn, ond wrth iddo fynnu hawlio tir yng Ngwlad Pwyl a goresgyn y wlad honno, arweiniodd hynny at ryfel.

Nodau polisi tramor Hitler

Roedd poblogrwydd Hitler yn seiliedig i raddau helaeth ar ei addewid y byddai'n gwneud yr Almaen yn gryf unwaith eto ac yn cael gwared ar Gytundeb amhoblogaidd Versailles (gweler tudalennau 8–9). Dim ond ambell nod o ran polisi tramor oedd gan Hitler. Roedd y rhan fwyaf yn ymwneud â dinistrio Cytundeb Versailles. Amlinellodd Hitler ei bolisi tramor yn ei hunangofiant *Mein Kampf* (gweler Ffynhonnell A a Ffigur 7.1 isod).

Ffigur 7.1: Nodau polisi ▶ tramor Hitler

Gwrthdroi Cytundeb Versailles
Doedd Hitler erioed wedi derbyn amodau Cytundeb Versailles ac roedd wedi addo adfer y tiroedd gafodd eu colli yn 1919, yn ogystal ag adfer lluoedd arfog yr Almaen.

Uno holl siaradwyr yr iaith Almaeneg
Roedd Cytundeb Versailles wedi gwrthod hawl yr Almaen i gael hunanbenderfyniaeth cenedlaethol. Roedd Hitler eisiau creu 'Almaen Fawr' (Grossdeutschland) drwy uno'r holl Almaenwyr mewn un famwlad. Er enghraifft, roedd Almaenwyr yn byw yn y Sudetenland yn Tsiecoslofacia.

Dinistrio comiwnyddiaeth
Roedd Hitler yn benderfynol o ddinistrio'r Undeb Sofietaidd gan ei fod yn casáu comiwnyddiaeth. Roedd e'n credu bod comiwnyddion wedi helpu i drechu'r Almaen yn y Rhyfel Byd Cyntaf. Roedd hefyd wedi'i argyhoeddi bod yr arweinydd Sofietaidd, Stalin, eisiau ennill rheolaeth dros yr Almaen.

Lebensraum
Gair Almaeneg yn golygu 'lle i fyw' oedd hwn. Byddai gan yr 'Almaen Fawr' boblogaeth o 85 miliwn a fyddai ganddi ddim digon o dir, bwyd a deunyddiau crai. Byddai'n rhaid i'r Almaen ehangu i'r dwyrain a meddiannu Gwlad Pwyl a Rwsia (gweler Ffynhonnell A).

Yr Anschluss
Roedd Hitler yn cefnogi'r *Anschluss* (uniad) gydag Awstria, oedd wedi cael ei wahardd o dan Gytundeb Versailles.

Ffynhonnell A: Darn o *Mein Kampf* gan Hitler, 1924

Trown ein golygon tuag at diroedd y dwyrain... Pan fyddwn ni'n siarad am diriogaeth newydd yn Ewrop heddiw, rhaid i ni feddwl yn bennaf am Rwsia a'r taleithiau dan ei rheolaeth sydd ar y ffin â hi. Mae ffawd ei hun fel pe bai'n ein harwain i'r fan hon. Mae gwladychu ffiniau'r dwyrain yn hollbwysig. Dyletswydd polisi tramor yr Almaen fydd darparu digonedd o le i fyw er mwyn bwydo a chartrefu poblogaeth yr Almaen wrth iddi dyfu.

GWEITHGAREDDAU

1 Edrychwch ar Ffigur 7.1. Beth mae'n ei ddweud wrthym ni am nodau polisi tramor Hitler?

2 Pam byddai nodau Hitler yn boblogaidd gan lawer o Almaenwyr?

?

Polisïau Hitler 1933–35

Yn ddiplomyddol, roedd Hitler mewn sefyllfa ffafriol ar ddechrau ei gyfnod fel canghellor yn 1933. Roedd y byd yn dechrau dod allan o ddirwasgiad economaidd enfawr ac roedd gwledydd yn poeni mwy am eu problemau mewnol na materion tramor.

Ar y pryd, roedd **Cynghrair y Cenhedloedd** yn cael ei gweld yn wan ar ôl iddi fethu â rhwystro ymosodiadau Japan yn Manchuria. Yn bwysicach fyth, roedd Hitler wedi gweld pa mor araf oedd ymateb y Gynghrair i ymosodiadau rhyngwladol, a sut roedd Japan wedi delio â beirniadaeth y Gynghrair. Er i Gynghrair y Cenhedloedd gondemnio Japan, yr unig beth wnaeth y wlad oedd penderfynu gadael y mudiad. Roedd hyn wedi dangos pa mor wan oedd y Gynghrair. At hynny, roedd Hitler yn gweld bod gan Brydain a Ffrainc broblemau economaidd, a'u bod nhw'n ystyried mai'r Eidal oedd y broblem fwyaf i heddwch a sefydlogrwydd y byd. Roedd yr arweinydd Ffasgaidd Benito Mussolini yn siarad o hyd am ail-greu ymerodraeth fawr fel y Rhufeiniaid.

Roedd Hitler hefyd yn gwybod bod llawer o bobl a gwleidyddion ym Mhrydain yn dal i gredu bod yr Almaen wedi cael ei thrin yn llym gan Gytundeb Versailles. Felly, gwelodd Hitler, pe bai'n herio Cytundeb Versailles, roedd yn bosibl na fyddai llawer yn gwrthwynebu hynny.

Cynhadledd Ddiarfogi 1932–34

Yn 1932, daeth cynrychiolwyr 60 o genhedloedd at ei gilydd i drafod sut gallai eu gwledydd ddiarfogi er mwyn lleihau'r posibilrwydd o gael rhyfel. Ond ddaeth dim byd o'r Gynhadledd – yn bennaf oherwydd y gwahaniaeth barn rhwng Ffrainc a'r Almaen. Roedd yr Almaen yn mynnu dylai pob gwlad ddiarfogi i'r lefel isaf: mewn geiriau eraill, lleihau eu lluoedd arfog i gyfateb i luoedd arfog yr Almaen (gweler Ffynhonnell B). Pan wrthododd Ffrainc gydweithio, oherwydd ei bod yn poeni am dwf grym yr Almaen, gadawodd Hitler y Gynhadledd. Roedd hyn yn rhoi Hitler mewn safle cryfach i ailarfogi, er mwyn bod yn gydradd â chenhedloedd eraill.

> **Ffynhonnell B:** Darn o araith roddodd Hitler i'r *Reichstag*, Mai 1933
>
> *Mae'r Almaen yn fodlon diarfogi ymhellach ar unrhyw bryd … os bydd yr holl genhedloedd eraill yn barod … i wneud yr un fath. Byddai'r Almaen hefyd yn ddigon parod i wasgaru ei lluoedd arfog i gyd a dinistrio'r ychydig arfau sydd ganddi petai'r gwledydd eraill yn gwneud yr un fath, ac yr un mor drylwyr.*

Yn ystod 1933, cyhoeddodd Hitler y byddai 300,000 o filwyr, yn y pen draw, ym myddin yr Almaen ar adeg heddwch. Byddai'n sefydlu Gweinyddiaeth Awyr newydd i hyfforddi peilotiaid ac adeiladu 1,000 o awyrennau. Roedd y camau hyn yn hollol groes i Gytundeb Versailles ond ni wnaeth neb unrhyw beth i rwystro Hitler. Yna, ym mis Hydref 1933 dangosodd ei ddirmyg tuag at Gynghrair y Cenhedloedd drwy ddod ag aelodaeth yr Almaen ohoni i ben.

Cytundeb â Gwlad Pwyl i Beidio ag Ymosod, Ionawr 1934

Trwy lofnodi Cytundeb i Beidio ag Ymosod gyda Gwlad Pwyl, dangosodd Hitler fod ganddo fwriadau heddychlon yn Ewrop. Fe wnaeth ef addo byddai'n derbyn ffiniau Gwlad Pwyl (er bod rhywfaint o dir yr Almaen wedi cael ei roi i Wlad Pwyl yng Nghytundeb Versailles) ac aeth ati i annog gwell masnach rhwng y ddwy wlad.

Parhaodd y Cytundeb am ddeng mlynedd gan ddod â manteision amlwg i Hitler. Roedd yn golygu na fyddai'n rhaid iddo ofni ymosodiad gan Wlad Pwyl bellach. Roedd y berthynas rhwng y ddwy wlad wedi bod yn un wael am fwy na degawd oherwydd drwgdeimlad ar ôl i'r Almaen golli tir i Wlad Pwyl yn y cytundeb heddwch. Arweiniodd y cytundeb hefyd at rwyg rhwng Prydain a Ffrainc, oherwydd roedd gan Ffrainc gytundeb gyda Gwlad Pwyl oedd yn cynnwys cytundebau economaidd a'r nod o ddilyn polisi tramor cyffredin. Y teimlad oedd bod Hitler wedi peryglu'r cytundeb Ffrengig. Ond yn groes i hynny, roedd Prydain yn gweld cytundeb Hitler fel prawf o'i fwriadau heddychlon.

GWEITHGAREDDAU

1 Pam roedd y dirwasgiad economaidd o gymorth i Hitler mewn materion rhyngwladol?

2 Rydych chi'n newyddiadurwr o Brydain sydd wedi ymweld â'r Almaen Natsïaidd yn 1933 er mwyn ymchwilio i agwedd Hitler at ddiarfogi. Ysgrifennwch erthygl yn esbonio ei bolisi. Gwnewch yn siŵr eich bod chi'n defnyddio Ffynhonnell B yn eich ateb.

3 Esboniwch pam roedd cytundeb yr Almaen â Gwlad Pwyl yn bwysig i Hitler.

Cwestiwn ymarfer

Edrychwch ar Ffynonellau A a B. Pa un o'r ffynonellau sydd fwyaf defnyddiol i hanesydd wrth astudio nodau polisi tramor Hitler? (I gael arweiniad, gweler tudalennau 96–97.)

Ymgais i gael *Anschluss* gydag Awstria, 1934

Yn 1934, daeth Hitler ar draws rhwystr wrth geisio cyflawni un o'i nodau: yr *Anschluss* (uniad) gydag Awstria. Roedd Hitler wedi cael ei eni yn Braunau am Inn yn hen Ymerodraeth Awstria-Hwngari ac roedd yn gweld uno'r Almaen ag Awstria yn rhan naturiol o'i bolisi tramor. Pan ddaeth i rym yn yr Almaen, aeth ati i annog y Blaid Natsïaidd fawr yn Awstria i bwyso am gael uno gyda'r Almaen. Roedd canghellor Awstria, Dollfuss, yn benderfynol o gynnal annibyniaeth Awstria ac aeth ati i wahardd Plaid Natsïaidd Awstria.

Ond fe wnaeth Plaid Natsïaidd Awstria daro'n ôl. Ym mis Gorffennaf, ymosododd aelodau'r Blaid ar yr orsaf radio yn Fienna a gorfodi'r staff i ddarlledu bod Dollfuss wedi ymddiswyddo. Yna fe wnaethon nhw lofruddio Dollfuss a cheisio cipio grym. Wnaeth yr ymgais ddim llwyddo oherwydd chawson nhw ddim cefnogaeth gan Hitler, oedd yn poeni beth byddai Benito Mussolini yn ei wneud. Roedd yr unben o'r Eidal yn ystyried ei hun yn warchodwr Awstria, ac nid oedd am weld Almaen gryf ar y ffin â'r Eidal. Symudodd Mussolini 100,000 o filwyr i'r ffin ag Awstria er mwyn atal yr Almaenwyr rhag cipio grym. Cafodd Hitler ei orfodi i wadu bod ganddo unrhyw ran yn yr ymgais i gipio grym, nac yn llofruddiaeth Dollfuss.

Dychwelyd y Saarland, Ionawr 1935

Gan ddilyn amodau Cytundeb Versailles, cafodd **refferendwm** ei gynnal yn y Saarland ar 13 Ionawr 1935. Pleidleisiodd y Saarland, gwlad oedd wedi cael ei gweinyddu gan Gynghrair y Cenhedloedd ers 1920, 477,000 i 48,000 i ailymuno â'r Almaen. Cafodd y refferendwm ei gweinyddu gan Gynghrair y Cenhedloedd a'i chynnal mewn ffordd **ddemocrataidd** ac agored. Ar 1 Mawrth, daeth y Saarland yn swyddogol yn rhan o'r Almaen unwaith eto.

Roedd y canlyniad wedi plesio Hitler gan ei fod yn dangos bod cefnogaeth i'w syniad o uno'r holl Almaenwyr yn un genedl. Rhoddodd hyn hwb iddo gyflawni nodau eraill ei bolisi tramor.

Ffynhonnell C: Trigolion y ▶ Saarland, yn dilyn canlyniad y refferendwm, Ionawr 1935

GWEITHGAREDD ❓

Pa wersi gallai Prydain a Ffrainc fod wedi eu dysgu ar ôl ymgais Hitler i feddiannu Awstria yn 1934?

Cwestiwn ymarfer

Defnyddiwch Ffynhonnell C a'r hyn rydych chi'n ei wybod i ddisgrifio canlyniadau refferendwm y Saarland. (*I gael arweiniad, gweler tudalennau 91–92.*)

Ailarfogi a chonsgripsiwn

Ym mis Mawrth 1935, roedd Hitler yn teimlo'n ddigon hyderus i gyhoeddi ei fod yn gwrthod amodau Cytundeb Versailles oedd yn ymwneud â diarfogi. Cafodd **consgripsiwn** ei ailgyflwyno, a dechreuodd y broses o gryfhau'r fyddin, y llynges a'r llu awyr yn gwbl agored. Byddai tua 550,000 o ddynion yn y *Wehrmacht* (y fyddin).

Dywedodd Hitler ei fod yn cryfhau ei luoedd oherwydd bod y ddau bŵer mawr oedd yn amgylchynu'r Almaen (Ffrainc a'r Undeb Sofietaidd) yn adeiladu eu lluoedd nhw hefyd. Felly roedd e'n dadlau ei fod yn cymryd camau i amddiffyn ei wlad ei hun. Daeth Hitler yn boblogaidd yn yr Almaen o ganlyniad i ailarfogi a chonsgripsiwn. Cafodd swyddi eu creu (gweler tudalen 48) ac roedd pobl yn gallu gweld bod yr Almaen yn dechrau cael ei hystyried yn genedl gryf unwaith eto.

Ffrynt Stresa, Ebrill 1935

Cafodd y pwerau Ewropeaidd, ac yn enwedig Ffrainc, eu dychryn pan ddechreuodd yr Almaen ailarfogi. Mewn ymgais i gyfyngu ar ailarfogi Almaenig, trefnwyd cyfarfod rhwng Ffrainc, yr Eidal a Phrydain yn Stresa, tref yn yr Eidal. Fe wnaethon nhw brotestio'n ffurfiol yn erbyn cynlluniau Hitler i ailgyflwyno consgripsiwn, gan gytuno i gydweithio rhwng ei gilydd i gynnal heddwch yn Ewrop. Ond wnaeth yr undod hwn, sy'n cael ei alw yn Ffrynt Stresa, ddim parhau'n hir oherwydd y canlynol:

- Cytundeb Llyngesol Prydain a'r Almaen Mehefin 1935, roddodd ganiatâd i'r Almaen adeiladu fflyd oedd hyd at 35 y cant o faint un Prydain, gyda'r un nifer o longau tanfor. Roedd Prydain yn derbyn tor-cytundeb Hitler o Gytundeb Versailles ac fe wnaeth hyn ddinistrio'r ffrynt unedig oedd wedi'i sefydlu yn Stresa. Roedd y cytundeb hwn yn torri amodau Cytundeb Versailles, ac i rai roedd yn ymddangos fel pe bai Prydain yn cymeradwyo ailarfogi Almaenig. Fe wnaeth roi hwb i Hitler fynd ymhellach yn ei ymdrechion i wrthdroi Cytundeb Versailles.

- Ymatebion Prydain a Ffrainc i ymosodiad yr Eidal ar Abyssinia yn Hydref 1935 (gweler y blwch testun). Daeth yr ymosodiad hwn â'r cydweithio rhwng Ffrainc, yr Eidal a Phrydain i ben. Yn dilyn Axis Rhufain–Berlin (gweler tudalen 80) daeth Mussolini a Hitler yn gyfeillion agosach.

Yr Eidal yn goresgyn Abyssinia

Yn 1935 fe wnaeth yr Eidal oresgyn gwlad Abyssinia yn Affrica (sef Ethiopia heddiw) er mwyn ehangu ymerodraeth yr Eidal yn nwyrain Affrica. Roedd Mussolini hefyd eisiau dial am Frwydr Adowa yn 1896 pan gafodd yr Eidal ei threchu gan Abyssinia (pan oedd yr Eidal wedi ceisio goresgyn Abyssinia). Roedd yr ymosodiad hwn yn groes i reolau Cynghrair y Cenhedloedd gan fod Abyssinia yn wlad annibynnol ac yn gyd-aelod o'r Gynghrair. Cafodd Mussolini ei gondemnio am ei weithredoedd ac er gwaethaf ymdrechion y Gynghrair, Prydain a Ffrainc i ddatrys y mater, ymateb Mussolini oedd gadael y Gynghrair.

GWEITHGAREDDAU

1. Pa mor ddefnyddiol yw Ffynhonnell CH i hanesydd sy'n astudio Hitler a'r broses ailarfogi?

2. Esboniwch pam roedd y Cytundeb Llyngesol rhwng Prydain a'r Almaen yn bwysig i Hitler.

3. Lluniwch linell amser ar gyfer gweithredoedd Hitler rhwng 1933 ac 1935. Copïwch y tabl a llenwch bob colofn fel sy'n addas.

Dyddiad	Digwyddiad	Canlyniad

▼ **Ffynhonnell CH:** Byddin yr Almaen yn gorymdeithio yn Berlin, Mawrth 1935

Cwestiwn ymarfer

Disgrifiwch sut gwnaeth Hitler ailarfogi'r Almaen ar ôl 1935. (*I gael arweiniad, gweler tudalen 93.*)

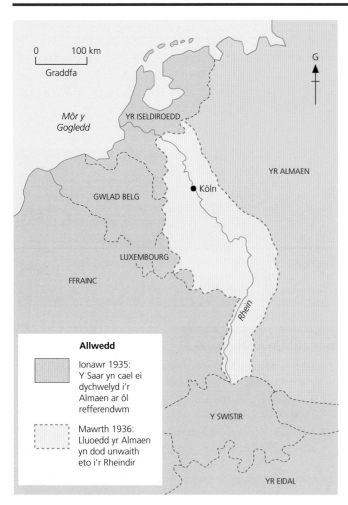

Allwedd

Ionawr 1935:
Y Saar yn cael ei dychwelyd i'r Almaen ar ôl refferendwm

Mawrth 1936:
Lluoedd yr Almaen yn dod unwaith eto i'r Rheindir

▲ Ffigur 7.2: Y Rheindir

Y Rheindir 1936

Roedd y Rheindir wedi cael ei ddadfilwrio o dan amodau Cytundeb Versailles. Roedd y Cynghreiriaid i fod i aros yn yr ardal am bymtheg mlynedd, neu'n hirach os oedd angen. Gadawodd lluoedd y Cynghreiriaid y Rheindir yn 1935, ac ym mis Mawrth y flwyddyn ganlynol cafodd yr ardal ei hailfeddiannu gan Hitler. Ar 7 Mawrth 1936, gwnaeth Hitler gondemnio Pact Locarno (gweler tudalen 18) ac ailfeddiannu'r Rheindir. Roedd Hitler yn mentro tipyn wrth wneud hyn, ond roedd wedi'i argyhoeddi na fyddai Prydain na Ffrainc yn ei herio, gan fod y ddwy wlad yn poeni am yr Argyfwng yn Abyssinia (gweler tudalen 77). Mewn gwirionedd, roedd Hitler wedi anfon ei luoedd milwrol i gyd, bron, i'r ardal. Roedd y cadlywyddion yn cario gorchmynion dan sêl, yn eu gorchymyn i encilio pe bai rhywun yn dod i'w gwrthwynebu (gweler Ffynhonnell D). Bu'r fenter yn llwyddiannus. Ar ôl iddo ailfeddiannu'r Rheindir roedd Hitler yn grediniol nad oedd Prydain a Ffrainc yn debygol o weithredu yn erbyn unrhyw gamau tebyg.

> **Ffynhonnell D:** Darn o adroddiad gafodd ei ysgrifennu gan gyfieithydd Hitler yn 1951
>
> *Fwy nag unwaith yn ystod y rhyfel, clywais Hitler yn dweud: 'Y 48 awr ar ôl gorymdeithio i'r Rheindir oedd adeg mwyaf arteithiol fy mywyd.' Byddai ef wastad yn ychwanegu: 'Pe bai'r Ffrancwyr wedi gorymdeithio i'r Rheindir y pryd hwnnw, bydden ni wedi gorfod encilio gyda'n cynffonau rhwng ein coesau. Fyddai'r adnoddau milwrol oedd gennym ddim wedi bod ddigon hyd yn oed i'w gwrthsefyll yn weddol.'*

▼ **Ffynhonnell DD:** Milwyr Almaenig yn cyrraedd Köln ym mis Mawrth 1936

Canlyniadau ailfeddiannu'r Rheindir

Daeth Hitler yn fwy poblogaidd yn yr Almaen yn sgil ei lwyddiant yn y Rheindir. Cafodd refferendwm ei gynnal er mwyn gofyn i'r Almaenwyr gefnogi'r ailfeddiannu. Pleidleisiodd 99 y cant o'r etholwyr posibl, ac roedd 98.8 y cant ohonyn nhw o blaid.

Cafodd gweithredoedd Hitler effeithiau pwysig hefyd ar berthnasau rhyngwladol. Roedd bygythiad yr Almaen yn ei gwneud hi'n anodd iawn i Brydain a Ffrainc ddelio'n effeithiol ag Argyfwng Abyssinia (gweler tudalen 77). Roedden nhw'n ofni byddai cymryd camau cadarn yn erbyn Mussolini yn closio'r berthynas rhyngddo ef â Hitler. Oherwydd llwyddiant yr ymgyrch i ailfeddiannu, cafodd Hitler ei annog i herio Cytundeb Versailles hyd yn oed yn fwy.

◄ **Ffynhonnell E:** Cartŵn Prydeinig yn cyfeirio at ailfeddiannu'r Rheindir gan yr Almaen. Ystyr 'Pax Germanica' yw 'Heddwch yn null yr Almaen'

Ffynhonnell F: Darn o *Berlin Diary 1934–41*, gan William Shirer, newyddiadurwr Americanaidd oedd yn byw yn Berlin yn yr 1930au, dyddiedig 8 Mawrth 1936 (Hamish Hamilton, 1941)

Mae Hitler wedi cael rhyddid i wneud fel mynnai. Dyw Ffrainc ddim wedi gwneud unrhyw beth. Does ryfedd bod Hitler a Goering yn wên o glust i glust am hanner dydd heddiw. O, mae'r Ffrancwyr mor dwp! Dysgais heddiw fod y milwyr Almaenig wnaeth orymdeithio i'r Rheindir ddoe wedi cael gorchymyn i gilio ar unwaith pe bai byddin Ffrainc yn eu gwrthwynebu mewn unrhyw ffordd.

Cwestiynau ymarfer

1 Edrychwch ar Ffynonellau D ac F. Pa un o'r ffynonellau sydd fwyaf defnyddiol i hanesydd wrth astudio'r broses o ailfeddiannu'r Rheindir gan yr Almaen yn 1936? (*I gael arweiniad, gweler tudalennau 96–97.*)

2 Beth oedd pwrpas Ffynhonnell E? (*I gael arweiniad, gweler tudalennau 94–95.*)

GWEITHGAREDDAU

1 Edrychwch ar Ffynhonnell DD. Mae bron yn sicr y cafodd hwn ei ddefnyddio fel propaganda yn yr Almaen. Meddyliwch am bennawd addas ar gyfer y ffotograff, o safbwynt yr Almaen.

2 Gan weithio mewn parau, meddyliwch am benawdau ar gyfer papurau newyddion Ffrainc, Prydain, UDA a'r Almaen ar 8 Mawrth 1936, yn ymateb i'r newyddion fod yr Almaen wedi ailfeddiannu'r Rheindir.

Cynghreiriau 1936–37

Yn dilyn ei lwyddiannau yn 1935 ac 1936, cryfhaodd Hitler safle'r Almaen drwy wneud cyfres o gynghreiriau gyda'r Eidal a Japan.

Axis Rhufain–Berlin

Ym mis Hydref 1936, llofnododd yr Eidal a'r Almaen gytundeb ddaeth yn adnabyddus fel Axis Rhufain–Berlin, gan gytuno i gydweithio ar faterion oedd o ddiddordeb i'r ddwy ochr. Roedd Mussolini yn awyddus i gael perthynas agosach gyda'r Almaen ar ôl i Brydain a Ffrainc wrthwynebu ymosodiad yr Eidal ar Abyssinia. Roedd yr Axis yn gytundeb y byddai'r ddwy wlad yn dilyn polisi tramor cyffredin. Elfen ganolog o'r cytundeb oedd y polisi i atal twf comiwnyddiaeth ar draws Ewrop. Roedd enw'r cytundeb yn awgrymu bod materion Ewrop yn troi o amgylch yr Eidal a'r Almaen. Cafodd yr Axis ei chryfhau gan gyfres o ymweliadau a chyfarfodydd rhwng Hitler a Mussolini yn 1937 ac 1938 (gweler Ffynhonnell FF).

Y Pact Gwrth-Gomintern

Ym mis Tachwedd 1936, llofnododd Hitler gytundeb gyda Japan, sef y Pact Gwrth-Gomintern. Mae Comintern yn cyfeirio at y Comiwnyddion Rhyngwladol neu'r 'Communist International', mudiad gafodd ei sefydlu yn Rwsia yn 1919 i gefnogi twf comiwnyddiaeth. Flwyddyn yn ddiweddarach, ym mis Tachwedd 1937, ymunodd Mussolini â'r Pact. Nod y Pact oedd atal dylanwad comiwnyddiaeth ar draws y byd, yn enwedig o'r Undeb Sofietaidd. Ond daeth yn ffordd o feithrin perthynas lawer agosach rhwng yr Almaen, Japan a'r Eidal hefyd. Roedd y pact yn annog Japan i ymosod ymhellach ar China.

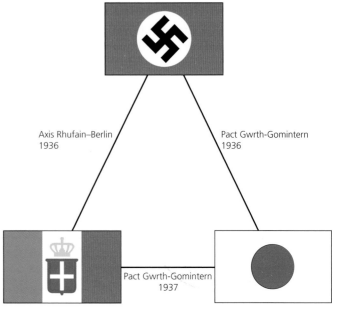

Axis Rhufain–Berlin 1936

Pact Gwrth-Gomintern 1936

Pact Gwrth-Gomintern 1937

▲ Ffigur 7.3: Cynghreiriaid Hitler

GWEITHGAREDD

Esboniwch pam roedd y Pact Gwrth-Gomintern yn bwysig i Hitler.

Cwestiwn ymarfer

Beth oedd pwrpas Ffynhonnell FF? *(I gael arweiniad, gweler tudalennau 94–95.)*

◀ Ffynhonnell FF: Hitler a Mussolini, yn ystod ymweliad swyddogol â'r Eidal, Mai 1938

Anschluss 1938

Yn dilyn methiant 1934 (gweler tudalen 76), ym mis Mawrth 1938 llwyddodd Hitler i gyflawni un o'i nodau, sef *Anschluss* gydag Awstria.

Roedd Hitler yn llawer mwy hyderus ar ôl ei lwyddiant yn y Rheindir yn 1936 (gweler tudalen 78). Ar 5 Tachwedd 1937, cafodd gyfarfod gyda'i swyddogion milwrol yn Berlin. Cymerodd y cyfarfod dair awr, a siaradodd Hitler am ei syniadau ar gyfer polisi tramor i'r dyfodol. Cafodd cofnodion y cyfarfod eu hysgrifennu bum diwrnod yn ddiweddarach gan ei **ddirprwy** milwrol, y Cyrnol Hossbach, o nodiadau ac o'i gof. Roedd hi'n amlwg bod rhyfel yn sicr ar yr agenda. Yn ddiweddarach, daeth y cofnodion hyn i gael eu hadnabod fel Memorandwm Hossbach (gweler Ffynhonnell G).

> **Ffynhonnell G: Darn o Femorandwm Hossbach 1937**
>
> *Dywedodd y* Führer *mai nod polisi'r Almaen oedd diogelu a chynnal y gymuned hiliol, a'i gwneud yn fwy. Mater o le oedd hi felly... Yr unig ffordd o ddatrys problem yr Almaen oedd trwy rym... ond pryd a sut? ... Ei benderfyniad di-droi'n-ôl oedd bod angen datrys y broblem o gael lle i fyw erbyn 1943–45 ar yr hwyraf.*

Yn dilyn y cyfarfod hwn, trodd Hitler ei sylw at ehangu tua'r dwyrain.

Roedd Hitler mewn sefyllfa llawer cryfach yn 1938:

- Roedd wedi estyn a chryfhau lluoedd arfog yr Almaen ac wedi cael hyder yn dilyn ei lwyddiant yn y Rheindir yn 1936 (gweler tudalen 78), ac yn dilyn gwendidau a methiannau Cynghrair y Cenhedloedd yn Abyssinia (gweler tudalen 77).
- Roedd Mussolini wedi gwrthwynebu'r ymgais yn 1934, ond bellach roedd yn gynghreiriad i'r Almaen ar ôl llofnodi Axis Rhufain-Berlin a'r Pact Gwrth-Gomintern.
- Yng ngolwg Hitler, roedd hi'n bosibl cyfiawnhau uno gydag Awstria ar sail 'egwyddor hunanbenderfyniaeth' yr Arlywydd Wilson. Yn Versailles, roedd yr Arlywydd Wilson o UDA wedi cynnig y syniad y dylai pobl oedd yn rhannu'r un iaith a'r un diwylliant gael byw o fewn yr un wlad. Yn wir, roedd 96 y cant o Awstriaid yn siarad Almaeneg. Ar ben hynny, roedd Hitler ei hun wedi cael ei eni yn Awstria.
- Roedd y Blaid Natsïaidd mewn sefyllfa llawer cryfach yn Awstria erbyn hynny gan fod canghellor newydd Awstria, Schuschnigg, wedi penodi Natsïaid i'w lywodraeth. Gwnaeth hyn yn gyfnewid am yr addewid byddai Hitler yn parchu annibyniaeth Awstria, ond doedd gan Hitler ddim bwriad i gadw'r addewid.

> **Ffynhonnell NG: Darn o sgwrs Hitler gyda Schuschnigg, Mawrth 1938**
>
> *Paid â meddwl am eiliad fod unrhyw un ar y ddaear yn mynd i ddifetha fy nghynlluniau. Yr Eidal? Rwyf i a Mussolini yn deall ein gilydd yn iawn. Lloegr? ... A Ffrainc? Byddai Ffrainc wedi gallu atal yr Almaen yn y Rheindir, ac yna bydden ni wedi gorfod cilio. Ond mae'n rhy hwyr i Ffrainc erbyn hyn.*

GWEITHGAREDDAU

1 Beth mae Ffynhonnell G yn ei awgrymu am nodau Hitler yn Ewrop?
2 Edrychwch ar Ffynhonnell NG. Beth yw'r rhesymau sy'n cael eu hawgrymu dros yr *Anschluss*?
3 Esboniwch pam gwnaeth Hitler benderfynu bwrw ymlaen â'r *Anschluss* yn 1938.

Digwyddiadau'r *Anschluss*

Mae digwyddiadau'r *Anschluss* i'w gweld yn Ffigur 7.4.

1936–37 — Roedd Hitler yn annog y Blaid Natsïaidd yn Awstria i gorddi'r dyfroedd a chreu trafferth ar gyfer y llywodraeth. Roedden nhw'n cynnal gwrthdystiadau yn mynnu undod gyda'r Almaen.

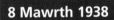

Ionawr 1938 — Dechreuodd Hitler wthio ei ymgyrch ymhellach drwy orchymyn i Natsïaid Awstria fomio adeiladau cyhoeddus a chynnal gorymdeithiau torfol.

12 Chwefror 1938 — Gwahoddwyd Canghellor Awstria, Schuschnigg, i'r Almaen gan Hitler i drafod yr anhrefn. Cafodd Schuschnigg ei fwlio i dderbyn dau aelod o'r Blaid Natsïaidd yn Awstria fel aelodau o'i gabinet ac roedd rhaid iddo dderbyn cysylltiadau economaidd agosach â'r Almaen hefyd.

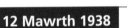

8 Mawrth 1938 — Ar ôl dychwelyd i Fienna, penderfynodd Schuschnigg gynnal refferendwm i adael i bobl Awstria bleidleisio ar ddyfodol eu gwlad.

12 Mawrth 1938 — Penderfynodd Hitler weithredu'n gyflym, gan ofni byddai'r bleidlais yn ei erbyn. Roedd yn bygwth goresgyniad ac yn parhau i fwlio Schuschnigg. Ymddiswyddodd Schuschnigg ar 12 Mawrth 1938, a daeth Arthur Seyss-Inquart, arweinydd y Blaid Natsïaidd yn Awstria, yn ei le. Wedyn, gofynnodd yr arweinydd newydd i Hitler anfon milwyr i adfer trefn. Gorymdeithiodd milwyr yr Almaen i Awstria.

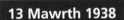

13 Mawrth 1938 — Datganwyd yr *Anschluss*.

Ebrill 1938 — O dan lygad barcud milwyr Natsïaidd, pleidleisiodd 99.75 y cant o bobl Awstria o blaid yr *Anschluss*.

▲ Ffigur 7.4: Camau'n arwain at yr *Anschluss*

Ffynhonnell H: Hitler ▶ yn annerch torf o Awstriaid yn Fienna, 15 Mawrth 1938

Canlyniadau'r *Anschluss*

Y tro hwn, wnaeth Mussolini ddim protestio. Protestiodd Prydain, Ffrainc a'r Gynghrair, ond wnaethon nhw ddim cymryd camau pellach. Yn wir, roedd Neville Chamberlain (Prif Weinidog Prydain) o'r farn fod gan Awstria a'r Almaen yr hawl i uno, a bod Cytundeb Versailles wedi bod ar fai wrth eu gwahanu. Wnaeth y rhan fwyaf o bobl Prydain ddim gwrthwynebu oherwydd roedd yn ymddangos bod y rhan fwyaf o bobl Awstria yn hapus â'r undeb. A beth bynnag, roedd Hitler wedi cael ei eni yn Awstria – dyna roedden nhw'n ei ddadlau. Roedd gwleidyddion Prydain a Ffrainc wedi dilyn polisi dyhuddo wrth ymdrin â Hitler. Roedden nhw'n credu bod ganddo set benodol o ofynion rhesymol oedd i gyd yn ymwneud â Chytundeb Versailles.

Roedd dilyn polisi dyhuddo yn ymddangos yn ffordd synhwyrol ymlaen i Brydain. Roedd llawer o wleidyddion yn Ewrop yn dal i deimlo bod yr Almaen wedi cael ei thrin yn rhy llym yn Versailles, ac nad oedd unrhyw wir awydd gan bobl gyffredin i fynd i ryfel ac ailadrodd erchyllterau 1914–18. Roedd effaith y rhyfel yn fyw o hyd ym meddyliau pobl. At hynny, roedd Prydain a Ffrainc yn gwybod nad oedd eu lluoedd arfog nhw mewn sefyllfa i ymladd unrhyw fath o ryfel.

Unwaith eto, roedd Hitler wedi llwyddo i wneud fel mynnai a thorri amodau Cytundeb Versailles. Doedd ef ddim am roi'r gorau iddi yn y fan honno. Yn dilyn yr *Anschluss*, trodd Hitler ei sylw at y Sudetenland (gweler tudalennau 84–85), gan gredu unwaith eto y byddai Prydain a Ffrainc yn derbyn ei ofynion o ran yr ardal hon.

> **Ffynhonnell I: Adroddiad o'r Almaen gafodd ei gyhoeddi yn y *Times* ddydd Llun 14 Mawrth 1938, ar ôl i filwyr yr Almaen fynd i mewn i Awstria**
>
> *Daeth Herr Hitler yn ôl yma ddoe, yn arwr y dydd. Cafodd ef yr un croeso buddugoliaethus â'r fyddin oedd wedi cael ei hanfon ganddo i Awstria. Taflwyd blodau yn llwybr y ceir arfog. Os oedd unrhyw Awstriad yn ei wrthwynebu ddydd Gwener, yna roedden nhw wedi cuddio'u hwynebau neu wedi cael tröedigaeth lwyr erbyn ddoe a heddiw.*

> **Ffynhonnell J: Darn o araith Neville Chamberlain, Prif Weinidog Prydain, yn Nhŷ'r Cyffredin, 14 Mawrth 1938**
>
> *Dychmygaf y bydd y digwyddiad sydd ar flaen ein meddyliau heddiw [yr Anschluss] yn destun gofid, tristwch, neu hyd yn oed ddicter. Ni all Llywodraeth Ei Fawrhydi anwybyddu'r digwyddiad... Bydd hyn yn dwysáu'r ymdeimlad o ansicrwydd ac ansefydlogrwydd yn Ewrop yn syth. Nid dyma'r adeg am benderfyniadau byrbwyll na geiriau difeddwl. O ran ein rhaglenni amddiffyn... rydyn ni wedi penderfynu cynnal arolwg newydd, a chyn bo hir byddwn ni'n cyhoeddi pa gamau pellach bydd yn rhaid i ni eu cymryd.*

GWEITHGAREDDAU

1 Pa mor ddefnyddiol yw Ffynhonnell H i hanesydd sy'n astudio'r *Anschluss*?
2 Dychmygwch eich bod chi yn Fienna yn ystod yr *Anschluss*. Gan ddefnyddio Ffynonellau H ac I, ysgrifennwch neges destun heb fod yn fwy na 160 nod i ddisgrifio beth rydych chi wedi'i weld.
3 Beth mae Ffynhonnell J yn ei awgrymu am yr ymateb ym Mhrydain i'r *Anschluss*?
4 Gan weithio mewn parau, ysgrifennwch erthygl ar gyfer papur newydd Almaenig, yn cyfiawnhau'r *Anschluss*.

Cwestiwn ymarfer

Defnyddiwch Ffynhonnell H a'r hyn rydych chi'n ei wybod i ddisgrifio *Anschluss* mis Mawrth 1938. *(I gael arweiniad, gweler tudalennau 91–92.)*

Ffynhonnell L: Darn o araith wnaeth Chamberlain cyn iddo fynd i Gynhadledd München

Pa mor ofnadwy, anhygoel, ac anghredadwy yw hi ein bod ni'n cloddio ffosydd ac yn gwisgo mygydau nwy yma oherwydd ffrae mewn gwlad bell rhwng pobl nad ydyn ni'n gwybod dim amdanyn nhw... Does dim ots faint rydyn ni'n cydymdeimlo â gwlad fach sy'n wynebu cymydog mawr a nerthol, dan yr amgylchiadau allwn ni ddim mynd â'r holl Ymerodraeth Brydeinig i ryfel dim ond o'i hachos hi. Os bydd yn rhaid ymladd, rhaid gwneud hynny oherwydd materion mwy sylweddol. Rwyf i'n ddyn heddychlon hyd waelod fy enaid. Mae gwrthdaro arfog rhwng gwledydd yn hunllef i mi... mae rhyfel yn beth ofnadwy, a rhaid i ni fod yn hollol glir, cyn i ni ddechrau arno, mai dros faterion gwirioneddol bwysig rydyn ni'n ymladd...

Argyfwng y Sudetenland, 1938

Bu bron i Argyfwng y Sudetenland yn 1938 achosi rhyfel, ond cafodd ei ddatrys gan Gytundeb dadleuol München. Llofnodwyd y cytundeb ym mis Medi y flwyddyn honno.

Nodau Hitler

Roedd y Sudetenland yn rhan o Tsiecoslofacia ac roedd tair miliwn o siaradwyr Almaeneg yn byw yno. Roedd wedi bod yn rhan o Ymerodraeth Awstria–Hwngari cyn 1918. Roedd bron i dri chwarter diwydiant Tsiecoslofacia a rhai ffatrïoedd arfau pwysig yn yr ardal hon. Roedd Hitler yn ysu am gael ei afael ar yr ardal hon. Roedd sawl rheswm pam roedd Hitler eisiau Tsiecoslofacia.

- Pe bai Tsiecoslofacia yn wlad rydd ac yn elyniaethus i'r Almaen, byddai'n amhosibl i'r Almaen ymladd rhyfel yn y Gorllewin. Byddai Hitler yn gorfod wynebu rhyfel ar ddwy ffrynt – ac roedd eisiau osgoi hyn.
- Roedd yn credu y gallai'r Undeb Sofietaidd oresgyn yr Almaen drwy Tsiecoslofacia.
- Roedd eisiau cael ei ddwylo ar gyfoeth ac adnoddau gwerthfawr yr ardal a chreu mwy o *Lebensraum* i'r Almaenwyr.

Yr argyfwng rhwng Ebrill a Medi

O fis Ebrill 1938 ymlaen, rhoddodd Hitler orchymyn i Henlein, arweinydd Plaid Natsïaidd Sudeten, gan ddweud wrtho am gorddi'r dyfroedd yn yr ardal. Yna, cyhoeddodd y papurau newydd Almaenig adroddiadau am erchyllterau yn erbyn Almaenwyr Sudeten gan swyddogion Tsiecaidd. Oherwydd yr 'argyfwng' hwn, dywedodd Hitler byddai'n cefnogi Almaenwyr y Sudetenland gyda grym milwrol os na fyddai'n bosibl datrys y sefyllfa. Roedd y Tsieciaid yn gwybod byddai ildio'r Sudetenland yn eu gwneud nhw'n gwbl ddiamddiffyn yn erbyn yr Almaen. Roedd eu holl amddiffynfeydd yn erbyn yr Almaen yn yr ardal honno. Roedd ganddyn nhw gynghrair gyda Ffrainc hefyd, ac roedden nhw'n credu byddai Ffrainc yn eu cefnogi.

Gwaethygodd yr argyfwng yn ystod haf 1938, ac fe wnaeth Neville Chamberlain ymyrryd. Oherwydd methiant Cynghrair y Cenhedloedd, roedd yn rhaid i rywun geisio dod o hyd i ateb heddychlon. Roedd Chamberlain yn ei weld ei hun fel yr un fyddai'n gallu dod ag Argyfwng y Sudetenland i ben. Roedd e'n credu y gallai berswadio Hitler i dderbyn cyfaddawd, a gweithiodd yn ddiflino ym mis Medi i osgoi rhyfel. Aeth i dri chyfarfod allweddol ym mis Medi, ac am ran helaeth o'r mis roedd rhyfel yn ymddangos yn debygol iawn (gweler Ffigur 7.5).

GWEITHGAREDDAU

1. Rhowch un rheswm pam gwnaeth Hitler gefnogi Almaenwyr y Sudeten.
2. Edrychwch ar Ffynhonnell L. Beth mae'n ei awgrymu am agwedd Chamberlain tuag at Argyfwng y Sudetenland?
3. Allwch chi awgrymu rhesymau pam roedd Hitler yn newid ei ofynion o hyd?
4. Rhowch grynodeb o nodweddion allweddol Argyfwng y Sudetenland gan ddefnyddio siart llif.
5. Esboniwch yn fyr beth oedd nodweddion allweddol Argyfwng y Sudetenland.

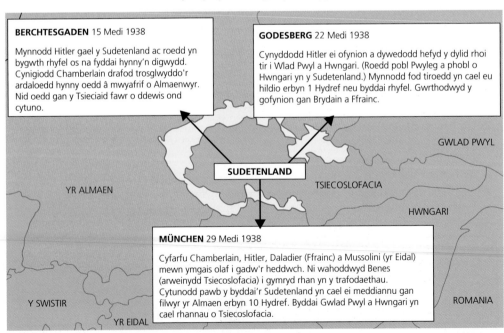

BERCHTESGADEN 15 Medi 1938

Mynnodd Hitler gael y Sudetenland ac roedd yn bygwth rhyfel os na fyddai hynny'n digwydd. Cynigiodd Chamberlain drafod trosglwyddo'r ardaloedd hynny oedd â mwyafrif o Almaenwyr. Nid oedd gan y Tsieciaid fawr o ddewis ond cytuno.

GODESBERG 22 Medi 1938

Cynyddodd Hitler ei ofynion a dywedodd hefyd y dylid rhoi tir i Wlad Pwyl a Hwngari. (Roedd pobl Pwyleg a phobl o Hwngari yn y Sudetenland.) Mynnodd fod tiroedd yn cael eu hildio erbyn 1 Hydref neu byddai rhyfel. Gwrthodwyd y gofynion gan Brydain a Ffrainc.

GWLAD PWYL

SUDETENLAND

YR ALMAEN

TSIECOSLOFACIA

HWNGARI

MÜNCHEN 29 Medi 1938

Cyfarfu Chamberlain, Hitler, Daladier (Ffrainc) a Mussolini (yr Eidal) mewn ymgais olaf i gadw'r heddwch. Ni wahoddwyd Benes (arweinydd Tsiecoslofacia) i gymryd rhan yn y trafodaethau. Cytunodd pawb y byddai'r Sudetenland yn cael ei feddiannu gan filwyr yr Almaen erbyn 10 Hydref. Byddai Gwlad Pwyl a Hwngari yn cael rhannau o Tsiecoslofacia.

Y SWISTIR

YR EIDAL

ROMANIA

▲ Ffigur 7.5: Trafodaethau Chamberlain gyda Hitler am y Sudetenland

Cynhadledd München

Erbyn diwedd Medi, roedd Ewrop bron iawn â mynd i ryfel. Gofynnodd Chamberlain i Mussolini berswadio Hitler i gymryd rhan mewn cynhadledd ryngwladol. Cytunodd Hitler, gan oedi gyda'i gynllun i feddiannu'r Sudetenland. Daeth pedwar arweinydd i gyfarfod yn München – Chamberlain, Hitler, Mussolini a Phrif Weinidog Ffrainc, Daladier. Chafodd Tsiecoslofacia a'r Undeb Sofietaidd ddim gwahoddiad. Cytunodd y pedwar y byddai'r Sudetenland yn cael ei throsglwyddo i'r Almaen. Gwnaethon nhw gytuno hefyd y byddai ffiniau newydd Tsiecoslofacia yn cael eu gwarantu gan y pedwar pŵer.

Y diwrnod ar ôl Cynhadledd München, fe wnaeth Chamberlain gyfarfod Hitler ar ei ben ei hun, gan gytuno ar Ddatganiad Prydain a'r Almaen. Addawodd y ddwy wlad na fydden nhw byth yn mynd i ryfel yn erbyn ei gilydd. Bydden nhw'n datrys pob anghydfod rhwng y ddwy wlad trwy drafod â'i gilydd. Chwifiodd Chamberlain gopi o'r cytundeb hwn o flaen y dorf ddaeth i'w gymeradwyo pan ddychwelodd i Loegr.

Canlyniad cymysg oedd gan Gynhadledd München i'r gwledydd dan sylw (gweler Tabl 7.1).

Ffynhonnell LL: Rhan o anerchiad Chamberlain i'r torfeydd y tu allan i 10 Stryd Downing pan ddaeth yn ôl o München

Daeth heddwch anrhydeddus yn ôl o'r Almaen i Stryd Downing, ac fe gredaf mai dyma heddwch yn ein hoes… Ac yn awr awgrymaf eich bod chi'n mynd adref i gysgu'n dawel yn eich gwelyau.

Tsiecoslofacia	Roedd cynghreiriaid y Tsiecoslofaciaid, Prydain a Ffrainc, wedi cefnu arnyn nhw. Fe wnaethon nhw golli adnoddau hollbwysig yn ogystal â'u hamddiffynfeydd yn erbyn yr Almaen.
	Fe wnaethon nhw golli tir i Hwngari a Gwlad Pwyl hefyd (gweler Ffigur 7.5).
Prydain	Roedd teimlad o ryddhad ym Mhrydain fod rhyfel wedi cael ei osgoi. Daeth Chamberlain yn ôl a chael ei groesawu fel arwr.
Ffrainc	Roedd rhyddhad mawr yn Ffrainc fod rhyfel wedi cael ei atal.
Yr Almaen	Penderfynodd Hitler fod Prydain a Ffrainc yn annhebygol o'i wrthwynebu unwaith eto, felly trodd ei sylw at weddill Tsiecoslofacia.
	Cafodd yr Almaen afael ar fwy na 33 y cant o boblogaeth Tsiecoslofacia a'r rhan fwyaf o'i diwydiant, gan gynnwys ffatri Skoda, oedd yn ffatri arfau fawr iawn.
	Roedd Hitler hyd yn oed yn fwy hyderus ar ôl ei lwyddiannau yn 1938.
Yr Undeb Sofietaidd	Roedd Stalin yn flin iawn nad oedd ef wedi cael gwahoddiad i Gynhadledd München. Roedd yn credu'n gryf y byddai Prydain a Ffrainc yn sefyll o'r neilltu pe bai Hitler yn ymosod ar Wlad Pwyl a'r Undeb Sofietaidd.
Yr Eidal	Fe wnaeth Mussolini gefnogi Hitler drwy gydol yr argyfwng a Chynhadledd München. Daeth y berthynas rhwng y ddau unben yn agosach fyth, gan arwain at y Cytundeb Dur yn 1939 (gweler tudalen 87).

▲ Tabl 7.1: Canlyniadau Cynhadledd München

GWEITHGAREDDAU

1 Esboniwch pam cafodd Cynhadledd München ei chynnal ym mis Medi 1938.

2 Rhowch y gwledydd yn Nhabl 7.1 yn eu trefn, o'r wlad oedd fwyaf ar ei hennill i'r wlad gafodd y golled fwyaf.

3 Beth yw eich barn gyffredinol am Gynhadledd München? Rhowch resymau dros eich ateb.

◄ Ffynnonnell M: Ffotograff swyddogol y Natsïaid o Hitler yn ymweld â'r Sudetenland, Hydref 1938. Y pennawd Natsïaidd oedd – 'Y *Führer* yn Asch, tref sydd wedi'i rhyddhau. Heddiw, cyrhaeddodd y *Führer* dref Asch i ganol llawenydd annisgrifiadwy y boblogaeth Sudeten-Almaenig gafodd ei rhyddhau.'

Goresgyn Tsiecoslofacia, Mawrth 1939

Ar ôl Cynhadledd München, dechreuodd Prydain symud yn raddol i ffwrdd o'r polisi dyhuddo. Daeth llawer o bobl i sylweddoli bod Tsiecoslofacia wedi cael cam, a bod Hitler wedi bygwth ei ffordd drwy gyfarfodydd. Fe wnaeth Prydain gondemnio digwyddiadau *Kristallnacht* (9 Tachwedd 1938), pan ymosododd y Natsïaid ar Iddewon ar draws yr Almaen (gweler tudalen 64). Dechreuodd pobl amau'r Almaen hyd yn oed yn fwy wrth glywed am obeithion tiriogaethol newydd Hitler. Roedd Hitler eisiau gweddill Tsiecoslofacia. Ym mis Mawrth 1939, rhoddodd Hitler bwysau ar arweinydd newydd Tsiecoslofacia, Hacha, gan fygwth goresgyn y wlad. Yna cafodd lluoedd yr Almaen eu gwahodd i ailsefydlu trefn yno (er nad oedd yno unrhyw anhrefn) ac felly gallai Hitler honni nad oedd wedi torri unrhyw gyfreithiau rhyngwladol wrth sicrhau rheolaeth dros Tsiecoslofacia. Daeth taleithiau Tsiecaidd Bohemia a Morafia yn daleithiau Almaenig. Daeth Slofacia yn weriniaeth, ond yr Almaen oedd yn ei rheoli mewn gwirionedd (gweler Ffigur 7.6).

Rhoddodd Prydain a Ffrainc y gorau i'w polisi dyhuddo ar unwaith, gan gytuno bod yn rhaid rhwystro ymosodiadau pellach gan yr Almaen.

- Ar ôl i Hitler gipio Tsiecoslofacia, daeth yn amlwg nad oedd yn bosibl ymddiried ynddo. Roedd wedi torri amodau Cytundeb München. At hynny, nid Almaenwyr oedd y Tsieciaid.
- Roedd Chamberlain yn flin ac yn teimlo ei fod wedi cael ei sarhau ar ôl i Hitler ei dwyllo. Dechreuodd ymdrech ailarfogi Prydain gynyddu eto, ar ôl dechrau o ddifrif ar ôl München.

Ffigur 7.6: Rhaniad ▶
Tsiecoslofacia

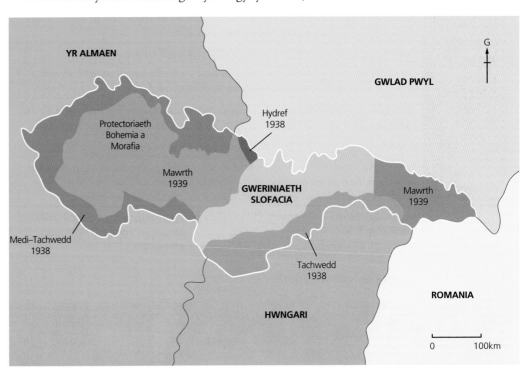

GWEITHGAREDDAU

1 Esboniwch pam roedd Chamberlain yn 'yn flin ac yn teimlo ei fod wedi cael ei sarhau' (gweler uchod) pan wnaeth Hitler gipio gweddill Tsiecoslofacia.
2 Beth gallwch chi ei ddysgu am raniad Tsiecoslofacia o edrych ar Ffigur 7.6?

Danzig a'r Coridor Pwylaidd

Ar ddiwedd Mawrth 1939, anfonodd Hitler luoedd arfog i Memel, tref yn Lithuania oedd wedi cael ei chymryd oddi ar yr Almaen ar ddiwedd y Rhyfel Byd Cyntaf. Roedd Prydain yn poeni mai Gwlad Pwyl fyddai'r lle nesaf i gael ei fygwth gan Hitler ar ôl iddo sôn ei fod eisiau adennill Danzig a'r Coridor Pwylaidd (gweler Ffigur 7.7). Roedd yr ardaloedd hyn wedi cael eu cymryd oddi ar yr Almaen ar ddiwedd y Rhyfel Byd Cyntaf. Cafodd y Coridor Pwylaidd ei greu er mwyn rhoi mynediad i Wlad Pwyl at y Môr Baltig. Roedd Danzig o dan reolaeth Cynghrair y Cenhedloedd. Ar 30 Mawrth, addawodd Prydain y byddai'n diogelu ffiniau Gwlad Pwyl. Dechreuodd Hitler baratoi ar gyfer goresgyn Gwlad Pwyl ac roedd y cynllun, o'r enw *Fall Weiss* neu'r Cynllun Gwyn, yn barod erbyn 11 Ebrill. Trefnwyd dyddiad y goresgyniad ar gyfer 1 Medi 1939.

Tyfodd y tensiwn rhwng y pwerau mawrion ym mis Ebrill pan wnaeth yr Eidal feddiannu Albania. Fe wnaeth hyn ysgogi Prydain a Ffrainc i addo gwarchod ffiniau Groeg a România.

> **Ffynhonnell N:** Darn o araith wnaeth Hitler ar ddechrau 1939
>
> *Rydyn ni'n mynnu cael y Coridor Pwylaidd yn ôl: mae fel darn o gnawd gafodd ei dorri o'n corff. Mae'n rhannu'r Almaen yn ddwy. Mae'n glwyf cenedlaethol sy'n gwaedu'n barhaus, a bydd yn parhau i waedu nes caiff y tir ei ddychwelyd i ni.*

Y Cytundeb Dur

Ym mis Mai 1939, llofnododd Hitler a Mussolini y Cytundeb Dur, gan droi eu cyfeillgarwch yn gynghrair filwrol ffurfiol. Cytunodd y ddwy wlad i helpu ei gilydd pe bai rhyfel a chynllunio ymgyrchoedd ar y cyd. Pwysig hefyd oedd y byddai'r ddwy wlad yn cydweithio'n economaidd.

Yn hytrach na cheisio adennill tir Almaenig oedd wedi cael ei golli i Wlad Pwyl, roedd hi'n ymddangos bellach fod Hitler am geisio dinistrio Gwlad Pwyl. Er mwyn gwneud hyn, roedd angen iddo sicrhau niwtraliaeth yr Undeb Sofietaidd, y wlad roedd yn ei chasáu yn fwy nag unrhyw un arall.

Wrth i'r tensiwn gynyddu dros Danzig a'r Coridor Pwylaidd, roedd Hitler yn hyderus na fyddai Prydain a Ffrainc yn barod i gefnogi Gwlad Pwyl pe bai unrhyw ymladd yn digwydd, heblaw eu bod nhw'n cael cymorth gan yr Undeb Sofietaidd. Roedd yr Undeb Sofietaidd yn fodlon cynghreirio gyda Phrydain, ond roedd Stalin yn ofalus iawn yn ystod y trafodaethau cynnar i beidio â chytuno i hyn yn rhy fuan. Roedd Chamberlain braidd yn araf wrth ymateb i'r holl bwyntiau roedd Stalin yn eu codi. Roedd hyn yn rhoi'r argraff nad oedd Prydain eisiau cynghreirio mewn gwirionedd.

> **Ffynhonnell O:** Darn o araith roddodd Hitler i gadlywyddion ei fyddin y diwrnod ar ôl llofnodi'r Cytundeb Dur.
>
> *Nid Danzig sydd yn y fantol. I ni, mae'n ymwneud ag ehangu ein lle i fyw yn y Dwyrain a diogelu ein cyflenwadau bwyd... os bydd ffawd yn ein gorfodi ni i wrthdaro â'r Gorllewin, yna bydd yn beth da fod gennym ardal weddol fawr yn y Dwyrain... mae angen i ni benderfynu: ymosod ar Wlad Pwyl ar y cyfle cyntaf.*

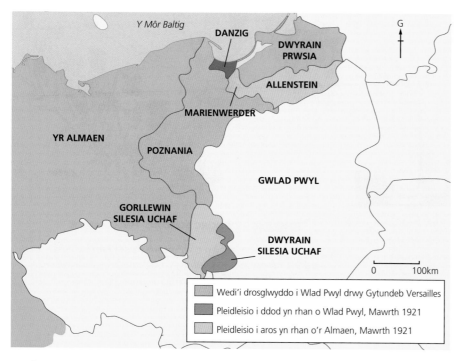

▲ Ffigur 7.7: Y Coridor Pwylaidd ar ôl y Rhyfel Byd Cyntaf

GWEITHGAREDDAU

1. Edrychwch ar Ffynhonnell N. Sut roedd Hitler yn gallu cyfiawnhau hawlio Danzig a'r Coridor Pwylaidd?

2. Yn ôl Ffynhonnell O, beth oedd cymhelliad arall Hitler dros edrych tuag at Wlad Pwyl?

3. Esboniwch pam roedd y Cytundeb Dur yn bwysig i Hitler.

Pact y Natsïaid a'r Sofietiaid 1939 a chychwyn y rhyfel

Wrth i'r negodi rhwng Prydain a'r Undeb Sofietaidd ddod i ben yng nghanol mis Awst, dechreuodd yr Almaen a'r Undeb Sofietaidd drafod â'i gilydd. Fe wnaeth Ribbentropp, Gweinidog Tramor y Natsïaid, gyfarfod gyda Molotov, Gweindog Tramor yr Undeb Sofietaidd, ac ar ôl dau gyfarfod ar 23 Awst, llofnodwyd Pact y Natsïaid a'r Sofietiaid. (Weithiau caiff hwn ei alw yn Pact Ribbentrop–Molotov). Roedd amodau'r Pact yn cynnwys y canlynol:

- Cytuno i beidio â chefnogi unrhyw drydedd wlad pe bai'n ymosod ar y llall.
- Cytunodd y ddwy wlad i ymgynghori ar faterion o ddiddordeb cyffredin, gan addo peidio ag ymuno ag unrhyw gynghrair oedd wedi'i hanelu yn erbyn y llall.

> **Ffynhonnell P:** Sylwadau wnaeth Hitler i Uwch Gomisiynydd Cynghrair y Cenhedloedd yn Danzig, 11 Awst 1939. Roedd dinas Danzig yn dal i gael ei gweinyddu gan Gynghrair y Cenhedloedd.
>
> *Mae popeth rwyf i'n ei wneud yn weithred yn erbyn Rwsia; os yw'r Gorllewin yn rhy ddall i ddeall hyn, yna bydd yn rhaid i mi ddod i ddealltwriaeth gyda'r Rwsiaid, a chwalu'r Gorllewin, cyn troi fy holl sylw yn erbyn yr Undeb Sofietaidd. Mae angen yr Wcrain arnaf i, fel na fydd neb yn gallu ein llwgu eto fel gwnaethon nhw yn y rhyfel diwethaf.*

- Cytunodd y ddwy wlad (yn gyfrinachol) i oresgyn a rhannu Gwlad Pwyl.
- Cafodd yr Undeb Sofietaidd ganiatâd i feddiannu'r gwledydd Baltig, sef Estonia, Latvia a Lithuania.

Roedd Hitler yn fodlon iawn â'r Pact gan ei fod yn golygu na fyddai'n wynebu rhyfel ar ddau ffrynt, a byddai'n gallu cymryd rhannau mawr o Wlad Pwyl yn hawdd. At hynny, trwy feddiannu Gwlad Pwyl, roedd yn dod yn nes at yr Undeb Sofietaidd pe bai cyfle'n codi i'w goresgyn yn y dyfodol. Roedd Stalin yn ddigon bodlon â'r Pact oherwydd roedd yn gadael iddo gymryd rhannau o Wlad Pwyl. Byddai hyn yn ei gwneud hi'n fwy anodd i unrhyw un oresgyn yr Undeb Sofietaidd yn y dyfodol. Roedd y pact yn golygu na fyddai unrhyw un o'r tri phŵer gorllewinol yn gallu cynghreirio yn ei erbyn.

SOMEONE IS TAKING SOMEONE FOR A WALK

▲ **Ffynhonnell R:** Cartŵn o'r *Picture Post* Hydref 1939. Roedd y cylchgrawn Prydeinig yn cyhoeddi ffotograffau a chartwnau am faterion pwysig y dydd. Mae'r cartŵn yn dangos Stalin a Hitler wedi'u clymu yn ei gilydd.

▲ **Ffynhonnell PH:** Cartŵn gafodd ei gyhoeddi ym mis Medi 1939 yn y *London Evening News*. Y pennawd oedd 'Pâr od i rannu gwely'. Yng nghhartwnau'r cyfnod, roedd yn beth cyffredin i epa neu gorila gynrychioli'r Natsïaid, a byddai'r Undeb Sofietaidd yn cael ei phortreadu fel arth.

Cwestiwn ymarfer

Disgrifiwch nodweddion allweddol Pact y Natsïaid a'r Sofietiaid ym mis Awst 1939. (I gael arweiniad, gweler tudalen 93.)

Cychwyn y rhyfel

Ar 1 Medi 1939, fe wnaeth milwyr Almaenig oresgyn Gwlad Pwyl. Penderfynodd llywodraethau Prydain a Ffrainc gadw at eu gair ar ôl ymrwymo i Wlad Pwyl. Cafodd Hitler wltimatwm yn mynnu ei fod yn tynnu ei holl filwyr o Wlad Pwyl. Wnaeth Hitler ddim ymateb ac ar 3 Medi, fe wnaeth Prydain a Ffrainc ddatgan eu bod yn mynd i ryfel yn erbyn yr Almaen. Roedd Hitler wedi mynd yn rhy bell y tro hwn ac roedd yn rhaid ei wrthwynebu (gweler Ffynhonnell RH).

> **Ffynhonnell RH:** Darn o ddarllediad radio gan Chamberlain i'r Almaenwyr, 4 Medi 1939
>
> *Rhoddodd Hitler ei air nad oedd yn bwriadu **cyfeddiannu** (annex) Awstria; torrodd ei air. Cyhoeddodd na fyddai'n ymgorffori'r Tsieciaid i'r Reich; gwnaeth hynny. Rhoddodd ei air ar ôl München nad oedd am hawlio dim mwy o diriogaethau yn Ewrop; torrodd ei air. Rhoddodd ei air nad oedd eisiau meddiannu unrhyw dalaith yng Ngwlad Pwyl; torrodd ei air. Tyngodd ei fod yn elyn pennaf i Folsiefigiaeth; bellach mae mewn cynghrair â nhw. A yw'n syndod gennych fod unrhyw air o'i eiddo, i ni, yn hollol ddiwerth?*

Goresgyn Gwlad Pwyl

O fewn dau ddiwrnod i'r ymosodiad cyntaf, roedd lluoedd yr Almaen wedi torri trwy amddiffynfeydd Gwlad Pwyl. Defnyddiodd yr Almaenwyr dactegau *Blitzkrieg* mewn ffordd effeithiol iawn. Cafodd dinas Danzig ei chymryd ar ôl wythnos yn unig ac ar 17 Medi, fe ymosododd yr Undeb Sofietaidd ar Wlad Pwyl hefyd. Ildiodd Warsaw ar 28 Medi. Peidiodd Gwlad Pwyl â bodoli ar ôl 6 Hydref, pan gafodd ei rhannu'n ffurfiol rhwng yr Almaen a'r Undeb Sofietaidd. Er i luoedd Gwlad Pwyl golli llawer iawn o filwyr, llwyddodd tua 100,000 ohonyn nhw i osgoi cael eu dal. Fe wnaethon nhw deithio i Brydain i ymladd yn y Lluoedd Pwylaidd Rhydd am weddill y rhyfel.

Ar ôl ymgyrch Gwlad Pwyl, wnaeth dim llawer ddigwydd yn filwrol am weddill 1939, a datblygodd cyfnod sy'n cael ei alw yn 'Rhyfel Ffug'.

GWEITHGAREDDAU

1 Edrychwch ar Ffynhonnell PH. Pa neges mae'r cartwnydd yn ceisio'i chyfleu am y cyfeillgarwch rhwng yr Almaen a'r Undeb Sofietaidd?

2 Edrychwch ar Ffynhonnell P. Pam gwnaeth Hitler ddweud fod arno angen tir yn y Dwyrain?

3 Pa neges mae'r cartwnydd yn ceisio'i chyfleu yn Ffynhonnell R? Ym mha ffyrdd mae'n wahanol i Ffynhonnell PH?

4 Edrychwch ar Ffynhonnell RH. Allwch chi awgrymu rhesymau pam gwnaeth Chamberlain anfon darllediad radio at yr Almaenwyr?

5 Lluniwch linell amser ar gyfer gweithredodd Hitler rhwng 1936 ac 1939. Llenwch bob colofn fel sy'n addas.

Dyddiad	Digwyddiad	Canlyniad

Cwestiwn ymarfer

Ai Argyfwng y Sudetenland yn 1938 oedd y rheswm pwysicaf dros gychwyn y rhyfel yn 1939? *Defnyddiwch yr hyn rydych chi'n ei wybod a'i ddeall am y mater i gefnogi eich ateb. (I gael arweiniad, gweler tudalennau 98-99).*

Arweiniad ar Arholiadau CBAC

Bydd yr adran hon yn rhoi arweiniad cam wrth gam i chi ar sut i fynd ati i ateb y mathau o gwestiynau fydd yn yr arholiad. Isod cewch weld enghraifft o bapur arholiad gyda set o gwestiynau enghreifftiol (heb y ffynonellau).

Uned dau: astudiaethau manwl

Yng Nghwestiwn 1 mae'n rhaid i chi ddadansoddi ffynhonnell hanesyddol a dangos yr hyn rydych chi'n ei wybod a'i ddeall am y cyfnod drwy ddisgrifio ei nodweddion allweddol yn eu cyd-destun.

Yng Nghwestiwn 2 mae'n rhaid i chi ddangos beth rydych chi'n ei wybod a'i ddeall am nodwedd allweddol. Dylech chi geisio cynnwys manylion ffeithiol penodol.

Yng Nghwestiwn 3 mae'n rhaid i chi ddangos beth rydych chi'n ei wybod a'i ddeall drwy ddadansoddi a gwerthuso ffynhonnell hanesyddol er mwyn esbonio ei phwrpas (pam cafodd ei chynhyrchu).

Yng Nghwestiwn 4 mae'n rhaid i chi ddangos yr hyn rydych chi'n ei wybod a'i ddeall i lunio barn a phenderfynu pa mor ddefnyddiol yw dwy ffynhonnell i hanesydd. Dylech ddadansoddi a gwerthuso cynnwys ac awdurdaeth pob ffynhonnell cyn llunio barn.

Yng Nghwestiwn 5 mae angen i chi ddefnyddio yr hyn rydych chi'n ei wybod i drafod mater, gan edrych ar ddwy ochr y ddadl. Dylech chi lunio barn resymol wrth ateb y cwestiwn a osodwyd.

Hanes yn canolbwyntio ar Ewrop / y byd
2C Yr Almaen mewn Cyfnod o Newid 1919–39
Amser a ganiateir: 1 awr

1 Mae'r cwestiwn hwn yn sôn am ddiwedd Gweriniaeth Weimar.

Astudiwch y ffynhonnell isod ac yna atebwch y cwestiwn canlynol.
Defnyddiwch Ffynhonnell A a'r hyn rydych chi'n ei wybod i ddisgrifio rôl yr SA.
[6 marc]

2 Mae'r cwestiwn hwn yn sôn am arswyd a pherswâd.

Disgrifiwch sut cafodd yr SS a'r *Gestapo* eu defnyddio i reoli pobl yr Almaen.
[8 marc]

3 Mae'r cwestiwn hwn yn sôn am bolisi economaidd, cymdeithasol a hiliol y Natsïaid.

Beth oedd pwrpas Ffynhonnell B? Defnyddiwch fanylion o Ffynhonnell B a'r hyn rydych chi'n ei wybod a'i ddeall am y cyd-destun hanesyddol i ateb y cwestiwn.
[8 marc]

4 Mae'r cwestiwn hwn yn sôn am adferiad Weimar.

Astudiwch y ffynonellau ac yna atebwch y cwestiwn canlynol.
Pa un o'r ffynonellau sydd fwyaf defnyddiol i hanesydd wrth astudio adferiad economaidd Weimar?
[12 marc]

Yn eich ateb dylech gyfeirio at y ddwy ffynhonnell a'r hyn rydych chi'n ei wybod a'i ddeall am y cyd-destun hanesyddol.

5 Mae'r cwestiwn hwn yn sôn am sut gwnaeth y Natsïaid atgyfnerthu eu grym.

Ai Noson y Cyllyll Hirion oedd y ffactor pwysicaf wnaeth helpu Hitler i atgyfnerthu ei rym rhwng 1933 ac 1939?
[16 marc]

Defnyddiwch yr hyn rydych chi'n ei wybod a'i ddeall am y mater i gefnogi eich ateb.

Mae marciau am sillafu, atalnodi a defnyddio gramadeg a thermau arbenigol yn gywir yn cael eu rhoi yn y cwestiwn hwn
[3 marc]

Cyfanswm marciau'r papur: 53

Arweiniad ar Arholiadau ar gyfer Cwestiwn 1

Mae'r adran hon yn cynnig arweiniad ar sut i ddadansoddi ffynhonnell hanesyddol a dangos yr hyn rydych chi'n ei wybod a'i ddeall am y cyfnod drwy ddisgrifio ei nodweddion allweddol o fewn ei gyd-destun. Edrychwch ar y cwestiwn canlynol:

> Defnyddiwch Ffynhonnell A a'r hyn rydych chi'n ei wybod i ddisgrifio effeithiau gorchwyddiant ar fywyd yn yr Almaen yn 1923.

◀ **Ffynhonnell A:** Almaenes yn llosgi arian cyfred yn 1923, gan ei fod yn llosgi'n hirach na'r coed tân byddai'r arian yn gallu eu prynu

Sut i ateb

1 Tanlinellwch y geiriau allweddol yn y cwestiwn. Bydd hyn yn eich helpu i ganolbwyntio ar yr hyn mae'r arholwr eisiau i chi ysgrifennu amdano.
2 Disgrifiwch beth gallwch chi ei weld neu ei ddarllen yn y ffynhonnell, gan gofio defnyddio'r wybodaeth sydd i'w chael ym mhennawd ffynhonnell weledol.
3 Cysylltwch y wybodaeth â'r hyn rydych chi'n ei wybod am y cyfnod hwn.
4 Ceisiwch gyflwyno o leiaf ddau bwynt wedi'u datblygu.

Ateb enghreifftiol

Cam Un: Disgrifiwch beth gallwch chi ei weld neu ei ddarllen yn y ffynhonnell, gan gofio defnyddio'r wybodaeth sydd yn y pennawd.

Yn y ffotograff mae Almaenes ar fin llosgi pentwr o bapurau arian i roi tanwydd ar gyfer ei phopty. Mae hyn yn ffordd glir o ddangos effeithiau gorchwyddiant yn yr 1920au cynnar yn yr Almaen, gan ei fod yn awgrymu bod yr arian yn ddi-werth erbyn hynny. Mae'r pennawd yn cadarnhau hyn oherwydd ei fod yn dweud y byddai'n costio mwy i brynu pentwr o goed tân yn 1923 nag y byddai'n ei gostio i losgi'r arian papur.

Cam Dau: Defnyddiwch yr hyn rydych chi'n ei wybod am y pwnc hwn i ymhelaethu ar beth rydych chi wedi ei ddweud am y ffynhonnell. Ceisiwch gynnwys manylion hanesyddol penodol, os gallwch chi, i osod y cyd-destun.

Roedd gorchwyddiant wedi bod yn codi'n gyflym yn yr Almaen yn ystod 1922 ac 1923, ac fe gyrhaeddodd uchafbwynt ym mis Tachwedd 1923 pan deimlodd y wlad effaith llawn gorchwyddiant. Roedd y marc Almaenig wedi colli ei werth yn erbyn pob arian cyfred arall. Roedd prisiau wedi parhau i godi ac aeth cynilion pobl yn ddi-werth dros nos. Cafodd sawl sero ei ychwanegu at y rhif ar y papurau arian, cymaint ohonyn nhw nes iddyn nhw gael eu dibrisio, ac fe gollon nhw eu gwerth. Dechreuodd y bobl gyfnewid a ffeirio eitemau yn hytrach na'u prynu. Mae'r ffynhonnell hon yn dangos sut roedd bywyd wedi dod yn anodd iawn i bobl yr Almaen erbyn 1923.

Nawr, rhowch gynnig ar ateb y cwestiwn canlynol:

Defnyddiwch Ffynhonnell B a'r hyn rydych chi'n ei wybod i ddisgrifio'r sefyllfa wleidyddol yn yr Almaen ar ddechrau'r 1920au.

Ffynhonnell B: Ffotograff ► o'r *Freikorps* o flaen adeilad papur newydd *Vorwärts*, ar ôl iddyn nhw ei gipio o ddwylo'r Spartacistiaid ym mis Ionawr 1919. Roedd papur newydd *Vorwärts* yn bapur sosialaidd

Arweiniad ar Arholiadau ar gyfer Cwestiwn 2

Mae'r adran hon yn cynnig arweiniad ar sut i ateb cwestiwn 'disgrifio', sy'n gofyn i chi ddangos gwybodaeth a dealltwriaeth benodol o nodwedd allweddol. Edrychwch ar y cwestiwn canlynol:

> Disgrifiwch sut gwnaeth bywyd menywod newid yn yr Almaen rhwng 1933 ac 1939.

Sut i ateb

1 Gwnewch yn siŵr eich bod chi'n cynnwys gwybodaeth sy'n uniongyrchol berthnasol yn unig.
2 Mae'n arfer da dechrau eich ateb gan ddefnyddio geiriau o'r cwestiwn. Er enghraifft: 'Yn ystod cyfnod Weimar, gwnaeth menywod gynnydd sylweddol...'
3 Ceisiwch gynnwys manylion ffeithiol penodol fel dyddiadau, digwyddiadau ac enwau pobl allweddol.
4 Ceisiwch drafod nifer o bwyntiau allweddol yn fanwl.

Ateb enghreifftiol

Yn ystod cyfnod Weimar roedd menywod wedi gwneud llawer o gynnydd i gael cydraddoldeb â dynion. Roedden nhw wedi ennill yr hawl i bleidleisio, roedden nhw wedi mynd i'r brifysgol, wedi ennill graddau ac wedi dilyn gyrfaoedd proffesiynol. Roedd rhai wedi dilyn ffasiwn, yn gwisgo colur, ac yn ysmygu ac yfed yn gyhoeddus. Cafodd llawer o'r gwelliannau hyn eu colli ar ôl 1933 wrth i bolisïau'r Natsïaid eu gorfodi nhw i ddod yn ôl at werthoedd traddodiadol.

Cam Un: Cyflwynwch y pwnc, gan ganolbwyntio'n glir ar yr hyn mae'r cwestiwn yn ei ofyn.

Roedd y Natsïaid yn credu mai lle'r fenyw oedd y cartref. Roedden nhw'n disgwyl i fenywod adael eu swyddi, priodi a dechrau teulu. Roedd disgwyl iddyn nhw ddilyn y 'Tair K' – Plant, y Gegin a'r Eglwys – a chanolbwyntio ar y cartref a bywyd teuluol. Roedden nhw'n cael eu hannog i beidio â gwisgo colur a throwsus, ac i beidio â lliwio eu gwallt. Dynion oedd yn cyflawni pob swyddogaeth bwysig yn y gymdeithas ac roedd menywod yn y cefndir, wedi'u cyfyngu i'r cartref.

Cam Dau: Rhowch fanylion ffeithiol penodol, sy'n trafod amrywiaeth o wahanol bwyntiau allweddol.

Er mwyn annog y ffordd hon o fyw, roedd cynlluniau gwahanol yn cael eu cynnig, fel benthyciadau priodas. Roedd y rhain yn gwobrwyo cyplau fyddai'n dechrau teulu, gan leihau'r benthyciad roedd rhaid iddyn nhw ei dalu'n ôl. Cafodd Croes y Fam ei chyflwyno i wobrwyo menywod, yn dibynnu ar faint o blant roedden nhw wedi eu cael. Roedd propaganda yn helpu i gefnogi'r ddelwedd hon o'r wraig gariadus a'r fam ofalgar. Roedd yn wahanol iawn i'r bywyd roedd menywod wedi ei fwynhau yn ystod cyfnod Weimar.

Cam Tri: Ceisiwch gynnig syniad da o gyd-destun y digwyddiad rydych chi'n ei ddisgrifio.

> Nawr, rhowch gynnig ar ateb y cwestiwn canlynol:
>
> Disgrifiwch sut gwnaeth y Natsïaid reoli bywydau pobl ifainc.

Arweiniad ar Arholiadau ar gyfer Cwestiwn 3

Mae'r adran hon yn cynnig arweiniad ar sut i ateb cwestiwn sy'n gofyn beth yw pwrpas ffynhonnell. Edrychwch ar y cwestiwn canlynol:

> Beth oedd pwrpas Ffynhonnell C? [Defnyddiwch fanylion o'r ffynhonnell a'r hyn rydych chi'n ei wybod a'i ddeall am y cyd-destun hanesyddol i ateb y cwestiwn.]

Ffynhonnell C: Poster ▶ etholiad y Blaid Natsïaidd yn 1924. Mae'r ffigwr mawr yn cynrychioli aelod o lywodraeth yr Almaen. Mae'r ffigwr bach yn cynrychioli banciwr Iddewig.

Sut i ateb

1 Mae angen i chi esbonio pam cafodd y ffynhonnell hon ei chynhyrchu.
2 Defnyddiwch yr hyn rydych chi'n ei wybod am y maes testun hwn wrth ystyried cynnwys y ffynhonnell a'r hyn mae'n ei ddangos.
3 Defnyddiwch y wybodaeth sydd ym mhennawd/ priodoliad y ffynhonnell. Gall hyn gynnig gwybodaeth bwysig fel dyddiad cyhoeddi, ac enw'r papur newydd, y llyfr neu'r cylchgrawn.
4 Defnyddiwch y wybodaeth hon er mwyn eich helpu i ganfod y cymhelliad.
   ■ Pwy oedd y gynulleidfa darged?
   ■ Beth oedd nod y ffynhonnell?

Ateb enghreifftiol

Mae Ffynhonnell C yn dangos poster etholiad gafodd ei gynhyrchu gan y Blaid Natsïaidd yn ystod ymgyrch etholiad cyffredinol 1924 yn yr Almaen. Prif bwrpas y ffynhonnell oedd ennill cefnogaeth pleidleiswyr. Ceisiodd wneud hyn drwy ymosod ar y pleidiau eraill a gwneud sylwadau negyddol amdanyn nhw.

> **Cam Un:** Chwiliwch am fanylion allweddol yn y pennawd ac yn yr hyn gallwch chi ei weld/ ei ddarllen yn y ffynhonnell i lunio barn ar ei phwrpas – pryd cafodd y ffynhonnell ei chynhyrchu, a pham?

Mae'r ffynhonnell yn dangos dyn mawr sy'n cynrychioli llywodraeth yr Almaen. Mae ei ddwylo wedi'u clymu, sy'n golygu nad yw'n gallu gwneud ei waith. Mae cadwyn haearn o amgylch ei frest a'r label 'Cynllun Dawes' yn sownd arni. Roedd y cynllun hwn yn gosod cyfyngiadau ar economi'r Almaen er mwyn gwneud yn siŵr y byddai'n talu ei dyledion iawndal ar amser. Yn eistedd ar ben ffigwr y llywodraeth, mae dyn llai sy'n cynrychioli banciwr Iddewig cyfoethog. Mae'r banciwr yn gafael mewn chwip a ffon. Mae hyn yn dangos barn y Natsïaid mai'r Iddewon oedd yn rheoli'r Almaen mewn gwirionedd, ac mai nhw oedd yn gyfrifol am holl broblemau Llywodraeth Weimar.

> **Cam Dau:** Defnyddiwch yr hyn rydych chi'n ei wybod am y maes testun hwn i ddatblygu prif neges y ffynhonnell. Chwiliwch am fanylion allweddol ac yna cysylltwch nhw â'r hyn oedd yn digwydd ar y pryd er mwyn rhoi'r cyd-destun.

Cafodd y poster hwn ei greu pan oedd y Blaid Natsïaidd yn ceisio dod i'r amlwg yng ngwleidyddiaeth yr Almaen. Dim ond un blaid oedd hi o nifer o bleidiau gwleidyddol newydd ddaeth i'r amlwg ar ddechrau'r 1920au. Byddai'n defnyddio tactegau sioc er mwyn ceisio denu pleidleiswyr, yn ogystal ag awgrym o hiliaeth yn yr achos hwn, wrth iddyn nhw awgrymu bod yr Iddewon yn broblem fawr o ran gwneud y llywodraeth yn aneffeithiol. Nod y poster oedd dangos y byddai'r Blaid Natsïaidd yn amddiffyn yr Almaen rhag bygythiadau tebyg, ac y dylai'r Almaenwyr, felly, bleidleisio drosti.

> **Cam Tri:** Cofiwch roi sylw i'r mater allweddol – awgrymwch resymau pam cafodd y ffynhonnell ei chynhyrchu ar yr adeg honno.

Nawr, rhowch gynnig ar ateb y cwestiwn canlynol:

Beth oedd pwrpas Ffynhonnell CH? [Defnyddiwch fanylion o Ffynhonnell CH a'r hyn rydych chi'n ei wybod a'i ddeall am y cyd-destun hanesyddol i ateb y cwestiwn.]

◀ **Ffynhonnell CH:** Cartŵn Prydeinig yn dangos gweinidogion tramor Prydain, Ffrainc a'r Almaen yn dal dwylo ar ôl llofnodi Pact Locarno yn 1925. Mae Briand, y gwleidydd o Ffrainc, yn gwisgo maneg focsio, gan awgrymu efallai y gallai ddefnyddio grym yn erbyn yr Almaen

THE CLASP OF FRIENDSHIP (FRENCH VERSION).

Arweiniad ar Arholiadau ar gyfer Cwestiwn 4

Mae'r adran hon yn cynnig arweiniad i'ch helpu i lunio barn ar ddwy ffynhonnell, ac i benderfynu pa mor ddefnyddiol ydyn nhw i hanesydd. Byddwch yn gwneud hyn ar ôl dadansoddi a gwerthuso cynnwys ac awduraeth pob ffynhonnell. Edrychwch ar y cwestiwn canlynol:

> Pa un o'r ffynonellau canlynol sydd fwyaf defnyddiol i hanesydd wrth astudio bygythiad yr SA ym mis Mehefin 1934? [Yn eich ateb dylech gyfeirio at y ddwy Ffynhonnell, a defnyddio'r hyn rydych chi'n ei wybod a'i ddeall am y cyd-destun hanesyddol.]

> **Ffynhonnell D:** Cyhoeddiad gan Ernst Röhm, arweinydd yr SA, ar 7 Mehefin 1934, yn dilyn cyfweliad hir gyda Hitler.
>
> *Rwyf wedi penderfynu dilyn cyngor fy meddygon a mynd i gael iachâd [mynd i spa iechyd] i gryfhau yn dilyn cyfnod o straen mawr oherwydd fy nerfau. Bydd 1934 yn flwyddyn fawr i bob ymladdwr yn yr SA. Rwy'n argymell, felly, y dylai holl arweinwyr yr SA ddechrau trefnu eu gwyliau ym mis Mehefin. Felly, bydd mis Mehefin yn gyfnod i rai arweinwyr ac aelodau o'r SA ymlacio'n llwyr, a bydd mwyafrif yr SA yn cael seibiant ym mis Gorffennaf er mwyn adennill eu cryfder. Rwy'n disgwyl i'r SA ddychwelyd ar 1 Awst ar ôl gorffwys a dadflino'n llwyr.*

> **Ffynhonnell DD:** Rhan o gynhadledd i'r wasg gafodd ei chynnal gan Hermann Goering i gyfiawnhau Noson y Cyllyll Hirion. Roedd adroddiad am y gynhadledd ym mhapur newydd *The Times* ar 2 Gorffennaf 1934.
>
> *Esboniodd y Cadfridog Goering ei fod ef a Herr Himmler, sef y ddau oedd yn gyfrifol am ddiogelwch, wedi bod yn gwylio am wythnosau, am fisoedd hyd yn oed, a'u bod yn ymwybodol bod rhai o arweinwyr uchelgeisiol yr SA, o dan arweiniad Röhm, yn paratoi ar gyfer 'ail chwyldro'. Roedd Hitler wedi penderfynu trechu'r mudiad â llaw gadarn ar yr adeg addas.*

Sut i ateb

1   Tanlinellwch y geiriau allweddol yn y cwestiwn. Bydd hyn yn eich helpu i ganolbwyntio ar yr hyn mae'r arholwr eisiau i chi ysgrifennu amdano.
2   Yn eich ateb mae'n rhaid i chi werthuso pa mor ddefnyddiol yw dwy ffynhonnell i hanesydd sy'n astudio'r mater dan sylw yn y cwestiwn.
3   Rhaid i chi benderfynu pa mor ddefnyddiol yw pob ffynhonnell o ran:
    - gwerth y cynnwys (yr hyn mae'r ffynhonnell yn ei ddweud wrthoch chi am y mater dan sylw)
    - awduraeth (pwy ddywedodd hyn a phryd)
    - y gynulleidfa darged (pam cafodd y ffynhonnell ei chynhyrchu a beth oedd ei phwrpas)
    - y cyd-destun (cysylltwch gynnwys y ffynhonnell â darlun ehangach yr hyn oedd yn digwydd ar y pryd).
4   Cofiwch lunio barn resymegol ynghylch pa un o'r ddwy ffynhonnell sydd fwyaf defnyddiol, a pham.

Ateb enghreifftiol

Cam Un: Rhowch farn gychwynnol, a'i chefnogi gyda gwybodaeth gyd-destunol.

> Mae'r ddwy ffynhonnell o ddefnydd amrywiol i hanesydd sy'n astudio bygythiad yr SA ym mis Mehefin 1934. Arweiniodd y bygythiad tybiedig hwn at ddigwyddiadau Noson y Cyllyll Hirion ar 30 Mehefin 1934 pan gafodd arweinwyr yr SA eu harestio a'u lladd, ar ôl cael eu cyhuddo o gynllwynio ail chwyldro i gael gwared ar Hitler.

Cam Dau: Gwerthuswch pa mor ddefnyddiol yw Ffynhonnell D o ran cynnwys, awduraeth a chyd-destun.

> Mae Ffynhonnell D yn ddefnyddiol gan ei bod yn awgrymu nad oedd unrhyw fygythiad mewn gwirionedd gan yr SA ym mis Mehefin 1934. Mae'n rhoi'r argraff bod y gwrthwyneb yn wir, gan fod Röhm yn cyhoeddi bod dynion yr SA i fod i fynd ar eu gwyliau yn ystod Mehefin a Gorffennaf, ac na fydden nhw'n dychwelyd i'w gwaith tan 1 Awst. Mae Röhm yn honni ei fod e'n dilyn cyngor meddygol, a'i fod yn mynd i ddefnyddio'r gwyliau i ymlacio a gorffwys.

Does dim awgrym yn y ffynhonnell ei fod yn bwriadu defnyddio'r SA yn ystod y cyfnod hwn i herio arweinyddiaeth Hitler. Mae hyd yn oed yn awgrymu ei fod wedi cael caniatâd Hitler i anfon dynion yr SA ar eu gwyliau. Mae'r ffynhonnell hon yn ddefnyddiol felly ac mae'n dangos yn glir nad oedd Röhm wedi awgrymu ei fod yn anhapus â Hitler, neu ei fod yn teimlo bod yr SA yn cael eu trin yn annheg. Mae'r ffynhonnell yn cefnogi'r farn fod Röhm yn deyrngar i Hitler, ac ychydig iawn o dystiolaeth sydd yma ei fod yn bwriadu ei fradychu. Byddai hyn yn ei gwneud yn ffynhonnell ddefnyddiol i haneswyr gan ei bod yn helpu i gefnogi'r farn nad oedd Röhm yn fygythiad yn 1934.

> **Cam Tri:** Lluniwch farn gan benderfynu pa mor ddefnyddiol yw'r ffynhonnell o ran cywirdeb y cynnwys a'i phwrpas.

Mae Ffynhonnell DD yn ddefnyddiol gan ei bod yn cynnig golwg gyferbyniol iawn o ddigwyddiadau diwedd Mehefin 1934. Mae'n awgrymu bod cylch mewnol arweinwyr y Natsïaid, sef Goering a Himmler, yn poeni fwy a mwy am fygythiad Röhm. Fe wnaethon nhw lwyddo i argyhoeddi Hitler bod Röhm yn cynllunio 'ail chwyldro' er mwyn cael gwared ar y *Führer*. Fe wnaethon nhw roi pwysau ar Hitler i weithredu cyn ei bod yn rhy hwyr. Y canlyniad oedd gorchymyn Noson y Cyllyll Hirion.

> **Cam Pedwar:** Gwerthuswch pa mor ddefnyddiol yw Ffynhonnell DD o ran cynnwys, awduraeth a chyd-destun.

Mae Ffynhonnell DD yn rhan o'r rheswm gafodd ei roi gan Goering dros y camau gymerodd Hitler yn erbyn arweinwyr yr SA. Cafodd y rhesymau hyn eu cyflwyno yn ystod cynhadledd i'r wasg ar ddechrau mis Gorffennaf. Roedd Goering yn teimlo bod angen cyfiawnhau gweithredoedd Hitler, ac felly fe wnaeth yn glir fod bygythiad amlwg gan fod arweinwyr yr SA yn trefnu chwyldro fyddai'n digwydd yn fuan. Felly, doedd gan Hitler ddim dewis ond gweithredu. Mae'r ffynhonnell yn ddefnyddiol i'r hanesydd gan ei bod yn dangos pa resymau roddodd arweinwyr y Natsïaid i bobl yr Almaen er mwyn cyfiawnhau eu gweithredoedd. Mae'n dangos bod Goering yn teimlo bod angen beirniadu Röhm, ac mae'n ymddangos ei fod yn gorbwysleisio bygythiad yr SA. Er bod y papur newydd Prydeinig, *The Times*, yn gywir eu hadroddiad o'r hyn ddywedodd Goering yn ystod y gynhadledd i'r wasg, doedd y neges ei hun gafodd ei chyflwyno gan Goering ddim yn gywir iawn. Roedd yn ymosodiad bwriadol ar Röhm.

> **Cam Pump:** Lluniwch farn gan benderfynu pa mor ddefnyddiol yw'r ffynhonnell o ran cywirdeb y cynnwys a'i phwrpas.

Mae'r ddwy ffynhonnell yn ddefnyddiol i'r hanesydd. Mae Ffynhonnell D yn cynnwys y farn gyffredinol nad oedd yr SA yn cynllunio i gipio grym, ond mae Ffynhonnell DD yn gwrthddweud hyn gan awgrymu bod bygythiad difrifol iawn i arweinyddiaeth Hitler a bod yn rhaid dileu'r bygythiad hwn. Mae Ffynhonnell D yn adlewyrchu'r farn bod arweinwyr yr SA ar fin mynd ar eu gwyliau ac felly nad oedden nhw'n cynllunio i weithredu yn erbyn Hitler. Mae Ffynhonnell DD yn bropaganda sydd yn fwriadol yn gorliwio'r bygythiad gan Röhm a'r SA er mwyn cyfiawnhau digwyddiadau Noson y Cyllyll Hirion. Mae'r ddwy ffynhonnell yn ddefnyddiol yn eu ffyrdd eu hunain gan eu bod yn cynnig safbwyntiau gwrthgyferbyniol ynghylch bygythiad yr SA.

> **Cam Chwech:** Lluniwch farn gyffredinol wedi'i chyfiawnhau ynghylch pa ffynhonnell yw'r mwyaf defnyddiol.

Nawr, rhowch gynnig ar ateb y cwestiwn canlynol:
Pa un o'r ffynonellau sydd fwyaf defnyddiol i hanesydd wrth astudio a gofyn pwy oedd yn gyfrifol am Dân y *Reichstag* yn Chwefror 1933? [Yn eich ateb dylech chi gyfeirio at y ddwy ffynhonnell a defnyddio'r hyn rydych chi'n ei wybod a'i ddeall am y cyd-destun hanesyddol.]

Ffynhonnell F: Y Cadfridog Halder, Pennaeth Staff Milwrol yr Almaen, yn siarad yn achos llys Troseddau Rhyfel Nürnberg yn 1945

Yn ystod cinio ar ben-blwydd y Führer yn 1942, fe drodd y sgwrs at drafod adeilad y Reichstag. Fe glywais i â'm clustiau fy hun pan dorrodd Goering ar draws y sgwrs a gweiddi: 'Yr unig un sy'n gwybod am yr adeilad mewn gwirionedd yw fi, oherwydd fi wnaeth ei roi ar dân.'

Ffynhonnell E: Rhan o ddatganiad Marinus van der Lubbe i'r heddlu, 3 Mawrth 1933

Roeddwn i'n aelod o'r Blaid Gomiwnyddol tan 1929... Yn yr Iseldiroedd, darllenais fod y Natsïaid wedi dod i rym yn yr Almaen. Yn fy marn i, roedd yn rhaid gwneud rhywbeth i brotestio yn erbyn y drefn hon... Gan nad oedd y gweithwyr am wneud dim, roedd yn rhaid i mi wneud rhywbeth fy hun. Roeddwn i'n credu bod llosgi bwriadol yn ddull addas. Doeddwn i ddim am achosi niwed i bobl gyffredin, dim ond i rywbeth oedd yn perthyn i'r drefn ei hun. Penderfynais dargedu'r Reichstag. Os oes rhywun yn gofyn a wnes i weithredu ar fy mhen fy hun, rwyf yn datgan yn bendant mai dyna wnes i. Ni wnaeth neb o gwbl fy helpu.

Arweiniad ar Arholiadau ar gyfer Cwestiwn 5

Mae'r adran hon yn cynnig arweiniad ar sut i gynnal trafodaeth ar fater, gan edrych ar ddwy ochr y ddadl, cyn llunio barn resymegol ar y cwestiwn gafodd ei osod.

> A wnaeth yr holl Almaenwyr oedd yn byw yn yr Almaen gael budd o reolaeth y Natsïaid rhwng 1933 ac 1939? Defnyddiwch yr hyn rydych chi'n ei wybod a'i ddeall am y mater i gefnogi eich ateb.

Sut i ateb

1 Mae angen i chi ddatblygu ateb dwyochrog sydd yn gytbwys ac sydd wedi'i gefnogi'n gadarn.
2 Dechreuwch drwy drafod y prif fater sy'n cael ei nodi yn y cwestiwn. Defnyddiwch yr hyn rydych chi'n ei wybod i esbonio pam mae'r ffactor hwn yn bwysig.
3 Yna mae angen i chi ystyried yr wrthddadl – mae angen i chi drafod amrywiaeth o 'ffactorau eraill'.
4 Dylech chi gefnogi pob ffactor gyda manylion ffeithiol perthnasol.
5 Dylech chi gloi eich ateb drwy gysylltu'n ôl â'r cwestiwn a llunio barn – pa mor bwysig yw'r ffactor gafodd ei nodi yn y cwestiwn o'i gymharu â ffactorau eraill?
6 Gwiriwch eich ateb o ran sillafu, atalnodi a gramadeg.

Ateb enghreifftiol

Cam Un: Gwnewch yn siŵr bod eich cyflwyniad yn dangos cysylltiad clir â'r cwestiwn.

Fe wnaeth bywyd wella i lawer o bobl oedd yn byw yn yr Almaen rhwng 1933 ac 1939, ac fe wnaeth llawer ohonyn nhw gael budd o bolisïau'r Natsïaid. Oherwydd cynlluniau gwaith cyhoeddus fel adeiladu'r *autobahn*, a chyflwyno consgripsiwn gan anfon dynion i'r lluoedd arfog, fe wnaeth y ffigurau diweithdra ostwng yn sylweddol. Yn 1933, roedd 6 miliwn o Almaenwyr yn ddi-waith, ac erbyn 1939 roedd y ffigur hwn wedi gostwng i ychydig gannoedd o filoedd. Roedd hyn yn welliant mawr i lawer ar ôl blynyddoedd caled y Dirwasgiad.

Cam Dau: Defnyddiwch fanylion ffeithiol perthnasol i gefnogi eich trafodaeth o'r prif ffactor.

Roedd gan bobl arian yn eu pocedi ac roedden nhw'n gallu mwynhau bywyd cymdeithasol mwy llawn. Trwy fudiadau fel y KdF, roedd gweithwyr teyrngar yn cael buddion fel gwyliau rhad, ac roedden nhw'n gallu mynd i ddigwyddiadau diwylliannol a chwaraeon. Roedd gweithwyr yn gallu talu blaendal ar y Volkswagen newydd a ffasiynol, sef 'car y bobl'. Roedd cyplau yn cael eu hannog i briodi oherwydd y benthyciad priodas, ac roedd yr ad-daliad ar hwn yn cael ei leihau o chwarter ar ôl genedigaeth pob plentyn. Roedd pobl ifanc yn cael eu hannog i ymuno â Mudiad Ieuenctid Hitler nes i hynny ddod yn orfodol yn 1939. Roedden nhw'n gallu cymryd rhan mewn gweithgareddau fel gwersylla, teithiau cerdded, saethu a darllen mapiau i fechgyn, ac ymarfer corff a dysgu sgiliau domestig i ferched. Erbyn 1939, roedd gan Fudiad Ieuenctid Hitler dros 7 miliwn o aelodau. Un fantais fawr i rai oedd y ffaith fod trefn a sefydlogrwydd wedi dychwelyd i'r strydoedd. Roedd nifer yn croesawu arweinyddiaeth gadarn y Natsïaid ar ôl trais ac anrhefn blynyddoedd Weimar.

Cam Tri: Dechreuwch yr wrthddadl gan ddefnyddio termau fel 'fodd bynnag' neu 'ar y llaw arall'. Mae hyn yn dangos yn glir eich bod yn troi i ystyried ffactorau eraill.

Fodd bynnag, y bobl gafodd y budd mwyaf o'r mesurau hyn oedd yr Almaenwyr Ariaidd. I'r bobl hynny oedd ddim yn cael eu hystyried yn Almaenwyr pur, fel Iddewon, Sipsiwn a'r bobl nad oedd eu ffordd o fyw yn adlewyrchu delfrydau'r Natsïaid, fel Tystion Jehofa, pobl hoyw a beirniaid gwleidyddol, daeth bywyd yn llawer mwy anodd yn ystod yr 1930au.

Un grŵp y daeth bywyd yn fwy anodd iddyn nhw oedd yr Iddewon. Oherwydd eu bod yn cael eu herlid yn gyson, chawson nhw ddim budd o reolaeth y Natsïaid. Cawson nhw eu sarhau yn gyhoeddus, cafodd eu siopau eu boicotio ac roedden nhw wedi'u gwahardd rhag gweithio yn y gwasanaeth sifil a rhai swyddi proffesiynol fel bod yn athrawon, yn feddygon, yn ddeintyddion ac yn farnwyr. Fe wnaethon nhw golli eu swyddi ond doedden nhw ddim yn cael eu cyfrif yn y ffigurau diweithdra. Fe wnaeth Deddfau Nürnberg 1935 roi terfyn ar eu hawliau fel dinasyddion yr Almaen. I Sipsiwn a grwpiau eraill oedd ddim yn ffitio'r stereoteipiau Natsïaidd, daeth bywyd yn fwy anodd wrth i'r Natsïaid ddechrau eu herlid nhw yn fwy gweithgar.

Cam Pedwar: Defnyddiwch fanylion ffeithiol perthnasol i gefnogi eich trafodaeth o'r ffactorau eraill.

I rai pobl Ariaidd, fe wnaeth bywyd o dan reolaeth y Natsïaid arwain at newidiadau annymunol. Roedd menywod oedd wedi cael addysg brifysgol ac wedi sefydlu gyrfaoedd proffesiynol yn ystod cyfnod Weimar bellach yn cael eu gorfodi yn gynyddol i adael eu gwaith. Roedd disgwyl iddyn nhw briodi a dechrau teulu, gan aros gartref i fagu'r plant a gofalu am y tŷ. Roedd rhai Almaenwyr wedi cael eu digio gan yr holl bropaganda a sensoriaeth, ac roedden nhw'n casáu byw mewn gwladwriaeth heddlu lle'r oedd yr SS a'r Gestapo yn eu gwylio o hyd.

Cam Pump: Ceisiwch drafod amrywiaeth o ffactorau, gan wneud yn siŵr eich bod yn eu cysylltu nhw â'r cwestiwn. Yn yr achos hwn mae'r ffactorau eraill yn cynnwys cyfeiriadau at grwpiau oedd yn cael eu herlid, fel Iddewon, Sipsiwn, a phobl hoyw, yn ogystal â grwpiau Ariaidd oedd wedi colli cyfleoedd, fel menywod proffesiynol.

Cam Chwech: Dylech chi gloi eich traethawd drwy gyflwyno barn resymol. Ai'r ffactor gafodd ei nodi yn y cwestiwn oedd y ffactor pwysicaf, neu oedd ffactorau eraill yn fwy pwysig?

Er bod y newidiadau gafodd eu cyflwyno gan y Natsïaid yn 1933–39 wedi bod o fudd i'r Almaenwyr Ariaidd yn bennaf, yn enwedig o'u cymharu â blynyddoedd caled y Dirwasgiad, roedd rhannau eraill o'r gymdeithas heb gael budd o gwbl. I bobl oedd ddim yn Ariaid, daeth bywyd yn fwy a mwy anodd wrth i fesurau gael eu cyflwyno i gyfyngu ar eu ffordd nhw o fyw a rheoli eu gweithgareddau bob dydd. Erbyn 1939, roedd rhai o'r bobl oedd ddim yn Ariaid yn byw yn ardaloedd y getos neu yn y gwersylloedd crynhoi gafodd eu sefydlu ar draws yr Almaen. Doedden nhw'n bendant ddim wedi cael budd o reolaeth y Natsïaid.

Cam Saith: Darllenwch eich ateb, gan wirio'r cywirdeb o ran sillafu, atalnodi a gramadeg.

Nawr, rhowch gynnig ar ateb y cwestiwn canlynol:

Ai digwyddiadau *Putsche* yr 1920au cynnar oedd yr heriau mwyaf difrifol i Weriniaeth Weimar rhwng 1919 ac 1929?

UDA: Gwlad
Gwahaniaethau,
1910–29

1 Mewnfudo

Ar ddiwedd y bedwaredd ganrif ar bymtheg a dechrau'r ugeinfed ganrif, ymfudodd tua 40 miliwn o bobl i UDA. Roedd y rhan fwyaf o'r bobl hyn yn dod o Dde a Dwyrain Ewrop a daethon nhw i gael eu hadnabod fel y 'mewnfudwyr newydd'. Roedd hyn yn ffordd o wahaniaethu rhyngddyn nhw a'r 'hen fewnfudwyr' ddaeth o Orllewin a Gogledd Ewrop ar ddechrau'r bedwaredd ganrif ar bymtheg. Ond erbyn yr 1920au cynnar, roedd gelyniaeth agored tuag at fewnfudwyr a senoffobia (ofn tramorwyr) ar gynnydd hefyd yn UDA. Roedd llawer o fewnfudwyr o Ddwyrain Ewrop yn cael eu hystyried yn gomiwnyddion neu'n anarchwyr (pobl sydd ddim yn parchu awdurdod) ac arweiniodd hyn at dwf y Bygythiad Coch. Fe wnaeth yr ofn hwn o gomiwnyddiaeth arwain at Gyrchoedd Palmer ac at achos llys dau fewnfudwr o'r Eidal, Sacco a Vanzetti, gafodd eu defnyddio fel bwch dihangol ar gyfer y senoffobia oedd wedi datblygu yn ystod yr 1920au.

Polisi'r Drws Agored a'r rhesymau dros ymfudo i UDA

Ymfudodd pobl i UDA am lawer o resymau gwahanol. Mae'n bosibl rhannu'r rhain yn grwpiau o ffactorau 'gwthio' a ffactorau 'tynnu'. Mae'r ffactorau gwthio yn esbonio pam roedd mewnfudwyr yn dymuno gadael eu mamwlad, ac mae'r ffactorau tynnu yn cyfeirio at atyniadau'r bywyd newydd yn UDA. Roedd tir ar gael ar gyfer ffermio, ond erbyn 1900, roedd tir amaethyddol da, rhad, yn dechrau mynd yn fwy prin. Roedd diwydiant yn ffynnu yn UDA, roedd llawer o swyddi ar gael ac roedd hi'n ddigon hawdd dechrau menter newydd os oedd gan rywun ben busnes da. Roedd UDA yn wlad oedd yn cynnig cyfle i bawb. Roedd yn cael ei gweld fel gwlad i bobl rydd lle roedd sicrwydd o hawliau dynol sylfaenol. Er enghraifft, daeth Iddewon o Ddwyrain Ewrop i chwilio am ryddid crefyddol ac i ddianc rhag pogromau Rwsia, lle roedd miloedd lawer wedi cael eu lladd. Yn syml, nid oedd mamwledydd y mewnfudwyr yn cynnig dim o'r manteision hyn. Yn ogystal â hynny, roedd gan lywodraeth UDA bolisi 'Drws Agored'. Ar ddiwedd y bedwaredd ganrif ar bymtheg, roedd llywodraeth UDA wedi annog mewnfudo torfol gan ei bod yn awyddus i wneud y cyfandir yn fwy poblog. Cafodd y polisi Drws Agored ei gynllunio er mwyn ei gwneud mor hawdd â phosibl i ddod i mewn i'r wlad.

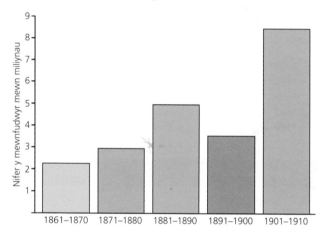

▲ Ffynhonnell A: Ystadegau swyddogol y llywodraeth yn dangos nifer y mewnfudwyr ddaeth i UDA, 1871–1920

GWEITHGAREDDAU   ?

1 Edrychwch ar Ddehongliad 1. Beth oedd y ffactorau gwthio a thynnu wnaeth ddenu mewnfudwyr i America ar ddechrau'r ugeinfed ganrif?

2 Gan weithio mewn parau, dyluniwch boster addas er mwyn denu pobl i UDA ar ddechrau'r ugeinfed ganrif.

Dehongliad 1: O hunangofiant Louis Adamic, dyn wnaeth ymfudo i UDA o Slovenija yn 1913. Cafodd ei lyfr *From Laughing in the Jungle* ei gyhoeddi yn 1932

Roeddwn i'n credu bod yr Unol Daleithiau yn lle godidog, rhyfeddol, bron yn anhygoel – y Wlad Euraid – yn fwy o faint nag y gallai rhywun ei ddychmygu ac yn gyffrous iawn. Yn America, gallech chi wneud pentwr o arian mewn amser byr, prynu llawer o eiddo a thir, gwisgo coler wen a chael sglein ar eich esgidiau. Roedd pobl hefyd yn bwyta bara gwyn, cawl a chig yn ystod yr wythnos, nid dim ond ar y Sul, hyd yn oed os oeddech chi'n weithiwr cyffredin. Yn America roedd hyd yn oed pobl gyffredin yn 'ddinasyddion' ac nid 'deiliaid' fel sy'n wir yn nifer o wledydd Ewrop.

Cwestiwn ymarfer

Defnyddiwch Ffynhonnell A a'r hyn rydych chi'n ei wybod i ddisgrifio mewnfudo i UDA rhwng 1870 a 1910. (*I gael arweiniad, gweler tudalennau 159–160*)

Gwrthwynebiad i fewnfudo a'r galwadau am gyfyngu

Erbyn 1910 roedd llawer o bobl yn UDA yn dechrau gwrthwynebu'r mewnfudo torfol. Symudodd y mewnfudwyr i'r dinasoedd lle roedden nhw'n tueddu i fyw gyda phobl o'u gwlad eu hunain, ac felly datblygodd **getos**. Daeth pobl yn fwy anoddefgar ac roedd teimlad y byddai'r mewnfudwyr 'newydd' yn cymryd swyddi ac yn gweithio am gyflogau isel iawn. Roedd pobl hefyd yn credu mai mewnfudwyr oedd yn gyfrifol am dwf troseddau, meddwdod a phuteindra (gweler Ffynhonnell B).

Pan ymunodd UDA â'r Rhyfel Byd Cyntaf, tyfodd mwy o wrthwynebiad i fewnfudo, ac roedd llawer mwy o elyniaeth tuag at fewnfudwyr o'r Almaen. Yn wir, cafodd gwersi Almaeneg eu gwahardd yn yr ysgolion mewn sawl talaith. At hynny, ar ôl i UDA chwarae rhan yn y Rhyfel Byd Cyntaf, doedd llawer o Americanwyr ddim yn awyddus i weld eu gwlad yn ymwneud â materion Ewropeaidd yn y dyfodol. Roedden nhw am weld UDA yn cadw draw oddi wrth ddigwyddiadau yn Ewrop, ac roedd cyfyngu ar fewnfudo yn un ffordd o wneud hyn.

Yn y dinasoedd mawr, roedd y grwpiau o fewnfudwyr oedd wedi hen sefydlu yno, fel Americanwyr Gwyddelig ac Almaenig, yn tueddu i edrych i lawr ar y mewnfudwyr mwy diweddar o Ddwyrain Ewrop a'r Eidal. I lawer o Americanwyr yn yr 1920au, y dinesydd delfrydol oedd

y **WASP** – Protestant, Eingl-Sacsonaidd, a gwyn (*white, Anglo-Saxon and Protestant*). Doedd mewnfudwyr Asiaidd ddim yn wyn, ac roedd llawer o'r mewnfudwyr Ewropeaidd newydd yn Gatholigion, yn aelodau o'r Eglwys Uniongred Roegaidd neu'n Iddewon. Yn bennaf oll, roedd llawer o Americanwyr yn ofni byddai'r mewnfudwyr yn dod â syniadau gwleidyddol peryglus gyda nhw, yn enwedig **comiwnyddiaeth**.

Deddfwriaeth y llywodraeth

Cafodd cyfres o fesurau ei chyflwyno i gyfyngu ar fewnfudo, fel sydd i'w weld yn Nhabl 1.1. Yn ogystal â'r cyfyngiadau ar nifer y mewnfudwyr (gweler Ffynonellau CH a D), cafodd camau eu cyflwyno i geisio Americaneiddio'r bobl hyn (gweler Ffynhonnell C). Roedd y Biwro Ffederal dros Dderbyn Dinasyddion yn trefnu digwyddiadau pwrpasol a raliau gwladgarol dan yr enw 'Diwrnod Americaneiddio'. Nod y Diwrnod Americaneiddio oedd rhoi cyfle i ddinasyddion gadarnhau eu teyrngarwch i UDA a'r traddodiad o ryddid. Cafodd pobl eu gwahodd i drefnu seremonïau addas mewn ysgolion a lleoedd tebyg. Trefnodd y Biwro Ffederal dros Dderbyn Dinasyddion gyrsiau ar wleidyddiaeth a democratiaeth er mwyn paratoi mewnfudwyr ar gyfer yr arholiad dinasyddiaeth.

Dyddiad	Mesur	Nodweddion allweddol
1917	Prawf Llythrennedd	Roedd rhaid i bob tramorwr oedd eisiau dod i UDA sefyll prawf llythrennedd. Roedd yn rhaid iddyn nhw brofi eu bod yn gallu darllen darn Saesneg byr. Doedd llawer o bobl o wledydd tlawd, yn enwedig o Ddwyrain Ewrop, ddim yn gallu fforddio gwersi Saesneg ac roedden nhw'n methu'r prawf. Ar ben hyn, roedd y ddeddf yn gwahardd mewnfudo o Asia, ac yn dweud bod rhaid codi tâl mewnfudo o $8.
1921	Deddf Cwota Brys	Cyflwynodd y ddeddf hon system gwota. Roedd nifer y mewnfudwyr newydd yn gorfod cyfateb i'r gyfran o bobl o'r un genedl oedd wedi bod yn byw yn UDA ers 1910. Gosodwyd y ffigur ar dri y cant. Mewn geiriau eraill, roedd y Ddeddf yn lleihau nifer y mewnfudwyr o Ddwyrain Ewrop.
1924	Deddf Tarddiad Cenedlaethol	Cafodd y cwota ei ostwng i ddau y cant o gyfrifiad 1890. Mewn geiriau eraill, gan fod llawer mwy o bobl o Ogledd Ewrop wedi cyrraedd erbyn 1890, cafodd mwy o'r bobl hyn fynediad. (Gweler Ffynhonnell CH ar dudalen 103).
1929	Deddf Mewnfudo	Roedd y ddeddf hon yn cyfyngu nifer y mewnfudwyr i 150,000 y flwyddyn. Doedd neb o Asia yn cael mynediad. Cafodd 85 y cant o'r lleoedd eu rhoi i bobl o Ogledd a Gorllewin Ewrop. Erbyn 1930, roedd mewnfudo o Japan, China a Dwyrain Ewrop wedi dod i ben i bob pwrpas.

▲ Tabl 1.1: Mesurau i leihau mewnfudo 1917–29

Ffynhonnell B: Rhan o araith seneddwr o Alabama yn 1921 oedd o blaid cael cyfreithiau i gyfyngu ar fewnfudo

Mae'r llongau stêm yn eu llusgo nhw draw i America, ac wrth i'r teithwyr gamu oddi ar fwrdd y llong mae problem y cwmni llongau yn dod i ben a'n problem ni yn dechrau – Bolsiefigiaeth, anarchiaeth goch, cribddeilwyr (*extortionists*), herwgipwyr, i gyd yn herio awdurdod ac enw da'r faner. Mae miloedd yn cyrraedd heb fyth dyngu llw i'n Cyfansoddiad na dod yn ddinasyddion UDA. Maen nhw'n talu gwrogaeth i'n gwlad ni ond yn byw yn ôl safonau eu gwledydd eu hunain, gan lenwi swyddi sy'n perthyn i ddinasyddion cyflogedig a theyrngar America. Dydyn nhw o ddim defnydd o gwbl i'n pobl. Maen nhw'n fygythiad ac yn berygl i ni bob dydd.

Ffynhonnell C: Yr Arlywydd Calvin Coolidge, Gweriniaethwr, yn siarad â'r Gyngres yn 1923

Mae'n rhaid i ni gofio bydd holl amcanion sefydliadau ein cymdeithas a'n llywodraeth yn methu os na wnawn ni gadw America yn Americanaidd. Dylen ni gyfyngu ar nifer y newydd-ddyfodiaid: dim ond cymaint ag sy'n bosibl i ni eu troi yn ddinasyddion da. Rhaid cadw America yn Americanaidd. Rwy'n gwbl sicr fod y sefyllfa economaidd a chymdeithasol bresennol yn rheswm digon da dros gyfyngu ar nifer y bobl sy'n cael eu derbyn. Os nad yw pobl am gofleidio'r ysbryd Americanaidd, ddylen nhw ddim dod i America i fyw.

Gwlad	Cwota
Yr Almaen	51,227
Prydain Fawr a Gogledd Iwerddon	34,007
Sweden	9,561
Norwy	6,453
Yr Eidal	3,845
Tsiecoslofacia	3,073
Rwsia	2,248
România	603

▲ Ffynhonnell CH: Cwotâu mewnfudo blynyddol (mewn miloedd) ar gyfer rhai gwledydd o dan Ddeddf Tarddiad Cenedlaethol 1924

▲ Ffynhonnell D: Cartŵn Americanaidd o 1921 yn portreadu'r cwotâu mewnfudo

GWEITHGAREDDAU ?

1 Beth oedd ystyr Americaneiddio?
2 Esboniwch pam tyfodd y gwrthwynebiad i fewnfudo i UDA.
3 Beth mae Ffynonellau CH a D yn ei awgrymu am yr ymdrechion i gyfyngu ar fewnfudo ar ddechrau'r 1920au?
4 Pa mor llwyddiannus oedd ymdrechion llywodraeth UDA i gyfyngu ar fewnfudo erbyn 1929?

Cwestiynau ymarfer

1 Disgrifiwch sut cafodd cyfyngiadau eu gosod ar fewnfudo i UDA ar ôl 1917. *(I gael arweiniad, gweler tudalen 161.)*
2 Edrychwch ar Ffynonellau B ac C. Pa un o'r ffynonellau sydd fwyaf defnyddiol i hanesydd wrth astudio'r rhesymau dros gyfyngu ar fynediad i fewnfudwyr? *(I gael arweiniad, gweler tudalennau 164–165.)*

Twf senoffobia

Wrth i fwy a mwy o fewnfudwyr ddod i mewn i'r wlad, yn enwedig o wledydd Dwyrain Ewrop lle bu newidiadau gwleidyddol yn sgil y Rhyfel Byd Cyntaf, tyfodd **senoffobia** yn UDA yn yr un modd. Daeth hyn i'r amlwg mewn sawl ffordd:

Y 'Bygythiad Coch'

Roedd y term 'Bygythiad Coch' yn disgrifio ymateb eithafol nifer o ddinasyddion UDA i'r datblygiadau yn Ewrop yn ystod y blynyddoedd 1917-19, ac yn enwedig eu hofn o gomiwnyddiaeth. Yn Rwsia yn 1917, arweiniodd y Chwyldro **Bolsiefigaidd** at sefydlu llywodraeth **gomiwnyddol**. Yn yr Almaen, ceisiodd grŵp o gomiwnyddion gipio grym ym mis Ionawr 1919.

Roedd llawer o Americanwyr yn credu bod mewnfudwyr, yn enwedig o Ddwyrain Ewrop, yn dod â syniadau chwyldroadol i UDA. At hynny, roedd Americanwyr yn tueddu i ystyried bod unrhyw syniadau gwleidyddol newydd, yn enwedig **radicaliaeth** ac **anarchiaeth**, yn fathau o gomiwnyddiaeth (gweler Ffynhonnell E). Roedd pawb oedd yn rhannu'r syniadau hyn yn cael eu galw yn 'Gochion' (comiwnyddion). Pan ffurfiwyd plaid gomiwnyddol yn UDA yn 1919, dechreuodd rhai Americanwyr ofni y byddai chwyldro yn eu gwlad nhw'u hunain.

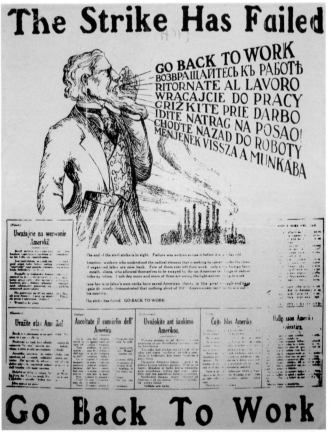

▲ Ffynhonnell DD: Hysbyseb mewn papur newydd yn UDA yn annog gweithwyr dur i ddychwelyd i'r gwaith, 1919. Roedd yr hysbyseb mewn wyth iaith, ac roedd hynny'n creu cyswllt rhwng arweinwyr y streic a thramorwyr, a syniadau gwrth-Americanaidd ymgyrchwyr radical y streic.

Streiciau

Roedd 3,600 o streiciau yn 1919. Roedd pobl yn protestio yn erbyn amodau gwaith gwael a chyflogau isel. Aeth hyd yn oed yr heddlu ar streic yn Boston. Roedd llawer o Americanwyr yn gweld y streiciau hyn fel arwydd bod chwyldro comiwnyddol ar fin digwydd.

Cafodd **streic gyffredinol** yn Seattle ei harwain gan fudiad o'r enw Gweithwyr Diwydiannol y Byd (IWW: *Industrial Workers of the World*), enw oedd yn awgrymu delfrydau comiwnyddol i lawer o bobl. Methodd y streic ac arweiniodd hyn at lai o archebion i'r dociau a mwy o ddiweithdra.

Yn ystod anghydfod y gweithwyr dur, cyhoeddodd perchnogion y cwmni dur daflenni yn ymosod ar streicwyr o dramor. Roedd y wasg yn gyffredinol yn portreadu'r streiciau fel gweithredoedd gwrth-Americanaidd oedd yn bygwth llywodraeth UDA.

> **Ffynhonnell E:** Darn o draethawd 'The case against the Reds', gan y Twrnai Cyffredinol Mitchell Palmer, 1920
>
> Yn fy marn i, maen nhw wedi creu anfodlonrwydd yn ein mysg, wedi achosi streiciau trafferthus ac wedi llygru ein syniadau cymdeithasol gyda chlefyd eu meddyliau a'u moesau aflan. Ond rwy'n credu y gallwn ni gael gwared arnyn nhw, a dyna mae'n rhaid i ni ei wneud er mwyn dileu'r bygythiad Bolsiefigaidd am byth.

Digwyddiadau wedi'u cysylltu ag anarchwyr

Yn 1919, fe wnaeth grwpiau anarchaidd eithafol gynnal cyfres o ymgyrchoedd bomio. Roedd gan yr anarchwyr safbwyntiau gwrth-lywodraeth a doedden nhw ddim yn parchu rheolau cyfraith a threfn. Eu nod nhw oedd tarfu ar waith y llywodraeth a'i dinistrio yn y pen draw. Mewn un ymosodiad enwog, cafodd cartref Mitchell Palmer, y Twrnai Cyffredinol (Pennaeth Adran Gyfiawnder UDA) ei fomio. Ym mis Ebrill 1919, cafodd deg o bobl eu lladd pan ffrwydrodd bom mewn eglwys yn Milwaukee. Ym mis Mai, cafodd bomiau post eu hanfon at 36 o Americanwyr adnabyddus.

> **Ffynhonnell F:** Pamffled anarchaidd o'r enw *Plain Truth*. Cafodd ei ddarganfod ger tŷ Mitchell Palmer yn 1919
>
> Bydd yn rhaid tywallt gwaed. Fyddwn ni ddim yn dal yn ôl. Bydd yn rhaid llofruddio. Byddwn ni'n lladd. Bydd yn rhaid dinistrio. Byddwn ni'n creu dinistr. Rydyn ni'n barod i wneud unrhyw beth i roi terfyn ar y drefn gyfalafol.

Cyrchoedd Palmer

Aeth y wasg ati i gynhyrfu'r sefyllfa ymysg y cyhoedd gan fynnu bod yr ymosodiad ar gartref Mitchell Palmer yn dystiolaeth bellach o gynllwyn cyffredinol gan y comiwnyddion i reoli'r wlad. Ymosododd yr heddlu ar orymdeithiau sosialaidd Gŵyl Fai 1920, gan dorri i mewn i swyddfeydd mudiadau sosialaidd. Cafodd llawer o bobl ddiniwed eu harestio oherwydd y gred bod ganddyn nhw ddaliadau gwleidyddol peryglus. Ymysg y rhai gafodd eu harestio roedd undebwyr llafur, pobl ddu, Iddewon a Chatholigion. 'Cyrchoedd Palmer' oedd yr enw ar y cyrchoedd hyn gan mai Mitchell Palmer oedd wedi eu trefnu. Roedd y cyrchoedd yn anghyfreithlon, ond doedd dim llawer o bobl wnaeth brotestio yn eu herbyn. Cafodd cyfanswm o dros 6,000 o gomiwnyddion tybiedig eu harestio mewn 36 dinas ar draws UDA. Cafodd cannoedd o fewnfudwyr Rwsiaidd eu hanfon adref ar long, gan ennill iddi'r llysenw yr 'Arch Sofietaidd'.

Cwestiynau ymarfer

1 Beth oedd pwrpas Ffynhonnell DD? *(I gael arweiniad, gweler tudalennau 162–163.)*
2 Defnyddiwch Ffynhonnell FF a'r hyn rydych chi'n ei wybod i ddisgrifio Cyrchoedd Palmer. *(I gael arweiniad, gweler tudalennau 159–160.)*

GWEITHGAREDDAU ?

1 Beth yw ystyr y termau canlynol: unigolyddiaeth rymus, comiwnyddiaeth, anarchiaeth a radical?
2 Esboniwch pam roedd ar bobl ofn y byddai chwyldro yn UDA yn 1919.
3 Beth mae Ffynonellau E ac F yn ei ddweud wrthym ni am ofnau pobl am chwyldro yn UDA erbyn 1920?

▲ **Ffynhonnell FF:** Yr olygfa ar ôl un o Gyrchoedd Palmer ar swyddfeydd Gweithwyr Diwydiannol y Byd (*IWW*), 15 Tachwedd 1919

Achos Sacco a Vanzetti

Ar 5 Mai 1920, cafodd dau labrwr Eidalaidd, Nicola Sacco a Bartolomeo Vanzetti, eu harestio a'u cyhuddo o lofruddio Fred Parmenter. Parmenter oedd y meistr tâl mewn ffatri yn ardal De Braintree, Massachusetts. Cafodd Parmenter a swyddog diogelwch eu saethu gan ddau leidr arfog ar 15 Ebrill 1920. Bu farw'r ddau, ond cyn iddo farw, roedd Parmenter wedi disgrifio'r rhai wnaeth ymosod arno fel tramorwyr tenau, pryd tywyll.

Dechreuodd achos Sacco a Vanzetti ym mis Mai 1921, gan gymryd 45 diwrnod. Oherwydd bod yr achos wedi cael llawer o sylw cyhoeddus, cymerodd rai dyddiau i ddod o hyd i reithgor o 12 dyn oedd yn dderbyniol i'r erlyniad a'r amddiffyniad. Cafodd cyfanswm o 875 ymgeisydd eu galw i'r llys. Ar 14 Gorffennaf 1921, cyhoeddodd y rheithgor fod y dynion yn euog. Cafodd gwrthdystiadau eu cynnal ar draws UDA i gefnogi'r ddau ddyn oedd wedi'u condemnio (gweler Ffynhonnell H). Apeliodd Sacco a Vanzetti yn erbyn y rheithfarn mewn sawl uchel lys, ond roedd pob ymgais yn fethiant. Roedd yr apêl olaf yn 1927. Cafodd y ddau ddyn eu dienyddio mewn cadair drydan ar 24 Awst 1927.

Y DYSTIOLAETH YN ERBYN SACCO A VANZETTI

- Roedden nhw'n anarchwyr oedd yn casáu **cyfalafiaeth** Americanaidd a system lywodraeth UDA.
- Roedd Vanzetti wedi'i gael yn euog o ladrad arfog yn 1919.
- Roedd 61 o lygad-dystion wedi adnabod y ddau ddyn fel y llofruddwyr.
- Roedd Sacco a Vanzetti yn cario gynnau ar y diwrnod pan gawson nhw eu harestio.
- Roedd y ddau ddyn wedi dweud celwydd yn eu datganiadau i'r heddlu.
- Roedd tystiolaeth fforensig yn cysylltu'r gwn wnaeth ladd y swyddog diogelwch â'r un roedd Sacco yn ei gario.
- Gwrthododd Vanzetti roi tystiolaeth yn yr achos.

▲ Ffigur 1.1: Bartolomeo Vanzetti (chwith) a Nicola Sacco (dde)

Y DYSTIOLAETH O'U PLAID

- Gwrthododd Vanzetti roi tystiolaeth oherwydd ei fod yn poeni byddai ei weithgareddau gwleidyddol yn cael llawer o sylw ac y byddai'r llys yn ei gael yn euog o'r rhain, yn hytrach na'r lladrad.
- Roedd 107 o bobl wedi cadarnhau alibi'r ddau ddyn (hynny yw, wedi tystio eu bod yn rhywle arall ar adeg y lladrad). Fodd bynnag, roedd llawer o'r tystion hyn yn fewnfudwyr newydd o'r Eidal a doedden nhw ddim yn gallu siarad Saesneg yn dda iawn.
- Mae rhai yn credu bod y dystiolaeth fforensig yn ymwneud â gwn Sacco wedi cael ei ffugio.
- Roedd manylion pwysig yn nhystiolaeth 61 o dystion yr erlyniad yn aml yn anghyson. Roedd rhai tystion wedi newid eu stori erbyn i'r achos llys ddechrau.
- Yn ôl y ddau ddyn, roedden nhw wedi dweud celwydd wrth yr heddlu oherwydd eu bod nhw'n poeni byddai'r system yn gwahaniaethu yn eu herbyn gan eu bod yn cefnogi anarchiaeth.
- Roedd sawl dyn arall wedi cyffesu i'r drosedd.
- Roedd yn ymddangos bod y barnwr, Webster Thayer, yn benderfynol o gael y ddau ddyn yn euog.

Pwysigrwydd yr achos

- Cafodd yr achos sylw ar draws y byd, a dangosodd pa mor anoddefgar oedd cymdeithas America. A hwythau'n fewnfudwyr o'r Eidal, roedd y ddau ddyn wedi profi gwahaniaethu hiliol ac roedd llawer o'u hawliau sylfaenol wedi cael eu hatal.
- Dangosodd yr achos pa mor annheg oedd trefn gyfreithiol America. Cafodd y ddau ddyn eu canfod yn euog ar sail tystiolaeth wan, er i dystiolaeth ddod i'r amlwg yn ddiweddarach oedd yn awgrymu bod Sacco, o bosibl, yn euog.
- Yn yr 1970au penderfynodd **Llywodraethwr** Massachusetts roi pardwn ffurfiol i Sacco a Vanzetti gan gytuno bod camdreial wedi digwydd.

Ffynhonnell G: Roedd Frieda Kirchwey yn yr Almaen yn ystod yr wythnosau cyn i Nicola Sacco a Bartolomeo Vanzetti gael eu dienyddio. Ysgrifennodd hi am ei hymateb i'r dienyddio yn *The Nation*, 28 Awst 1927. Cylchgrawn radical o America oedd *The Nation*

Dydyn ni ddim wedi siarad llawer amdano – ond bob tro rydym wedi dod o fewn golwg i bapur newydd, rydyn ni wedi rhuthro ato, gan obeithio, heb fawr o obaith mewn gwirionedd, y byddai'r Llywodraethwr neu rywun arall yn dangos trugaredd drwy ryw ryfedd wyrth. Roedd hi'n anodd cysgu yn ystod rhai o'r nosweithiau hynny. A lle bynnag roedden ni'n mynd – o Baris a Berlin i Heiligenblut yn y Tyrol, Awstria – byddai pobl yn siarad â ni am y peth yn llawn dychryn ac yn methu'n lân â deall. Roedd y cyfan wedi arwain at fwy o wrthwynebiad i fewnfudwyr a dwysáu'r 'Bygythiad Coch', ac roedd fel pe bai'n cryfhau'r achos o blaid cyfyngu ar fewnfudo.

Ffynhonnell NG: Sylw gafodd ei wneud am y Barnwr Thayer, oedd yn gyfrifol am achos gwreiddiol Sacco a Vanzetti. Cafodd y sylw ei wneud yn 1930 gan Felix Frankfurter, cyfreithiwr oedd yn ymgyrchu dros gynnal achos newydd, ac awdur llyfr oedd yn beirniadu'r achos gwreiddiol

Rwyf wedi adnabod y Barnwr Thayer ar hyd fy oes. Credaf ei fod yn ddyn cul ei feddwl; yn ddyn diddeall; mae'n llawn rhagfarn; ac mae wedi drysu'n llwyr oherwydd ei ofn o'r Cochion, ofn sydd wedi meddiannu tua naw deg y cant o bobl America.

GWEITHGAREDDAU ?

1 Edrychwch ar y dystiolaeth o blaid ac yn erbyn y ddau ddyn ar dudalennau 106–107. Copïwch a chwblhewch y tabl isod. Nawr, mae'n rhaid i chi benderfynu: euog, neu ddieuog? Ysgrifennwch ddau baragraff yn esbonio eich penderfyniad.

	Euog	Dieuog
Tystiolaeth fwyaf pendant		
Tystiolaeth leiaf pendant		

2 Beth yw prif neges Ffynhonnell H?

Cwestiynau ymarfer

1 Edrychwch ar Ffynonellau G ac NG. Pa un o'r ffynonellau sydd fwyaf defnyddiol i hanesydd wrth astudio achos Sacco a Vanzetti? *(I gael arweiniad, gweler tudalennau 164–165).*

2 Ai ofn pobl o Gomiwnyddiaeth oedd y rheswm pwysicaf dros gyfyngu ar ymudo i UDA yn y 1920au? Defnyddiwch yr hyn rydych chi'n ei wybod a'i ddeall am y mater i gefnogi eich ateb. *(I gael arweiniad, gweler tudalennau 166–167)*

◄ **Ffynhonnell H:** Gwrthdystwyr yn Boston yn 1925 yn cefnogi Sacco a Vanzetti

2 Crefydd a hil

Yn ystod y cyfnod rhwng 1910 ac 1929 tyfodd a datblygodd ffwndamentaliaeth grefyddol, yn enwedig yn Ardal y Beibl yn ne-ddwyrain America. Fe wnaeth y Prawf Mwnci amlygu'r bwlch rhwng llawer o ddinasyddion UDA. Dioddefodd rhai Americanwyr oherwydd hiliaeth a rhagfarn, yn enwedig Brodorion America ac Americanwyr Affricanaidd. Yn ystod yr 1920au roedd llawer o atgasedd tuag at Americanwyr du, ac fe gawson nhw eu gorfodi i fyw yn ôl rheolau arwahanu a deddfau Jim Crow. Roedd hwn yn gyfnod welodd fwy o anoddefgarwch hiliol a dyma'r cyfnod pan dyfodd y *Ku Klux Klan*. Symudodd rhai Americanwyr du i'r gogledd yn y gobaith o osgoi erledigaeth, ond ceisiodd eraill ymladd yn ôl drwy fudiadau fel yr *NAACP* a'r *UNIA*.

Ffwndamentaliaeth grefyddol ac Ardal y Beibl

Yn yr 1920au, roedd y rhan fwyaf o Americanwyr o'r ardaloedd gwledig yn bobl grefyddol iawn. Roedd de-ddwyrain UDA (yn cynnwys taleithiau fel Alabama, Arkansas, Kentucky a Tennessee) yn cael ei disgrifio fel 'Ardal y Beibl' ac roedd y bobl yn ystyried eu hunain yn Gristnogion cyfiawn oedd yn ofni Duw (gweler Ffigur 2.1). Roedd llawer o bobl yn yr ardaloedd hyn yn cael eu disgrifio fel **Ffwndamentalwyr** yn sgil sefydlu Cymdeithas Ffwndamentalwyr Cristnogol y Byd. Roedden nhw'n Brotestaniaid oedd yn credu pob gair o'r Beibl yn llythrennol a digwestiwn.

Yn ystod yr 1920au, ceisiodd llawer o bobl yn Ardal y Beibl arafu'r newidiadau oedd yn digwydd yn UDA. Roedden nhw'n casáu'r dillad pryfoclyd a'r dawnsio, y gamblo a'r hyn roedden nhw'n ei ystyried yn ddirywiad cyffredinol mewn safonau moesol. Un o'r pregethwyr Ffwndamentalaidd enwocaf oedd Aimee Semple McPherson. Teithiodd hi o amgylch UDA ar ddechrau'r 1920au yn casglu arian ar gyfer ei *Four Square Gospel Church*. Llwyddodd i godi dros $1.5 miliwn yn 1921 i adeiladu Teml Angelus.

Roedd y bwlch rhwng credoau Americanwyr yr ardaloedd gwledig a'r ardaloedd trefol ar ei fwyaf amlwg yn y ddadl dros ddamcaniaeth esblygiad. Roedd y rhan fwyaf o bobl yn nhrefi a dinasoedd UDA yn derbyn damcaniaeth esblygiad Charles Darwin. Yn ôl y ddamcaniaeth hon, roedd bodau dynol wedi esblygu o greaduriaid tebyg i epaod neu fwncïod dros filiynau o flynyddoedd. Ond roedd llawer o bobl yn yr ardaloedd gwledig, yn enwedig yn nhaleithiau Ardal y Beibl, yn gwrthod y farn hon (gweler Ffynhonnell A).

> **Ffynhonnell A: Pregeth gafodd ei rhoi gan Billy Sunday, pregethwr Ffwndamentalaidd adnabyddus, yn 1925**
>
> Gadewch i'r rhai sydd am addysgu'r ddamcaniaeth afiach, ffiaidd, ddiawledig honno ar esblygiad wneud hynny... ond peidiwch â disgwyl i Gristnogion ein gwlad dalu cyflog athro prifysgol pwdr, drewllyd sy'n dysgu ein plant ni i gefnu ar Dduw gan lenwi ein hysgolion ni â gwleidyddiaeth fudr, afiach.

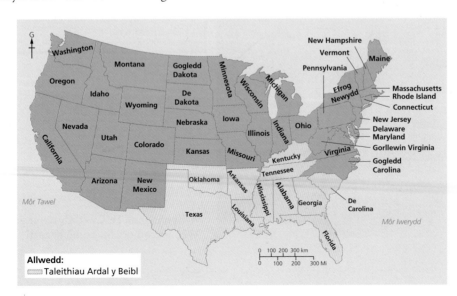

◀ Ffigur 2.1: Ardal y Beibl

Y Prawf Mwnci

Yn 1924 yn nhalaith Tennessee, pasiwyd Deddf Butler. Roedd hyn yn golygu ei bod hi'n anghyfreithlon i unrhyw ysgol gyhoeddus 'addysgu unrhyw ddamcaniaeth sy'n gwadu hanes Duw yn creu dyn yn y Beibl ac addysgu bod dyn yn tarddu o radd is neu o anifeiliaid'. Pasiodd pum talaith arall ddeddfau tebyg.

Penderfynodd athro bioleg o'r enw John Scopes herio'r gwaharddiad hwn. Aeth ati'n fwriadol i addysgu esblygiad yn ei ddosbarth yn Tennessee er mwyn cael ei arestio a'i roi ar brawf. Fe wnaeth y ddwy ochr gyflogi'r cyfreithwyr gorau, a daeth yr achos i'r llys ym mis Gorffennaf 1925. Roedd gan y cyhoedd ddiddordeb mawr yn yr achos. Cafodd Scopes gefnogaeth gan Undeb Hawliau Sifil America a'i amddiffyn gan Clarence Darrow, cyfreithiwr trosedd enwog. Yr erlynydd oedd y Ffwndamentalydd, William Jennings Bryan. Cafodd Scopes ei ganfod yn euog o dorri'r gyfraith a chafodd ddirwy o $100. Ond roedd yr achos llys yn drychineb i ddelwedd gyhoeddus y Ffwndamentalwyr. Trodd yr achos yn ddadl rhwng gwyddoniaeth a chrefydd. Gwelodd pobl fod Bryan yn ddryslyd ac anwybodus, a gwnaeth y cyfryngau hwyl am ben credoau'r rhai oedd yn gwrthwynebu damcaniaeth esblygiad. Roedd llawer yn ystyried bod safbwynt y Ffwndamentalwyr yn ymgais i atal rhyddid meddwl.

Ffynhonnell B: Adroddiad ar yr achos yn y *Baltimore Evening Sun*, Gorffennaf 1925

Bu Mr Darrow yn pryfocio ei wrthwynebwr am ddwy awr, bron. Gofynnodd i Mr Bryan a oedd ef wir yn credu bod y neidr yn gorfod ymlusgo ar ei bol oherwydd iddi demtio Efa, ac a oedd e'n credu mewn difri fod Efa wedi cael ei gwneud o asen Adda. Aeth wyneb Bryan yn goch wrth ymateb i gwestiynau craff Mr Darrow, a phan oedd yn methu ateb cwestiwn byddai'n troi at ei ffydd gan wrthod ateb yn uniongyrchol neu ddweud: 'Dyna mae'r Beibl yn ei ddweud; mae'n rhaid ei fod yn wir'.

GWEITHGAREDDAU

1 Esboniwch pam roedd yn rhaid i John Scopes sefyll ei brawf yn 1925.

2 A yw Ffynhonnell C yn cefnogi safbwyntiau'r rhai a gredai mewn esblygiad, neu'r rhai oedd yn gwrthod credu mewn esblygiad? Rhowch resymau i gefnogi eich ateb.

Cwestiwn ymarfer

Edrychwch ar Ffynonellau A a B. Pa un o'r ffynonellau sydd fwyaf defnyddiol i hanesydd wrth astudio'r Prawf Mwnci? *(I gael arweiniad, gweler tudalennau 164–165.)*

CLASSROOM IN PROPOSED BRYAN UNIVERSITY OF TENNESSEE

▲ **Ffynhonnell C:** Cartŵn gafodd ei gyhoeddi mewn papur newydd cenedlaethol, Gorffennaf 1925

? Y driniaeth a roddwyd i Frodorion America

1 Esboniwch pam roedd llywodraeth UDA yn awyddus i 'Americaneiddio' Brodorion America.

2 Astudiwch Ffynhonnell CH. Beth mae'n ei ddweud wrthych chi am fywydau Brodorion America yn ystod y cyfnod 1910–29?

Cwestiwn ymarfer

Disgrifiwch sut cafodd Brodorion America eu trin gan lywodraeth UDA yn ystod yr 1920au. (I gael arweiniad, gweler tudalen 161.)

Ar ddechrau'r ugeinfed ganrif, roedd Brodorion America wedi cael eu symud i diriogaethau neilltuedig (*reservations*). Yn 1924 cafodd Deddf Dinasyddiaeth yr Indiaid ei phasio. Rhoddodd y ddeddf hon ddinasyddiaeth Americanaidd lawn i frodorion America (roedden nhw'n cael eu galw'n 'Indiaid' yn y Ddeddf).

Yr unig adeg pan fyddai Brodorion America yn cael eu gweld oedd pan oedden nhw'n dangos crefftau Indiaidd, yn siarad ieithoedd Indiaidd, neu'n perfformio mewn gwisgoedd Indiaidd traddodiadol. Yn nhaleithiau Vermont a New Hampshire, roedd rhaglen y Project Ewgeneg yn rheoli Brodorion America a 'phobl annymunol' eraill drwy ddulliau cynllunio cymdeithasol, addysg, a rheoli cenhedlu. Roedd rhai diwygwyr gwyn yn dadlau nad oedd ffordd i Frodorion America oroesi, oni bai eu bod yn ymwrthod â'u diwylliant eu hunain a dod yn rhan gyflawn o gymdeithas pobl wyn. Felly, cafodd ysgolion preswyl arbennig eu sefydlu at y pwrpas hwn, a chafodd miloedd o Frodorion America eu gwahanu oddi wrth eu teuluoedd a'u diwylliannau. Roedd hyn yn tueddu i ddinistrio hunaniaeth llwythau. Roedd plant yn cael eu hannog i beidio â siarad eu hiaith eu hunain ac i droi at Gristnogaeth. Dyma ymgais arall i Americaneiddio'r bobl oedd ddim yn perthyn i'r mewnfudwyr gwreiddiol i UDA (gweler tudalennau 101–103).

Yn 1928, cafodd Adroddiad Meriam ei lunio ar gyfer llywodraeth UDA. Yn ôl yr adroddiad, doedd dim digon o arian na staff yn yr ysgolion preswyl ac roedden nhw'n cael eu rhedeg mewn ffordd rhy lym. Roedd yr ymgais i gymathu Brodorion America trwy gyfrwng addysg wedi methu. Roedd yr Adroddiad yn awgrymu bod angen dileu'r cwricwlwm, oedd yn dysgu gwerthoedd diwylliannol Ewropeaidd-Americanaidd yn unig. Dywedodd yr adroddiad hefyd fod angen cynnig sgiliau ac addysg i Frodorion America fyddai'n ddefnyddiol iddyn nhw allu byw yn eu cymunedau gwledig traddodiadol eu hunain, yn ogystal ag yn y gymdeithas drefol Americanaidd.

▲ **Ffynhonnell CH:** Coediwr Brodorol Americanaidd a'i deulu y tu allan i'w cartref yn Nhalaith Washington, 1916

Arwahanu a deddfau Jim Crow

Roedd pobl ddu wedi cael eu cludo i America fel caethweision yn yr ail ganrif ar bymtheg a'r ddeunawfed ganrif. Pan ddaeth caethwasiaeth i ben yn yr 1860au, roedd mwy o Americanwyr du na rhai gwyn yn byw yn nhaleithiau'r de. Pobl wyn oedd yn llywodraethu yn y taleithiau hyn, ac oherwydd eu bod yn ofni grym Americanwyr du, cafodd deddfau eu cyflwyno i reoli eu rhyddid. Cafodd y rhain eu galw yn **ddeddfau Jim Crow**, ar ôl sioe comedïwr o'r bedwaredd ganrif ar bymtheg oedd yn gwneud hwyl am ben pobl ddu. Yn sgil y deddfau, cafodd pobl ddu eu cadw ar wahân mewn ysgolion, parciau, ysbytai, pyllau nofio, llyfrgelloedd a mannau cyhoeddus eraill. Pasiwyd deddfau Jim Crow newydd mewn rhai taleithiau fel bod tacsis, traciau rasio a gornestau bocsio gwahanol i bobl wyn a du.

Roedd hi'n anodd i bobl ddu gael eu trin yn deg. Doedd ganddyn nhw ddim hawl i bleidleisio ac roedd yn amhosibl iddyn nhw gael swyddi da ac addysg o safon. Roedd pobl wyn yn eu bygwth nhw ac yn eu rheoli drwy fraw ac arswyd. Yn ystod y Rhyfel Byd Cyntaf, fe wnaeth 360,000 o Americanwyr du wasanaethu yn y lluoedd arfog. Ar ôl dod adref, gwelson nhw fod hiliaeth yn rhan o fywyd bob dydd. Rhwng 1915 ac 1922, cafodd dros 430 o Americanwyr du eu **lynsio**.

GWEITHGAREDD ?

Esboniwch pam cafodd arwahanu ei gyflwyno yn nhaleithiau'r de.

Cwestiwn ymarfer

Defnyddiwch Ffynhonnell D a'r hyn rydych chi'n ei wybod i ddisgrifio prif nodweddion arwahanu. *(I gael arweiniad, gweler tudalennau 159–160.)*

◀ Ffynhonnell D: Ffynnon ddŵr wedi'i arwahanu

◀ Ffynhonnell DD: Jesse Washington, Americanwr Affricanaidd du 18 oed, gafodd ei lynsio ym mis Mai 1916 yn Waco, Texas

Y *Ku Klux Klan* (KKK)

Gwreiddiau

Cafodd y *Ku Klux Klan* (KKK) ei sefydlu yn yr 1860au gan filwyr oedd wedi ymladd yn Rhyfel Cartref America. Nod y *KKK* oedd brawychu pobl ddu oedd newydd gael eu rhyddhau o gaethwasiaeth. Fodd bynnag, daeth y mudiad i ben yn y blynyddoedd ar ôl 1870 pan ddyfarnodd Uchel Reithgor ffederal fod y *Klan* yn 'sefydliad terfysgol'. Ailsefydlwyd y *Klan* pan gafodd y ffilm *The Birth of a Nation* ei rhyddhau yn 1915. Roedd y ffilm wedi'i gosod yn y de ar ôl y Rhyfel Cartref ac roedd yn dangos y *Klan* yn achub teuluoedd gwyn rhag gangiau o bobl ddu oedd â'u bryd ar eu treisio a dwyn eu heiddo. Denodd y ffilm gynulleidfaoedd enfawr a'i nod oedd cadarnhau'r syniad o **oruchafiaeth y dyn gwyn**.

Ar ôl y Rhyfel Byd Cyntaf, tyfodd tensiwn yn y farchnad lafur wrth i gyn-filwyr geisio dod o hyd i waith. Tyfodd aelodaeth y *KKK* wrth i grwpiau newydd o fewnfudwyr a mudwyr gyrraedd (gweler tudalennau 101–103).

Credoau

Roedd aelodau'r *Klan* yn *WASPs*. Roedden nhw'n diffinio eu hunain fel Protestaniaid Eingl-Sacsonaidd gwyn (*white Anglo-Saxon Protestants*), ac yn credu eu bod nhw'n well na phob hil arall. Roedden nhw hefyd yn gryf yn erbyn comiwnyddiaeth, pobl ddu, Iddewon, Catholigion a thramorwyr o bob math.

Trefniadaeth

Byddai aelodau'r *Klan* yn gwisgo clogynnau a mygydau gwyn. Roedd y wisg wedi cael ei chynllunio er mwyn gwneud yn siŵr na fyddai'n bosibl adnabod aelodau'r *Klan*. Yn aml roedden nhw'n ymosod ar eu dioddefwyr yn y nos. Roedd y lliw gwyn yn symbol o oruchafiaeth pobl wyn. Byddai'r aelodau yn cario baneri America ac yn rhoi croesbren ar dân yn ystod eu cyfarfodydd nos. Eu henw ar arweinydd y *Klan*, deintydd o'r enw Hiram Wesley Evans, oedd Dewin yr Ymerodraeth (gweler Ffynhonnell E). Bydden nhw'n cyfeirio at swyddogion y *Klan* fel *Klaffis*, *Kluds* neu *Klabees*.

> **Ffynhonnell E: Hiram Wesley Evans, arweinydd y *KKK*, yn siarad yn 1924**
>
> Trefn y byd yw bod yn rhaid i bob hil ymladd am ei bywyd a gorchfygu, neu dderbyn caethwasiaeth neu farw. Mae'r *Klan* eisiau i bob talaith wneud cyfathrach rywiol rhwng unigolyn gwyn ac unigolyn du yn drosedd. Rhaid i Brotestaniaid gael y llaw uchaf. Ni chaiff Rhufain reoli America. Mae Eglwys Gatholig Rhufain yn an-Americanaidd ac yn wrth-Americanaidd fel arfer.

▼ **Ffynhonnell F: Aelodau o'r *Ku Klux Klan* yn gorymdeithio yn Washington DC, 18 Awst 1925**

Aelodaeth

Yn 1920 roedd gan y *Klan* 100,000 o aelodau. Erbyn 1925, roedd yn hawlio bod dros 5 miliwn o bobl wedi ymaelodi. Denodd aelodau o bob rhan o UDA, ond yn enwedig o'r de. Roedd llywodraethwyr taleithiau Oregon ac Oklahoma yn aelodau o'r *Klan*. Tyfodd y *Klan* ar ôl 1920 mewn ymateb i'r ffactorau canlynol:

- Diwydiannau newydd, oedd yn denu mwy a mwy o weithwyr i'r dinasoedd. Tyfodd y *Klan* yn gyflym iawn mewn dinasoedd fel Memphis ac Atlanta, oedd wedi datblygu'n gyflym ar ôl 1910.
- Roedd llawer o'r gweithwyr hyn yn fewnfudwyr o Ddwyrain a De Ewrop, neu'n Americanwyr du oedd yn symud o daleithiau'r de i ganolfannau trefol y gogledd.
- Roedd pobl wyn y de yn gwrthwynebu'r ffaith fod milwyr du wedi cael trin arfau yn ystod y Rhyfel Byd Cyntaf.

Gweithgareddau

Cafodd pobl ddu eu lynsio gan aelodau'r *Klan*. Roedden nhw'n curo ac anafu unrhyw un roedden nhw'n ei ystyried yn elyn iddyn nhw (gweler Ffynonellau FF a G). Roedden nhw'n tynnu dillad rhai o'u dioddefwyr ac yn rhoi tar a phlu ar eu cyrff. Er enghraifft:

- Yn 1921 bu'n rhaid i Chris Lochan, perchennog bwyty, adael ei dref ar ôl cael ei gyhuddo o fod yn dramorwr. Roedd ei rieni'n dod o Wlad Groeg.
- Dyn du ag anabledd meddyliol oedd George Armwood. Ym mis Hydref 1933, cafodd ei gyhuddo o ymosod ar fenyw wyn 82 oed. Fe wnaeth aelodau'r *Klan* lusgo'r dyn o'r carchar a'i guro i farwolaeth. Cafodd ei gorff ei grogi ar goeden, ei lusgo drwy'r dref a'i roi ar dân. Gwyliodd yr heddlu y cyfan, heb wneud dim.

Dirywiad

Dirywiodd y *Klan* ar ôl 1925 pan gafodd un o'i arweinwyr, yr Archddewin David Stephenson, ei gyhuddo o dreisio ac anafu menyw yn ddifrifol ar drên yn Chicago. Fe wnaeth y sgandal ddinistrio enw da Stephenson a phan wrthododd Llywodraethwr Indiana roi pardwn iddo, datgelodd dystiolaeth am weithgareddau anghyfreithlon y *Klan*. Roedd hyn yn niweidiol iawn i'r *Klan* ac arweiniodd at golli llawer iawn o aelodau.

> **Ffynhonnell FF:** Disgrifiad o weithgareddau'r *Klan* yn Alabama yn 1929, o *Current History* gan R. A. Patton
>
> Cafodd bachgen ei chwipio â changhennau nes bod cnawd ei gefn wedi'i rwygo ... cafodd merch wyn, oedd wedi cael ysgariad, ei churo nes ei bod hi'n anymwybodol yn ei chartref; roedd un tramorwr wedi'i dderbyn yn ddinesydd, ond cafodd ei fflangellu nes bod ei gefn yn waed i gyd, am iddo briodi Americanes; cafodd negro ei chwipio nes iddo gytuno i werthu ei dir i ddyn gwyn am bris llawer llai na'i werth.

> **Ffynhonnell G:** Adroddiad ar weithgareddau'r *KKK* yn y cylchgrawn *World* o Efrog Newydd yn 1921
>
> - 5 achos o herwgipio
> - 43 gorchymyn i Negroaid adael eu trefi
> - 27 achos o roi tar a phlu
> - 41 achos o fflangellu neu chwipio
> - 1 achos o frandio ag asid
> - 1 achos o anffurfio corfforol
> - 4 llofruddiaeth

GWEITHGAREDDAU

1. Beth mae Ffynhonnell E yn ei awgrymu am gredoau'r *Ku Klux Klan*?
2. Lluniwch dudalen we yn rhoi manylion gweithgareddau'r KKK yn ystod yr 1920au.
3. Defnyddiwch Ffynonellau F (tudalen 112), FF ac G i gynllunio poster ar gyfer y bobl oedd yn gwrthwynebu gweithgareddau'r KKK. Dylai'r poster geisio rhoi sioc i bobl.

Cwestiwn ymarfer

Defnyddiwch Ffynhonnell F a'r hyn rydych chi'n ei wybod i ddisgrifio prif nodweddion trefniadaeth y KKK. (I gael arweiniad, gweler tudalennau 159–160.)

Pam nad oedd camau'n cael eu cymryd yn erbyn y *Ku Klux Klan*?

Roedd rhai taleithiau yn credu nad oedd gan y **llywodraeth ffederal** hawl i ymyrryd ym materion y *Klan*. Yn ogystal â hyn, pe baen nhw'n codi llais yn erbyn y *Klan*, roedd rhai gwleidyddion yn y de yn gwybod bydden nhw'n colli pleidleisiau ac efallai'n colli eu seddi yn y **Gyngres**. Wrth ymgyrchu i gael ei ailethol yn 1924, dywedodd un aelod o'r Gyngres 'fe ddywedon nhw wrtha i am ymuno â'r *Klan*, neu fe fyddai'n ddrwg arnaf.'

Dehongliad 1: Darn o *Konklave in Kokomo*, llyfr am y *Ku Klux Klan* gan yr hanesydd Robert Coughlan (1949). Cafodd Coughlan ei fagu yn Kokomo yn ystod yr 1920au

Pan oeddwn i'n fachgen, roedd hanner y dref (Kokomo) yn llythrennol yn aelodau o'r *Klan*. Yn ei hanterth, sef rhwng 1923 ac 1925, roedd gan gangen Nathan Hale tua pum mil o aelodau, a hynny o boblogaeth o tua deg mil o oedolion. Gyda chefnogaeth mor gadarn, gallai'r *Klan* reoli gwleidyddiaeth leol. Roedd yr heddlu a'r gwasanaeth tân yn llawn o aelodau'r *Klan*, ac ar nosweithiau cyfarfodydd byddai'r dynion rheoli traffig yn diflannu, a ffigurau tebyg iawn iddyn nhw o ran maint a siâp yn cymryd eu lle yn eu cynfasau gwyn.

Dehongliad 2: Hanesydd yn ysgrifennu am y *Ku Klux Klan* yn 1992

Roedd y *Ku Klux Klan* yn credu bod pobl ddu, mewnfudwyr, Iddewon a Chatholigion yn fygythiad i America Wyn a Phrotestannaidd. Bydden nhw'n defnyddio trais eithafol yn erbyn pobl o'r holl grwpiau hyn, yn enwedig pobl ddu. Byddai aelodau'r *Klan* yn tyngu llw o deyrngarwch i UDA, gan addo amddiffyn UDA yn erbyn 'unrhyw achos, llywodraeth, pobl, sect neu reolwr sy'n estron i'r wlad'.

GWEITHGAREDD

Edrychwch ar Ffynhonnell NG a Dehongliad 1. Esboniwch pam roedd y *Ku Klux Klan* yn gallu gwneud fel mynnai yn yr 1920au.

Cwestiwn ymarfer

Beth oedd pwrpas Ffynhonnell NG? *(I gael arweiniad, gweler tudalennau 162–163.)*

▲ **Ffynhonnell NG:** Cartŵn gafodd ei gyhoeddi yn *Heroes of the Fiery Cross*, cylchgrawn y *Pillar of Fire Church* yn ystod ymgyrch arlywyddol 1928. Roedd Alfred Smith, ymgeisydd y Democratiaid, yn aelod o'r Eglwys Gatholig. Roedd gan y *Pillar of Fire Church* gysylltiadau agos â'r *Ku Klux Klan* yn yr 1920au.

Ymateb pobl ddu: Mudo

Oherwydd yr hiliaeth a'r tlodi parhaol, symudodd miloedd o Americanwyr du i ddinasoedd y gogledd yn y blynyddoedd ar ôl 1910, gan obeithio dod o hyd i fywyd gwell. Yn y blynyddoedd rhwng 1916 ac 1920, gadawodd bron 1 miliwn o Americanwyr du ardaloedd y de i chwilio am waith yn y gogledd. Yr enw gafodd ei roi ar hyn oedd '**y Mudo Mawr**'.

Ond doedd yr amodau ddim llawer gwell yn y gogledd. Byddai'r Americanwyr du yn cael cyflog isel am eu swyddi, a nhw oedd y cyntaf i gael eu diswyddo ar adegau anodd. Fel arfer, roedden nhw'n byw mewn getos tenement budr ac yn wynebu hyd yn oed mwy o anoddefgarwch hiliol. Yn Efrog Newydd a Chicago roedd cyflwr eu tai nhw'n aml yn waeth na chyflwr tai pobl wyn, er eu bod nhw'n talu mwy o rent. Roedd safon eu gwasanaethau addysg ac iechyd yn is na rhai pobl wyn.

Gwellodd y sefyllfa rywfaint: er enghraifft, yn 1916 dim ond 50 o Americanwyr du oedd yn cael eu cyflogi gan Gwmni Moduron Ford yn ninasoedd diwydiannol Pittsburgh a Detroit yn y gogledd, ond erbyn 1926 roedd y cwmni'n cyflogi 10,000 ohonyn nhw. Eto i gyd, ni chafodd mwyafrif yr Americanwyr du fawr o fudd o **ffyniant** economaidd yr 1920au.

Roedd Americanwyr gwyn y gogledd yn aml yn gwrthwynebu dyfodiad Americanwyr du o'r de ac yn poeni am y gystadleuaeth am swyddi a thai. Tyfodd tensiwn hiliol ac yn 1919 roedd terfysgoedd hil mewn dros 20 o ddinasoedd UDA, gan arwain at 62 o farwolaethau a channoedd o anafiadau. Roedd y terfysgoedd gwaethaf yn Chicago ac yn Washington DC lle bu'n rhaid galw ar y fyddin i adfer trefn. Yn Chicago, bu farw 38 o bobl, gan gynnwys 15 o bobl wyn a 23 Americanwr du, ac anafwyd 537 o bobl.

Gwelliannau

Fodd bynnag, gwellodd ambell beth i Americanwyr du, yn enwedig yn nhaleithiau'r gogledd.

- Yn Chicago ac Efrog Newydd roedd dosbarth canol du yn dechrau tyfu. Yn Chicago yn 1930, penderfynodd pobl ddu foicotio siopau adrannol nes iddyn nhw gytuno i gyflogi gweithwyr du.
- Daeth sawl canwr a cherddor jazz du yn enwog, fel Louis Armstrong.
- Roedd cymdogaeth ddu yn Efrog Newydd o'r enw Harlem. Daeth yr ardal yn ganolfan Dadeni Harlem gyda llu o gantorion, cerddorion, artistiaid, awduron a beirdd du.
- Roedd theatr pobl ddu yn denu cynulleidfaoedd mawr, a daeth perfformwyr du, gan gynnwys cantorion, comedïwyr a dawnswyr, yn boblogaidd mewn clybiau a sioeau cerdd.
- Cododd disgwyliad oes pobl ddu o 45 yn 1900 i 48 yn 1930.

> **Ffynhonnell H:** Rhan o erthygl gafodd ei chyhoeddi mewn papur newydd ar gyfer Americanwyr du, 1921
>
> Edrychwch o amgylch eich caban, ar y llawr pridd a'r ffenestri heb wydr. Wedyn gofynnwch i'ch teulu sydd eisoes wedi symud i'r Gogledd am yr ystafelloedd ymolchi gyda dŵr poeth ac oer. Pa obaith sydd gan y dyn du cyffredin o gael y pethau hyn yma, gartref? Ac os yw'n llwyddo i'w cael nhw, sut mae'n gallu bod yn siŵr na fydd rhyw ddyn gwyn tlawd yn dod gyda'i gang un noson a'i orfodi i adael?

▼ Ffynhonnell I: Poblogaeth ddu drefol, 1920–30

Dinas	1920	1930	Canran y cynnydd
Efrog Newydd	152,467	327,706	114.9
Chicago	109,458	233,903	113.7
Philadelphia	134,229	219,599	63.6
Detroit	40,838	120,066	194.0
Los Angeles	15,579	38,894	149.7

GWEITHGAREDDAU

1 Pa resymau sy'n cael eu rhoi yn Ffynhonnell H i esbonio pam penderfynodd llawer o Americanwyr du fudo i'r gogledd?
2 Edrychwch ar Ffynhonnell I. Beth mae'n ei ddweud wrthych chi am Americanwyr du yn mudo yn yr 1920au?
3 A wnaeth bywyd wella i'r bobl ddu benderfynodd fudo i'r gogledd? Esboniwch eich ateb.

Cwestiwn ymarfer

Disgrifiwch sut gwnaeth bywydau rhai Americanwyr du wella yn ystod yr 1920au. (I gael arweiniad, gweler tudalen 161.)

Ymateb pobl ddu: y *NAACP* a'r *UNIA*

Ceisiodd dau fudiad dynnu sylw at y driniaeth annheg roddwyd i Americanwyr du: y *National Association for the Advancement of Colored People* (*NAACP*) a'r *Universal Negro Improvement Association* (*UNIA*).

Y *National Association for the Advancement of Colored People* (*NAACP*)

Sefydlodd William Edward Burghardt, neu 'W. E. B.', Du Bois y *National Association for the Advancement of Colored People* (*NAACP*) yn 1909. Roedd ef eisiau i America dderbyn pob unigolyn a rhoi cyfle cyfartal i bawb. Erbyn 1919, roedd gan y *NAACP* 90,000 o aelodau mewn 300 cangen. Canolbwyntiodd y *NAACP* ar ddulliau cyfreithiol o wrthwynebu arwahanu, gan ddefnyddio gweithgareddau di-drais fel gorymdeithiau, gwrthdystiadau a deisebau. Ymgyrchodd Du Bois yn erbyn gwahaniaethu ac o blaid cymathu pobl o bob hil i UDA fyddai'n cynnig cyfle cyfartal i bawb. Defnyddiodd Du Bois y *NAACP* i herio goruchafiaeth y dyn gwyn, yn enwedig y deddfau arwahanu. Fe wnaeth yn sicr bod Americanwyr du yn llawer mwy ymwybodol o'u hawliau sifil, yn enwedig yr hawl i bleidleisio. Ymgyrchodd y *NAACP* yn erbyn yr arfer o lynsio yn y de hefyd. Ymchwiliodd i achosion o lynsio, gan dynnu sylw at nifer yr achosion hynny. Er na lwyddodd y *NAACP* i gyflwyno deddf yn gwahardd lynsio, llwyddodd y sylw cyhoeddus i leihau nifer yr achosion yn sylweddol.

W. E. B. DU BOIS (1868–1963)

1868 Cafodd ei eni yn Massachusetts
1885–88 Cafodd ei addysgu ym Mhrifysgol Fisk
1888–92 Aeth i Brifysgol Harvard
1892–94 Astudiodd ym Mhrifysgol Berlin
1897 Cafodd ei benodi yn athro prifysgol mewn hanes ac economeg ym Mhrifysgol Atlanta
1909 Cyd-sefydlodd y *NAACP*
1910 Daeth yn olygydd cylchgrawn misol y *NAACP*, *The Crisis*
1934 Ymddiswyddodd o'r *NAACP* oherwydd anghytuno dros bolisi a chyfeiriad y mudiad
1944 Ailymunodd â'r *NAACP* ond cafodd ei ddiswyddo yn 1948
1961 Symudodd i fyw yn Ghana ac ymunodd â'r blaid Gomiwnyddol Americanaidd

▲ Ffigur 2.2: W. E. B. Du Bois

Universal Negro Improvement Association (UNIA)

Sefydlodd Marcus Garvey yr *Universal Negro Improvement Association (UNIA)* yn 1914. Erbyn 1920 roedd 2,000 o aelodau yn yr *UNIA*, ac ar ei hanterth roedd gan y gymdeithas tua 250,000 o aelodau. Roedd Marcus Garvey yn credu na ddylai pobl ddu geisio bod yn rhan o gymdeithas pobl wyn. Mynnai ef y dylen nhw ddathlu lliw eu croen a'u gorffennol Affricanaidd. Roedd tactegau'r *UNIA* yn fwy ymosodol na rhai'r *NAACP*. Fe wnaeth Garvey annog pobl ddu i sefydlu eu busnesau eu hunain a chyflogi gweithwyr du yn unig. Hefyd, roedd e'n annog Americanwyr du i ddychwelyd i Affrica ('Yn ôl i Affrica' oedd ei slogan) er mwyn 'sefydlu eu gwlad a'u llywodraeth eu hunain'. Ond yn 1925, cafodd Garvey ei garcharu am 'dwyll drwy'r post', ac ar ôl iddo gael ei ryddhau cafodd ei alltudio i Jamaica. Chwalodd yr *UNIA* yn dilyn hyn. Eto i gyd, cafodd ei syniad fod 'du yn hardd' ei ddefnyddio gan y **Mudiad Pŵer Du** yn yr 1960au.

MARCUS GARVEY (1887–1940)

1887 Cafodd ei eni yn Jamaica
1914 Sefydlodd yr *UNIA*
1916 Symudodd i Harlem, Efrog Newydd
1919 Sefydlodd y Black Star Line i gludo pobl Affrica, a'r Gorfforaeth Ffatrïoedd Negroaidd er mwyn annog pobl ddu i ddod yn annibynol yn economaidd
1922 Cafodd ei arestio am dwyll, ei anfon i'r carchar a'i alltudio i Jamaica
1935 Symudodd i Lundain i fyw

▲ Ffigur 2.3: Marcus Garvey yn ei lifrai crand wedi'i addurno â phlu, botymau pres, brêd a chleddyf.

GWEITHGAREDDAU

1 Beth oedd y gwahaniaethau rhwng safbwyntiau W. E. B. Du Bois a Marcus Garvey ynglŷn â'r ffordd orau o helpu Americanwyr du?

2 Pa fudiad wnaeth fwyaf er mwyn helpu i wella bywydau Americanwyr du – y *NAACP* neu'r *UNIA*? Rhowch resymau i gefnogi eich ateb.

? Cwestiynau ymarfer

1 Disgrifiwch sut gwnaeth y *NAACP* a'r *UNIA* geisio gwella bywydau Americanwyr du yn ystod yr 1920au. *(I gael arweiniad, gweler tudalen 161.)*

2 Ai deddfau Jim Crow oedd yr enghreifftiau gwaethaf o anoddefgarwch yn UDA rhwng 1910 ac 1929? Defnyddiwch yr hyn rydych chi'n ei wybod a'i ddeall am y mater i gefnogi eich ateb. *(I gael arweiniad, gweler tudalennau 166–167.)*

Roedd yr 1920au yn gyfnod ansefydlog i UDA a'i dinasyddion. Roedd yn gyfnod o ffyniant mawr i nifer o bobl a thlodi i eraill. Roedd tensiwn hiliol a rhagfarn yn amlwg, gan arwain at drais yn aml. Ond mae'r degawd yn cael ei gofio gan amlaf am gangsters fel Al Capone a chyfnod y **Gwaharddiad**. Daeth y gangsters â llawer o lygredd a thrais i ddinasoedd UDA, ac un o'r enghreifftiau gwaethaf oedd Cyflafan Dydd Sant Ffolant yn Chicago. Mewn rhai achosion, roedden nhw'n rheoli dinasoedd cyfan ac roedd swyddogion yr heddlu, barnwyr a meiri'r dinasoedd, hyd yn oed, o dan reolaeth gangsters pwerus. Nid dim ond yn y dinasoedd roedd llygredd i'w gael. Roedd achosion tebyg yn y llywodraeth ffederal o dan arlywyddiaeth Warren Harding rhwng 1919 ac 1923. Tyfodd y teimlad fod moesau yn dirywio yn UDA a bod llawer o bobl yn barod i dorri'r gyfraith. Daeth hyn i'r amlwg yn ystod Sgandal y Teapot Dome yn 1922.

Rhesymau dros y Gwaharddiad

Yn ystod y bedwaredd ganrif ar bymtheg, roedd llawer o grwpiau yn UDA wedi bod yn cefnogi'r syniad o wahardd gwerthu alcohol. Roedd Undeb Dirwestol Cristnogol y Menywod (1873) a'r **Gynghrair Gwrth-Salŵn** (1895) yn bwerus iawn. Llwyddodd y mudiadau hyn i wneud y syniad o Waharddiad yn fater gwleidyddol pwysig iawn.

Roedd cefnogaeth i'r Gwaharddiad wedi bod yn tyfu. Mae hyn yn amlwg os ydyn ni'n ystyried y ffaith fod 26 talaith yn UDA wedi pasio deddfau i gyfyngu ar werthu alcohol rhwng 1906 ac 1919. Roedd diwygwyr benywaidd wedi bod yn dadlau ers amser bod cysylltiadau cryf rhwng yfed alcohol ac achosion o drais yn erbyn menywod a cham-drin plant. Roedd Henry Ford a **diwydianwyr** eraill yn poeni bod yfed alcohol yn cael effaith wael ar effeithlonrwydd a lefel cynhyrchu yn y gweithle. Yn ôl llawer o grwpiau crefyddol, alcohol oedd wrth wraidd pechod a drygioni ac roedden nhw'n awyddus i gefnogi'r Gwaharddiad. Yn eu barn nhw, byddai'r Gwaharddiad yn cefnogi ac yn cryfhau gwerthoedd traddodiadol pobl America: pobl oedd yn ofni Duw, yn gweithio'n galed, yn rhoi pwyslais ar fywyd teuluol ac yn ofalus â'u harian. At hynny, byddai'n annog mewnfudwyr hefyd i ddilyn y gwerthoedd hyn.

Roedd y ffaith fod America wedi ymuno â'r Rhyfel Byd Cyntaf wedi creu llawer o broblemau yn ymwneud â'r Gwaharddiad. Roedd llawer o fragwyr yn dod o'r Almaen yn wreiddiol, a phan aeth UDA i ryfel yn erbyn yr Almaen, roedd y **Mudiad Dirwest** a'r Gynghrair Gwrth-Salŵn yn gweld gwahardd gwerthu alcohol fel gweithred wladgarol. Roedd eu dilynwyr nhw yn ystyried bod gwerthu ac yfed alcohol yn weithred o frad yn erbyn UDA. Wrth i deimladau gwrth-Almaenig dyfu yn UDA, dechreuodd pobl alw cwrw yn 'ddiod y Kaiser' (y Kaiser oedd ymerawdwr yr Almaen).

Ffynhonnell A: Rhan o gân gafodd ei chyfansoddi yn 1903, o'r enw 'When the Prohibs Win the Day'

There'll be plenty of food for eating, There'll be plenty of clothes for wear, There'll be gladness in ev'ry meeting, There'll be praise to outmeasure prayer, There'll be toys each day for baby, And then Papa at home will stay, And a heaven on earth will the bright home be, When the Prohibs win the day.

Daddy's in There---

And Our Shoes and Stockings and Clothes and Food Are in There, Too, and They'll Never Come Out.
—*Chicago American.*

▲ **Ffynhonnell B:** Poster gafodd ei gyhoeddi gan y Gynghrair Gwrth-Salŵn yn 1917 i dynnu sylw at ddrygioni alcohol

Ym mis Medi 1918, penderfynodd yr Arlywydd Woodrow Wilson wahardd cynhyrchu cwrw tan ddiwedd y rhyfel. Dim ond ychydig o bobl wnaeth wrthwynebu'r penderfyniad hwn – nid oedd unrhyw gyrff wedi cael eu sefydlu i wrthwynebu'r dadleuon o blaid y Gwaharddiad hyd yn oed. Cafodd Diwygiad y Gwaharddiad, oedd yn rhoi stop ar 'gynhyrchu, gwerthu neu gludo diodydd meddwol' ei gymeradwyo yn y Gyngres ym mis Ionawr 1919. Y bwriad oedd dod â'r Gwaharddiad i rym flwyddyn yn ddiweddarach. Doedd y diwygiad ddim yn gwahardd prynu neu yfed alcohol, ac nid oedd yn diffinio'r term 'diodydd meddwol'. Yn 1920, pasiodd y Gyngres Ddeddf Volstead oedd yn diffinio 'diodydd meddwol' fel unrhyw beth yn cynnwys mwy na 0.5 y cant o alcohol. Daeth y Gwasanaeth Refeniw Mewnol (IRS: *Internal Revenue Service*) yn gyfrifol am orfodi'r Gwaharddiad.

▲ Ffynhonnell C: Cartŵn gafodd ei gyhoeddi mewn papur newydd yn UDA yn ystod y Rhyfel Byd Cyntaf

▼ Ffynhonnell CH: Menywod yn protestio o blaid y Gwaharddiad yn Madison, Minnesota, 1917

Ffynhonnell D: O bamffled y Gynghrair Gwrth-Salŵn, 1918

Dyletswydd wladgarol yr Americanwr yw dileu'r fasnach alcohol sy'n an-Americanaidd, yn bleidiol i'r Almaen, yn arwain at droseddu, yn gwastraffu bwyd, yn llygru pobl ifanc, yn dinistrio cartrefi ac yn achosi brad.

GWEITHGAREDDAU

1 Beth mae Ffynonellau B a D yn ei awgrymu am agweddau'r Americanwyr tuag at alcohol?

2 Defnyddiwch Ffynhonnell A a'r hyn rydych chi'n ei wybod i esbonio pam roedd pobl yn cefnogi'r Gwaharddiad.

3 Copïwch a chwblhewch y map meddwl i ddangos pam cafodd y Gwaharddiad ei gyflwyno.

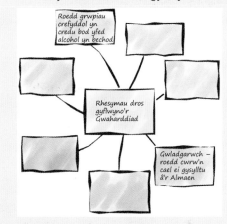

Cwestiynau ymarfer

1 Beth oedd pwrpas Ffynhonnell C? (*I gael arweiniad, gweler tudalennau 162–163.*)

2 Disgrifiwch sut gwnaeth y gwahanol grwpiau o fewn cymdeithas America ymgyrchu o blaid cyflwyno'r Gwaharddiad. (*I gael arweiniad, gweler tudalen 161.*)

Bywyd yn ystod y Gwaharddiad

O ganlyniad i'r gwaharddiad, aeth yfed alcohol yn weithgaredd tanddaearol. Roedd yn amhosibl atal pobl rhag yfed alcohol – yn enwedig gan fod unrhyw ddiodydd oedd yn cynnwys mwy na 0.5 y cant o alcohol wedi'u gwahardd. Roedd llawer iawn o bobl yn barod i dorri'r gyfraith, nid yn unig i gynhyrchu alcohol ond i fynd i fariau preifat i'w yfed. I lawer o bobl gyffredin, doedd yfed alcohol neu ymweld â chlwb yfed anghyfreithlon, sef 'speakeasy', ddim yn teimlo fel torri'r gyfraith. Roedd y gwaharddiad wedi creu sefyllfa lle roedd cwsmeriaid eisiau cynnyrch oedd ddim ar gael trwy ddulliau cyfreithlon. Er mwyn ateb y galw hwn, daeth troseddu cyfundrefnol i'r adwy. Dyma ddechrau oes y gangster.

TERMAU'R GWAHARDDIAD

Speakeasy	clwb yfed anghyfreithlon
Bootlegger	rhywun sy'n cynhyrchu neu'n gwerthu alcohol yn anghyfreithlon
Bathtub gin	jin cartref
Still	dyfais i ddistyllu alcohol
Moonshine	alcohol wedi'i ddistyllu neu ei smyglo yn anghyfreithlon
Rum runner	rhywun sy'n cludo alcohol dros ffin yn anghyfreithlon

Smyglo

Roedd hi'n ddigon hawdd cael gafael ar alcohol. Roedd llawer o bobl yn ei gynhyrchu yn anghyfreithlon, a llawer yn ei smyglo o Ewrop, México, Canada a'r Caribî. Gan fod angen gwarchod dros 30,000 cilometr o arfordir a ffiniau tir UDA, roedd hi'n anodd atal pobl rhag smyglo alcohol i'r wlad. Roedd rhai meddygon hyd yn oed yn fodlon rhoi wisgi ar bresgripsiwn fel meddyginiaeth.

GWEITHGAREDDAU

1 Edrychwch ar Ffynhonnell DD. Beth mae'n ei ddweud wrthych chi am y Gwaharddiad?

2 Pa mor llwyddiannus oedd llywodraeth UDA wrth atal alcohol rhag cael ei smyglo i'r wlad?

◀ Ffynhonnell DD: Mae'r cartŵn hwn o'r 1920au yn dangos Wncl Sam a dyn o'r enw 'Gwladwriaeth' yn dadlau, a'r ddau yn dweud 'Gwna di e!' wrth ei gilydd. Yn y cefndir mae 'bootlegger' bodlon yn sefyll wrth ymyl blychau o 'Jin', 'Cwrw', 'Gwirod Arbennig' a 'Gwirod Cartref'

Clybiau yfed anghyfreithlon (*Speakeasies*)

Yn fuan ar ôl cyflwyno'r Gwaharddiad, roedd mwy o *speakeasies* i'w cael nag oedd o glybiau yfed cyfreithlon yn yr hen ddyddiau. Yn Efrog Newydd yn unig, roedd dros 30,000 o *speakeasies* erbyn 1930. Roedd gan berchennog clwb fel hyn lawer o gostau. Yn ogystal â phrynu'r alcohol anghyfreithlon, byddai'n rhaid llwgrwobrwyo'r asiantiaid ffederal, uwch swyddogion yr heddlu, swyddogion y ddinas (a'r heddlu oedd ar ddyletswydd pan fyddai'r cyflenwad alcohol yn cyrraedd). Roedd yr un sefyllfa i'w chanfod ar draws UDA.

Iechyd

Cafodd y Gwaharddiad effaith gymysg ar iechyd Americanwyr. Roedd nifer y rhai fu farw o alcoholiaeth wedi gostwng 80 y cant erbyn 1921, ond erbyn 1926 roedd tua 50,000 o bobl wedi marw o alcohol gwenwynig. Fe wnaeth nifer y dynion fu farw o sirosis yr iau/afu ostwng o 29.5 ymhob 100,000 yn 1911 i 10.7 ymhob 100,000 yn 1929. Eto i gyd, roedd meddygon wedi gweld cynnydd mewn achosion o ddallineb a pharlys – eto o ganlyniad i yfed alcohol gwenwynig. Sylwodd llawer o bobl fod y Gwaharddiad wedi lleihau nifer marwolaethau ar y ffordd, ac roedd llai o ddamweiniau yn ymwneud ag alcohol yn y gwaith. Roedd gwariant y pen ar alcohol hefyd wedi lleihau yn ystod y Gwaharddiad.

GWEITHGAREDD ?

Defnyddiwch Ffynhonnell E a'r hyn rydych chi'n ei wybod i esbonio pam roedd rhai Americanwyr am weld y Gwaharddiad yn dod i ben.

Ffynhonnell E: Araith gan Pauline Sabin yn 1929 lle galwodd hi am ddileu'r Gwaharddiad. Fe wnaeth Sabin gychwyn Sefydliad Cenedlaethol y Menywod ar gyfer Diwygio'r Gwaharddiad yn Chicago yn 1929

Yn y dyddiau cyn y Gwaharddiad, doedd dim angen i famau boeni llawer am eu plant yn mynychu tafarndai. Byddai unrhyw dafarnwr yn colli ei drwydded pe bai'n cael ei ddal yn gwerthu alcohol i blant dan oed. Heddiw, mewn unrhyw *speakeasy* yn yr Unol Daleithiau, gallwch chi weld bechgyn a merched yn eu harddegau yn yfed alcohol, ac mae'r sefyllfa mor ddifrifol nes bod mamau'r wlad yn teimlo bod rhaid gwneud rhywbeth i amddiffyn eu plant.

Y diwydiant bragu

Cafodd y Gwaharddiad effaith barhaol ar ddiwydiant bragu'r wlad. Roedd 22 o fragdai yn St Louis cyn y Gwaharddiad. Naw yn unig wnaeth lwyddo i ailagor pan ddaeth y Gwaharddiad i ben yn 1933. Roedd yn rhaid i gwmni Anheuser-Busch droi i gynhyrchu diodydd ysgafn, datblygu diwydiant potelu a hyd yn oed gynhyrchu rhannau ar gyfer ceir a lorïau er mwyn goroesi. Yn 1915, roedd 1,345 o fragdai yn UDA. Yn 1934, dim ond 756 oedd ar ôl.

Cwestiynau ymarfer

1 Disgrifiwch sut cafodd y Gwaharddiad ei anwybyddu'n agored ar draws rhannau helaeth o UDA. (I gael arweiniad, gweler tudalen 161.)

2 Defnyddiwch Ffynhonnell F a'r hyn rydych chi'n ei wybod i ddisgrifio rôl y *speakeasy* yn y 1920au. (I gael arweiniad, gweler tudalennau 159–160.)

▲ **Ffynhonnell F:** *Speakeasy* yng nghanol yr 1920au yn dangos *flapper* yn smyglo'r alcohol anghyfreithlon

Gorfodi'r Gwaharddiad

Roedd yn amhosibl gorfodi'r Gwaharddiad. Roedd llai na 2,500 o asiantiaid yn gweithio i'r Gwasanaeth Refeniw Mewnol (*IRS*) a dechreuodd rhai ohonyn nhw gael eu talu gan arweinwyr y gangiau i'w helpu. Asiant enwocaf yr *IRS* oedd Eliot Ness, y dyn wnaeth arestio Al Capone yn y diwedd (gweler tudalen 123). Roedd y rhan fwyaf o Americanwyr yn barod i dorri deddf y Gwaharddiad ac felly dechreuodd oes newydd o droseddu. Roedd cynhyrchu a gwerthu alcohol yn gwneud elw. Roedd yr heddlu a swyddogion y ddinas yn gwybod bod nifer y *speakeasies* a'r *bootleggers* yn cynyddu, ond roedd y troseddwyr yn sylweddoli byddai llwgrwobrwyo pobl yn eu cadw nhw'n dawel. Yn ôl un gwleidydd o Efrog Newydd, byddai angen 250,000 o asiantiaid ffederal i orfodi'r Gwaharddiad, a channoedd o rai eraill i gadw llygad ar yr heddlu. O ganlyniad, yn yr 1920au fe dyfodd llygredd cyhoeddus ar raddfa fwy nag erioed yn UDA.

Diwedd y Gwaharddiad

Erbyn diwedd yr 1920au roedd mwy a mwy o bobl yn gwrthwynebu'r Gwaharddiad. Cafodd sawl grŵp gwrth-Gwaharddiad ei sefydlu i dynnu sylw at y problemau alcohol ddaeth yn sgil y fasnach alcohol anghyfreithlon. O ganlyniad i'r ymgyrchoedd hyn, cafodd cyfraith y Gwaharddiad ei dileu ym mis Rhagfyr 1933. Dyma ddiwedd cyfnod y smyglwyr alcohol.

Ffynhonnell FF: Cartŵn, ► wedi'i gyhoeddi ar ddiwedd yr 1920au, yn dangos Wncl Sam wedi blino'n lân gan lif o alcohol anghyfreithlon oddi wrth y diafol

Ffynhonnell G: Pobl yn ► Efrog Newydd yn dathlu diwedd y Gwaharddiad, Rhagfyr 1933

Troseddu cyfundrefnol

Roedd gangiau o droseddwyr i'w cael yn UDA cyn y Gwaharddiad, ond tyfodd eu grym nhw yn gyflym yn ystod yr 1920au. Rhoddodd y Gwaharddiad gyfle i droseddwyr gymryd rhan mewn gweithgareddau fel smyglo. Byddai'r gangiau yn prynu cannoedd o fragdai, gan gludo cwrw anghyfreithlon mewn lorïau arfog. Roedd arweinwyr y gangiau yn ystyried eu hunain yn ddynion busnes a bydden nhw'n ceisio meddiannu pob busnes oedd yn cystadlu yn eu herbyn. Ond roedden nhw'n defnyddio dulliau treisgar i wneud hyn gan amlaf, a byddai eu gwrthwynebwyr fel arfer yn cael eu llofruddio. Roedd y gwn peiriant Thompson yn boblogaidd iawn gan y gangiau, ac roedd yn cael ei alw yn 'Piano Chicago' neu 'Teipiadur Chicago'.

Roedd gangiau'n rhan hefyd o weithgareddau twyllodrus o'r enw **racedi** – roedd hyn yn cynnwys amddiffyn, puteindra, a 'rhifau' (loteri anghyfreithlon).

Al Capone

Mae Al Capone yn enghraifft nodweddiadol o'r gangster yng nghyfnod y Gwaharddiad. Roedd yn fab i fewnfudwyr o'r Eidal, ac ar ôl gadael yr ysgol yn ifanc dechreuodd gyflawni mân droseddau. Cafodd Capone y llysenw 'Scarface' ar ôl sgarmes pan oedd yn gweithio fel bownsar mewn clwb nos yn Efrog Newydd. Symudodd i Chicago oherwydd ei gysylltiad â'r dihiryn Johnny Torrio, a datblygodd ei rym yn raddol nes iddo gymryd yr awenau oddi wrth Torrio. Sefydlodd Capone ei hun yn un o brif gangsters Chicago drwy lwgrwobrwyo swyddogion lleol. Cyn hir, roedd hanner gweithwyr cyflogedig y ddinas yn gweithio iddo.

Roedd Capone yn rheoli uwch-swyddogion yr heddlu a'r maer 'Big Bill' Thompson. Roedd hefyd yn trefnu canlyniadau'r etholiadau lleol. Yn Chicago, roedd yn rheoli *speakeasies*, siopau betio, tai gamblo, puteindai, traciau ceffylau a rasio, clybiau nos, distyllfeydd a bragdai. Roedd yn teithio mewn Cadillac gwrth-fwledi bob amser, yng nghwmni ei warchodwyr arfog a'u gynnau peiriant. Er mwyn rheoli Chicago yn llwyr, trefnodd Capone i dros 200 o'i elynion gael eu lladd rhwng 1925 ac 1929. Ni chafwyd neb yn euog o'r llofruddiaethau hyn.

Er gwaethaf ei holl droseddau, roedd llawer o Americanwyr yn ystyried Capone yn gymeriad lliwgar a hudol. Roedd yn rhan o'r cylchoedd cymdeithasol uchaf ac fe wnaeth ef 'roi Chicago ar y map'. Ef oedd y cyntaf i agor ceginau cawl yn dilyn **Cwymp Wall Street** yn 1929 (gweler Ffynhonnell H) ac fe roddodd orchymyn i'r siopau roi dillad a bwyd i'r bobl dlawd, gan dalu amdanyn nhw ei hun.

AL CAPONE 1899–1947

1899	Cafodd ei eni yn Efrog Newydd
1917	Ymunodd â'r *Five Points Gang* dan arweiniad Johnny Torrio
1921	Symudodd i Chicago i weithio gyda Torrio
1922	Daeth yn bartner yn salwnau, tai gamblo a phuteindai Torrio
1925	Cymerodd yr awenau pan wnaeth Torrio adael Chicago
1929	Ef oedd yn gyfrifol am Gyflafan Dydd Sant Ffolant
1931	Cafodd ei gyhuddo o osgoi talu **treth incwm** a'i gael yn euog
1939	Enillodd yr hawl i gael ei ryddhau o'r carchar
1947	Bu farw yn Palm Island, Florida

Ffynhonnell NG:
Disgrifiad o etholiad yn Cicero, un o faestrefi Chicago, mewn papur newydd lleol, 1924

Roedd dynion arfog yn crwydro'r strydoedd mewn ceir yn saethu ac yn herwgipio gweithwyr yr etholiad. Llifodd troseddwyr gyda gynnau i mewn i orsafoedd pleidleisio, gan fygwth pleidleiswyr a dwyn eu papurau wrth iddyn nhw aros i'w rhoi yn y blychau. Cafodd pleidleiswyr a gweithwyr eu herwgipio, eu cludo i Chicago a'u carcharu nes i'r gorsafoedd pleidleisio gau.

GWEITHGAREDDAU ?

1 Beth mae Ffynhonnell NG yn ei awgrymu am rym rhai gangsters?

2 a) Edrychwch ar Ffynhonnell H. Ysgrifennwch bennawd papur newydd ar gyfer y ffynhonnell.

   b) Awgrymwch resymau pam aeth Capone ati i agor ceginau cawl i'r di-waith.

◄ Ffynhonnell H: Cegin gawl 'Big Al', Chicago, 1930. Sefydlwyd y gegin gawl ar gyfer gweithwyr di-waith gan Al Capone

Cyflafan Dydd Sant Ffolant

Yn ei ymgais i reoli'r gangiau i gyd, roedd Capone ynghlwm â Chyflafan ddrwgenwog Dydd Sant Ffolant. Ar 14 Chwefror 1929, bu bron i Bugs Moran, arweinydd gang arall o Chicago, gael ei ladd yn ystod ymosodiad arfog ar garej. Lladdwyd saith o'i ddynion yn ystod yr ymosodiad. Roedd aelodau gang Capone, oedd wedi gwisgo fel swyddogion yr heddlu, wedi eu saethu nhw gyda gynnau peiriant. Roedd gan Capone ei hun alibi perffaith gan ei fod yn Florida ar y pryd. Yn sgil y digwyddiad hwn, fe wnaeth llawer o Americanwyr sylweddoli nad oedd y gangsters, a Capone yn enwedig, yn gymeriadau lliwgar a deniadol wedi'r cwbl.

Arestio

Yn 1931, cafodd Capone ei erlyn am osgoi talu treth incwm rhwng 1925 ac 1929. Yr honiad oedd ei fod wedi osgoi talu dros $200,000 mewn trethi o'i enillion gamblo. Cafodd ei ganfod yn euog, a daeth ei gyfnod fel arweinydd y gang i ben. Roedd yn ymddangos bod diwedd Capone hefyd yn ddiwedd oes y gangster. Wrth i'r Dirwasgiad waethygu, roedd pobl America yn wynebu digon o broblemau eraill.

Cwestiynau ymarfer

1 Defnyddiwch Ffynhonnell I a'r hyn rydych chi'n ei wybod i ddisgrifio Cyflafan Dydd Sant Ffolant. *(I gael arweiniad, gweler tudalennau 159–160.)*

2 Disgrifiwch sut daeth Al Capone yn brif gangster Chicago. *(I gael arweiniad, gweler tudalen 161.)*

3 Disgrifiwch y digwyddiadau arweiniodd at arestio ac erlyn Al Capone. *(I gael arweiniad, gweler tudalen 161.)*

Ffynhonnell I: Tudalen ▶ flaen papur newydd y *Chicago Daily News* yn adrodd y newyddion am Gyflafan Dydd Sant Ffolant

Llygredd

Yr Arlywydd Harding a'r 'Ohio Gang'

Yn ogystal â'r llygredd yn nhrefi a dinasoedd UDA yn ystod y Gwaharddiad, roedd enghreifftiau o lygredd yn y llywodraeth yn Washington DC hefyd.

Yn 1919, fe wnaeth yr arlywydd newydd, Warren Harding, addo byddai UDA yn dychwelyd i 'normalrwydd' yn dilyn amgylchiadau anodd y Rhyfel Byd Cyntaf. Cafodd llawer o ffrindiau a chydweithwyr Harding o Ohio ymuno â'i gabinet, a dechreuodd pobl gyfeirio atyn nhw fel yr 'Ohio Gang'. Ond roedd rhai o ffrindiau Harding yn defnyddio'u swyddi i wneud elw personol. Cafodd Pennaeth Swyddfa'r Cyn-filwyr ddirwy a'i anfon i'r carchar am werthu cyflenwadau ysbyty'r cyn-filwyr er mwyn gwneud elw iddo'i hun. Ymddiswyddodd cydweithiwr arall o dan gwmwl, ac fe wnaeth dau arall gyflawni hunanladdiad yn hytrach nag wynebu gwarth cyhoeddus oherwydd y sgandal.

Harry Daugherty 1860–1941

1881 Enillodd gymhwyster i ddod yn gyfreithiwr

1890–94 Aelod Gweriniaethol yn Senedd Ohio

1920 Arweinydd y Blaid Weriniaethol yn Ohio

1921–24 Twrnai Cyffredinol

1924 Ymddiswyddodd fel Twrnai Cyffredinol

Yr Arlywydd Warren Harding 1865–1923

1900–04 Aelod Gweriniaethol yn Senedd Ohio

1904–06 Dirprwy Lywodraethwr Ohio

1915–21 Seneddwr Ohio

1921–23 Arlywydd

Albert Fall 1861–1944

1891 Cymhwysodd i ddod yn gyfreithiwr

1893 Cafodd ei benodi yn farnwr yn New Mexico

1912 Seneddwr Gweriniaethol New Mexico

1921 Cafodd ei benodi yn Ysgrifennydd Cartref gan Harding

1923 Ymddiswyddodd

1929 Cafodd ei garcharu am flwyddyn oherwydd Sgandal y Teapot Dome

▼ Ffigur 3.1: Aelodau cabinet yr Arlywydd Warren Harding, 1921

Edwin Denby (1870–1929)

1896 Graddiodd yn y gyfraith o Brifysgol Michigan a dechreuodd weithio fel cyfreithiwr

1905–11 Cynrychiolydd Gweriniaethol Michigan yn Nhŷ'r Cynrychiolwyr UDA

1917–20 Gwasanaethodd yng Nghorfflu Llynges UDA, gan ddod yn uwch-gapten

1921–24 Ysgrifennydd y Llynges o dan Harding a Coolidge

1924 Ymddiswyddodd oherwydd Sgandal y Teapot Dome

1924 Aeth yn ôl i fyd y gyfraith

Charles Forbes (1878–1952)

1916 Fe wnaeth Harding gyfarfod Forbes yn Hawaii lle roedd Forbes yn gofalu am y gwaith o adeiladu canolfan y llynges yn Pearl Harbor

1921–23 Cafodd ei benodi gan Harding yn Gyfarwyddwr cyntaf Swyddfa'r Cyn-filwyr lle gwnaeth ef ddwyn arian y llywodraeth

1923 Yn dilyn cael ei gyhuddo o lygredd, ymddiswyddodd gan ffoi i Ewrop

1925 Cafodd ei roi ar brawf, a'i gyhuddo o ddwyn $200 miliwn o arian y llywodraeth

1926 Cafodd ei ganfod yn euog a'i ddedfrydu i ddwy flynedd yn y carchar; cafodd ei ryddhau ar ôl blwyddyn

Thomas Miller (1886–1973)

1908 Graddiodd yn y gyfraith o Brifysgol Yale

1913–15 Gwasanaethodd fel Ysgrifennydd Gwladol Delaware

1915–17 Cynrychiolydd Gweriniaethol Delaware yn Nhŷ'r Cynrychiolwyr UDA

1921 Cafodd ei benodi gan Harding yn Geidwad Eiddo Estroniaid, gan ddal y swydd tan 1925

1927 Cafodd ei ganfod yn euog o dwyllo llywodraeth UDA ac aeth i'r carchar am 18 mis

1933 Cafodd bardwn gan yr Arlywydd Hoover

Sgandal y Teapot Dome

Daeth mwy o warth ar Harding a'i lywodraeth yn dilyn Sgandal y Teapot Dome. Fe wnaeth Albert Fall, Ysgrifennydd Cartref Harding, roi meysydd olew'r llywodraeth ar brydles i ffrindiau cyfoethog yn gyfnewid am lwgrwobrwyon gwerth cannoedd o filoedd o ddoleri. Yn dilyn penderfyniad gan y Gyngres yn 1920, roedd y meysydd olew i fod i gael eu defnyddio gan Lynges UDA a neb arall, er mwyn sicrhau bod digon o gyflenwad olew wrth gefn ar adeg o argyfwng cenedlaethol. Cafodd Harry Sinclair (Pennaeth Cwmni Olew *Mammoth*) brydlesau i ddrilio am olew yn Teapot Dome, Wyoming, a chafodd Edward Doheny (perchennog *Pan-American Petroleum and Transport Company*) brydlesau ar gyfer cronfeydd yn Elk Hills, Califfornia. Cafodd Fall werth tua $400,000 mewn arian ac anrhegion gan Doheny a Sinclair. Roedd y fargen yn un gyfrinachol, ond pan ddechreuodd Fall wario symiau mawr o arian, dechreuodd pobl amau sut roedd wedi cael y fath arian. Erbyn iddo orffen prydlesu cronfeydd y llynges, roedd Fall wedi rhoi cronfeydd olew gwerth tua $100 miliwn i Sinclair a Doheny. Roedd Fall ei hun wedi derbyn arian parod a bondiau gwerth $409,000 ganddyn nhw.

Cafodd rhai o fanylion y cytundebau eu cyhoeddi yn y papurau newydd ym mis Ebrill 1922, a gwnaeth yr Arlywydd Harding amddiffyn Fall, gan ddweud ei fod ef ei hun wedi cymeradwyo'r cytundebau. Ar y dechrau, roedd yr hyn roedd Fall wedi'i wneud yn ymddangos yn ddibwys.

GWEITHGAREDDAU **?**

1 Pa mor llygredig oedd y llywodraeth o dan yr Arlywydd Harding?
2 Esboniwch pam gwnaeth digwyddiadau Teapot Dome achosi sgandal.
3 Allwch chi awgrymu rhesymau pam cafodd y Seneddwr Walsh ei boenydio yn ystod ymchwiliad Teapot Dome?

Pan gafodd ei holi pam roedd y trefniadau wedi'u gwneud yn gyfrinachol, atebodd Fall mai diogelwch cenedlaethol oedd yn gyfrifol am hynny. Honnodd Doheny hefyd mai rhesymau gwladgarol a diogelwch oedd wrth wraidd ei weithredoedd yntau. Ond protestiodd nifer o gwmnïau olew blaenllaw UDA oherwydd nad oedden nhw wedi cael cyfle i gyflwyno cais agored am y prydlesau. Dechreuodd y Senedd alw am ymchwiliad a bu Harding yn poeni cymaint nes iddo fynd yn sâl a chael niwmonia. Pan oedd yr argyfwng ar ei waethaf, dywedodd yr Arlywydd Harding: 'Dydw i ddim yn poeni am fy ngelynion. Gallaf i ddelio â nhw. Fy ffrindiau sy'n achosi problemau i mi.' Bu farw Harding ym mis Awst 1923. Cafodd ei olynu gan Calvin Coolidge, ac fe lwyddodd ef i adfer ffydd yn y llywodraeth yn raddol.

Y Seneddwr, Thomas Walsh, Democrat o Montana, fu'n arwain ymchwiliad y Senedd. Cafodd ei feirniadu gan sawl papur newydd a hefyd gan y Gweriniaethwyr am orliwio'r digwyddiadau. Cafodd ei boenydio hefyd gan yr FBI, wrth iddyn nhw wrando ar ei alwadau ffôn, agor ei bost a gwneud bygythiadau dienw i'w ladd. Llusgodd ymchwiliad y Senedd ymlaen am sawl blwyddyn ac yn y diwedd, yn 1927, dyfarnodd y **Llys Goruchaf** fod Sinclair a Doheny wedi cael y prydlesau olew mewn ffordd lygredig, a'u bod nhw'n annilys. Daeth meysydd olew Teapot Dome ac Elk Hills yn eiddo i'r llynges unwaith eto. Cafodd Albert Fall ei ganfod yn euog o lwgrwobrwyo yn 1929, ac fe gafodd ddirwy o $100,000 a dedfryd o flwyddyn yn y carchar. Fall oedd y swyddog cyntaf o lywodraeth UDA i gael ei garcharu. Roedd Harry Sinclair wedi gwrthod cydweithredu ag ymchwilwyr y llywodraeth. Cafodd ei gyhuddo o ddirmyg llys a'i ddedfrydu i gyfnod byr yn y carchar am ymyrryd â'r rheithgor. Cafodd Edward Doheny ei ganfod yn ddieuog yn 1930 o geisio llwgrwobrwyo Fall.

Yn ystod yr ymchwiliad, cafodd Harry Daugherty, y Twrnai Cyffredinol, ei gyhuddo o rwystro'r ymchwiliad a bu'n rhaid iddo ymddiswyddo yn 1924.

Cwestiynau ymarfer

1 Beth oedd pwrpas Ffynhonnell J? (*I gael arweiniad, gweler tudalennau 162–163.*)
2 Ai troseddu cyfundrefnol oedd un o'r problemau mwyaf oedd yn wynebu cymdeithas America yn yr 1920au? Defnyddiwch yr hyn rydych chi'n ei wybod a'i ddeall am y mater i gefnogi eich ateb. (*I gael arweiniad, gweler tudalennau 166–167.*)

◀ **Ffynhonnell J:** Cartŵn wnaeth ymddangos mewn papur newydd yn America yn 1922 yn portreadu Sgandal y Teapot Dome. Albert Fall yw un o'r cymeriadau sy'n rhedeg i ffwrdd

Fe wnaeth UDA elwa'n fawr yn economaidd ar y Rhyfel Byd Cyntaf, ac yn yr 1920au dechreuodd yr economi ffynnu. Roedd sawl ffactor yn gyfrifol am y ffyniant hwn. Roedd gan UDA ddigon o adnoddau naturiol a gweithwyr rhad. Datblygodd technegau masgynhyrchu'r diwydiant ceir a chafodd y rhain eu copïo wedyn gan ddiwydiannau eraill. Tyfodd diwydiannau newydd yn gyflym yn sgil trydaneiddio ac oherwydd bod credyd ar gael yn hawdd drwy gynlluniau hur bwrcas. O ganlyniad i'r ffactorau hyn, roedd mwy o alw am gynnyrch, ac arweiniodd hynny yn ei dro at dwf dramatig yng ngwerthoedd stociau a chyfranddaliadau ar farchnad stoc UDA, gan greu'r amodau ar gyfer ffyniant economaidd y wlad. Cafodd hyn ei annog gan bolisïau arlywyddion y Blaid Weriniaethol wnaeth olynu ei gilydd a rhoi pwyslais ar egwyddorion *laissez-faire*, unigolyddiaeth a diffynnaeth.

Safle economaidd America yn 1910

Digwyddodd ffyniant economaidd UDA yn rhannol oherwydd adnoddau ac asedau naturiol America, a'i gweithwyr rhad yn benodol. Mae ffyniant yn digwydd pan fydd economi gwlad yn datblygu'n gyflym iawn. Mae ffatrïoedd yn cynhyrchu ac yn gwerthu llawer o nwyddau sydd, yn eu tro, yn gwneud arian sy'n cael ei ailfuddsoddi yn y ffatrïoedd, er mwyn cynhyrchu a gwerthu nwyddau a gwneud hyd yn oed mwy o arian. Mewn geiriau eraill, mae'r effaith luosydd yn digwydd i'r economi, pan fydd twf un diwydiant yn hybu ac yn ysgogi twf un arall. Er enghraifft, yn UDA yn y cyfnod hwn:

- Roedd twf y diwydiant ceir o fudd i'r diwydiannau rwber a gwydr.
- Roedd datblygiad trydan yn ysgogi diwydiannau newydd i dyfu – yn enwedig rhai oedd yn cynhyrchu nwyddau trydanol fel sugnwyr llwch ac oergelloedd.

Adnoddau naturiol

Roedd gan UDA gyflenwad helaeth o nwyddau crai gan gynnwys olew, glo, coed a haearn. Yr adnoddau hyn oedd sylfaen twf economaidd UDA yn y blynyddoedd cyn y Rhyfel Byd Cyntaf, ac fe wnaethon nhw ysgogi twf pellach yn yr 1920au.

Gweithwyr rhad

Roedd mewnfudo cyson o Ewrop i UDA yn y blynyddoedd cyn y Rhyfel Byd Cyntaf (gweler Ffynhonnell A). Roedd hyn yn golygu bod cyflenwad helaeth o lafur rhad, di-grefft ar gael o'r Almaen, Llychlyn, yr Eidal, Gwlad Pwyl, Rwsia, Iwerddon, China a Japan.

▲ Ffynhonnell A: Mae'r Cartŵn hwn o 1880 yn dangos cymeriad sy'n cynrychioli UDA a mewnfudwyr yn cyrraedd UDA.

Effaith economaidd y Rhyfel Byd Cyntaf

Ni wnaeth UDA ymuno â'r Rhyfel Byd Cyntaf tan fis Ebrill 1917. Fe gafodd economi'r wlad fudd mawr o'r rhyfel. Yn wir, erbyn 1918, economi UDA oedd y mwyaf yn y byd.

- Cafodd y rhyfel ei ymladd ar dir Ewrop, a chael effaith wael ar economi gwledydd blaenllaw fel Prydain, Ffrainc a'r Almaen, oedd yn gorfod defnyddio eu hadnoddau i ymladd y rhyfel.
- Prynodd y gwledydd hyn gyflenwadau angenrheidiol oddi wrth UDA. Llifodd arian i mewn i UDA ar gyfer bwyd, nwyddau crai ac **arfau rhyfel**. Arweinodd hyn at dwf yn amaethyddiaeth a diwydiant UDA.
- Roedd yn rhaid i lawer o wledydd gael benthyg symiau mawr o arian gan UDA. Buddsoddodd bancwyr a dynion busnes America fwyfwy yn Ewrop, gan wneud elw pan wnaeth economïau'r gwledydd hyn wella yn yr 1920au.
- At hynny, allai gwledydd Ewrop ddim allforio cymaint o nwyddau ag o'r blaen yn ystod y rhyfel. Llwyddodd cynhyrchwyr a ffermwyr UDA i ennill marchnadoedd tramor, gan ehangu ymhellach (gweler Ffigur 4.1). Er enghraifft, cymerodd UDA le yr Almaen fel prif gynhyrchydd gwrteithiau a chemegau'r byd.
- Daeth datblygiadau technolegol newydd yn sgil yr rhyfel, yn enwedig ym maes **mecaneiddio**, yn ogystal â datblygu defnyddiau crai newydd fel plastig. O ganlyniad, roedd UDA yn arwain y byd o ran technoleg newydd.

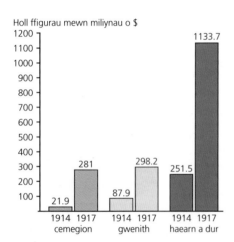

▲ Ffigur 4.1: Allforion UDA, 1914–17

▲ **Ffynhonnell B:** Ffatri yn America yn cynhyrchu sieliau ac arfau yn ystod y Rhyfel Byd Cyntaf

GWEITHGAREDDAU ?

1 Esboniwch pam roedd hi'n bosibl i economi America dyfu yn y cyfnod 1910–19.
2 Pa wybodaeth mae Ffigur 4.1 yn ei rhoi am allforion America yn ystod cyfnod y Rhyfel Byd Cyntaf?
3 Edrychwch ar Ffynhonnell A. Sut gwnaeth dyfodiad cymaint o fewnfudwyr helpu economi America yn ystod y cyfnod hwn?

Cwestiwn ymarfer

Defnyddiwch Ffynhonnell B a'r hyn rydych chi'n ei wybod i ddisgrifio effaith y Rhyfel Byd Cyntaf ar economi America. (I gael arweiniad, gweler tudalennau 159–160.)

Trydaneiddio

Ar ddechrau'r 1920au, dechreuodd chwyldro diwydiannol arall yn UDA. Un rheswm am hyn oedd y defnydd eang o bŵer trydan. Roedd trydan wedi datblygu'n araf cyn y rhyfel, ond cafodd dwywaith cymaint o drydan ei ddefnyddio yn ystod yr 1920au. Yn 1912, 16 y cant yn unig o Americanwyr oedd yn byw mewn tai gyda goleuadau trydan. Erbyn 1927, roedd hyn wedi cynyddu i 63 y cant. Erbyn diwedd y degawd roedd trydan i'w gael yn y rhan fwyaf o gartrefi yn y dinasoedd.

Roedd datblygiad trydan yn hollbwysig i dwf diwydiannol. Roedd yn cynnig pŵer rhatach, mwy dibynadwy, effeithlon a hyblyg i ffatrïoedd, gweithdai a diwydiannau eraill. Roedd mwy a mwy o ffatrïoedd yn defnyddio trydan ac roedd twf pŵer trydan hefyd yn arwain at ddefnydd mwy helaeth o nwyddau trydanol. Yn sgil trydaneiddio UDA, cafodd pob math o nwyddau eu datblygu ar gyfer y cartref, gan gynnwys setiau radio, gramoffonau, ffonau, peiriannau golchi, sugnwyr llwch, poptai ac oergelloedd. Er enghraifft:

- Yn 1926, lansiodd Hoover y sugnwr llwch enwog 'beats-as-it-sweeps-as-it-cleans', a oedd yn cynnwys y tri dull arferol o lanhau carpedi: curo, ysgubo a sugno. Roedd y ddyfais newydd hon yn gosod y safon ar gyfer gweddill y farchad.
- Erbyn 1900, roedd hanner cartrefi America yn defnyddio cwpwrdd rhew i gadw bwyd yn oer. Roedd y rhew roedd ei angen ar gyfer storio bwyd yn ddrud, felly doedd gan y cartrefi eraill ddim llawer o ffyrdd i gadw bwyd yn oer. Newidiodd hyn i gyd pan ddatblygodd General Electric yr uned Monitor-Top gyntaf yn 1927. Dyma'r oergell gyntaf i gael ei defnyddio yn eang.

Mae'n bwysig nodi hefyd fod defnydd o ffynonellau egni eraill wedi tyfu yn ystod y cyfnod hwn; er enghraifft, dyblodd y defnydd o olew, a defnyddiwyd pedair gwaith cymaint o nwy.

CWESTIWN GWEITHGAREDD ?

Pa mor bwysig oedd y cynnydd mewn pŵer trydan i dwf economi UDA yn yr 1920au?

Cwestiwn ymarfer

Defnyddiwch Ffynhonnell C a'r hyn rydych chi'n ei wybod i ddisgrifio twf diwydiant America yn ystod yr 1920au. (I gael arweiniad, gweler tudalennau 159–160.)

▲ Ffynhonnell C: Cartŵn yn dangos Wncl Sam bach yn edmygu ei nerth diwydiannol

Masgynhyrchu

Cafodd llawer o ddiwydiannau eu moderneiddio yn UDA rhwng 1910 ac 1929. Roedd mwy o ddiwydiannau yn defnyddio technegau gweithgynhyrchu modern fel **masgynhyrchu**. Yn ystod yr 1920au cafodd technegau masgynhyrchu eu defnyddio mewn sawl diwydiant, fel nwyddau cartref a thecstilau. Er enghraifft, yn sgil cyflwyno meintiau dillad safonol ar draws UDA yn ystod y Rhyfel Byd Cyntaf, roedd yn bosibl masgynhyrchu dillad. Dechreuodd arfau, peiriannau gwnïo ac injans trên gael eu masgynhyrchu. Yn ddiweddarach, cafodd y dulliau hyn eu defnyddio i gynhyrchu clociau, teipiaduron a beiciau.

Chwaraeodd y diwydiant ceir ran bwysig iawn yn ffyniant yr 1920au. Roedd yn arwain y ffordd ym maes newidiadau technolegol yn aml iawn, yn ogystal ag ysgogi diwydiannau eraill i dyfu. Roedd y technegau masgynhyrchu gafodd eu defnyddio gan y diwydiant ceir yn cyflymu'r broses gynhyrchu, yn gwella cynhyrchedd ac yn arwain at fwy o elw.

Y llinell gydosod

Roedd masgynhyrchu wedi'i seilio ar linellau cydosod symudol. Cafodd y broses hon ei datblygu gan y cynhyrchydd ceir modur, Henry Ford. Yn 1913, cyflwynodd cwmni Ford ddull cynhyrchu ceir llawer mwy effeithlon, sef y llinell gydosod neu'r 'belt hudol'. Roedd Henry Ford wedi gweld pa mor effeithlon oedd y dull hwn mewn ffatrïoedd pacio cig a lladd-dai. Byddai cludfelt trydan yn cario'r car yn araf ar hyd y llinell wrth iddo gael ei roi at ei gilydd. Roedd y gweithwyr yn sefyll yn eu hunfan yn gwneud un dasg benodol, fel gosod yr olwynion neu'r drysau. Roedd hyn yn arbed amser gan fod yr offer a'r cyfarpar yn dod at y gweithiwr yn hytrach na bod y gweithiwr yn gwastraffu amser yn mynd i'w nôl. Yn 1913, roedd ffatri Ford yn Detroit yn cynhyrchu un car bob tri munud. Erbyn 1920, roedd yr un ffatri yn cynhyrchu'r un car bob deg eiliad.

Ffynhonnell CH: Henry Ford yn disgrifio llinell gydosod yng nghanol yr 1920au

Mae 45 gweithred wahanol yn y llinell sy'n cynhyrchu'r siasi. Bydd rhai dynion yn gyfrifol am ddwy weithred fach yn unig, ac eraill yn gyfrifol am fwy. Dyw'r dyn sy'n gosod y rhan ddim yn tynhau'r rhan. Dyw'r dyn sy'n gosod y follt ddim yn gosod y nyten, a dyw'r dyn sy'n gosod y nyten ddim yn ei thynhau. Mae gweithred 34 yn rhoi petrol yn y modur. Gweithred 44 sy'n rhoi dŵr yn y rheiddiadur. Gweithred 45 yw'r olaf pan fydd y car yn cael ei yrru ar y ffordd.

HENRY FORD (1863–1947)

Peiriannydd trydanol oedd Henry Ford. Adeiladodd ei gar cyntaf mewn sied frics oedd ar rent ganddo. Sefydlodd Gwmni Moduron Ford yn Detroit yn 1903. Yn 1908 lansiodd y Ford Model T neu'r 'Tin Lizzie'. Yr adeg honno, roedd cynhyrchwyr ceir yn cynhyrchu sawl model gwahanol mewn lliwiau gwahanol. Dangosodd Ford fod manteision i'w cael (a llai o gostau) o gynhyrchu un model safonol 'mewn unrhyw liw cyn belled â'i fod yn ddu'.

Roedd Ford yn credu mewn gwaith caled, a byddai'n cerdded o amgylch ei ffatri bob dydd gan annog ei weithwyr i wneud eu gwaith yn gywir. Ond roedd y llinell gydosod yn ddiflas ac yn undonog, ac roedd llawer o'r gweithwyr yn gadael yn gyson. Felly, yn 1914, cyhoeddodd Ford y byddai'n dyblu'r cyflogau i $5 y dydd, ac roedd hyn yn uwch o lawer na chyflog swyddi tebyg. Rhuthrodd gweithwyr i Detroit i weithio iddo. Fe wnaeth ef leihau hyd y diwrnod gwaith i wyth awr, a chyflwyno trydedd shifft hefyd. Roedd y ffatri felly yn gweithio tair shifft, 24 awr y dydd.

Roedd Ford hefyd yn fodlon defnyddio dulliau hysbysebu modern i werthu ei geir. Er enghraifft, roedd yn deall pa mor bwysig oedd defnyddio menywod deniadol mewn hysbysebion, nid dim ond i annog dynion i brynu ei geir, ond hefyd i ddangos ei bod yn bosibl i fenywod eu gyrru.

Effaith masgynhyrchu ar y diwydiant ceir

Roedd masgynhyrchu yn golygu bod Ford yn gallu gostwng prisiau ei geir fel bod llawer mwy o Americanwyr yn gallu eu fforddio. Yn 1914 roedd Model T yn costio $850. Erbyn 1926, roedd y pris wedi gostwng i $295. Nid dim ond pobl gyfoethog oedd yn gallu fforddio cael car, yn wahanol i'r sefyllfa yn Ewrop yng nghanol yr 1920au.

Yn sgil masgynhyrchu, felly, roedd ceir ar gael i lawer mwy o bobl: rhwng 1920 ac 1929, tyfodd nifer y ceir o 7.5 miliwn i 27 miliwn. Roedd ceir yn ysgogi Americanwyr i weld mwy o'u gwlad eu hunain, ac o ganlyniad, datblygodd gwestai a'r diwydiant twristiaeth. Arweiniodd masgynhyrchu ceir at adeiladu ffyrdd newydd, ar gyfradd o 10,000 milltir y flwyddyn erbyn 1929.

GWEITHGAREDDAU

1 Esboniwch sut gwnaeth cyflwyno'r llinell gydosod helpu i gynyddu nifer y ceir oedd yn cael eu cynhyrchu yn ffatrïoedd Henry Ford.
2 Pa mor bwysig oedd y diwydiant ceir i ddatblygiad economi America yn ystod yr 1920au?

? Cwestiwn ymarfer

Defnyddiwch Ffynhonnell D a'r hyn rydych chi'n ei wybod i ddisgrifio effaith masgynhyrchu ar fywyd yn UDA. (I gael arweiniad, gweler tudalennau 159–160.)

▲ Ffynhonnell D: Ceir Model T Ford ar stryd fawr yn UDA yng nghanol yr 1920au

Sut gwnaeth datblygiadau yn y gymdeithas draul newydd gyfrannu at y ffyniant economaidd?

Prynwriaeth

Wrth i elw gynyddu, roedd cyflogau hefyd yn codi (ond nid i'r un graddau). Rhwng 1923 ac 1929, cododd y cyflog cyfartalog wyth y cant. Er nad oedd hyn yn ymddangos yn llawer, roedd yn ddigon i adael i rai gweithwyr brynu nwyddau traul newydd – yn aml ar gredyd (enw arall ar hyn yw hur bwrcas – gweler Ffigur 4.2). Roedd datblygiadau ym maes hysbysebu a hysbysebion radio yn yr 1920au, fel yr hysbyseb yn Ffynhonnell E, yn annog pobl i brynu'r nwyddau newydd hyn.

Hysbysebu

Tyfodd y diwydiant hysbysebu yn gyflym hefyd, wrth i fwy a mwy o gwmnïau ddeall manteision hysbysebu er mwyn gwella gwerthiant ac elw. Roedd y diwydiant yn defnyddio dulliau eithaf soffistiedig, fel hysbysebion lliwgar a sloganau. Er mai hysbysebu mewn cylchgronau a phapurau newydd oedd y dull pwysicaf o hyd, roedd y radio a'r sinema yn cynnig pob math o gyfleoedd newydd.

Roedd y bobl oedd yn cynhyrchu'r hysbysebion yn astudio seicoleg y defnyddiwr, ac yn dyfeisio dulliau fyddai'n annog pobl, yn eu barn nhw, i brynu eu cynnyrch. Yn ogystal â defnyddio menywod i hysbysebu llawer o nwyddau, roedd yr hysbysebwyr yn eu targedu nhw hefyd (gweler Ffynhonnell DD).

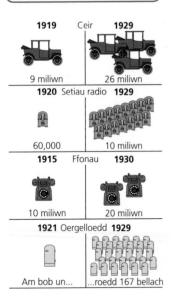

▲ Ffigur 4.2: Twf gwerthiant nwyddau traul

▲ **Ffynhonnell E:** Hysbyseb ar gyfer sugnwr llwch yn yr 1920au

Siopau adrannol

Tyfodd nifer y siopau adrannol yn yr 1920au hefyd, wrth i fwy a mwy o bobl brynu **nwyddau traul**, yn enwedig offer trydanol. Yn y dinasoedd, roedd siopau cadwyn yn gwerthu'r nwyddau diweddaraf oedd ar gael. Hefyd, UDA oedd y wlad gyntaf i gael archfarchnad. Agorodd Clarence Saunders gadwyn o archfarchnadoedd o'r enw *Piggly Wiggly*. Cafodd yr archfarchnad gyntaf ei hagor yn Memphis, Tennessee, yn 1916. Roedd y cwsmeriaid yn dewis eu nwyddau eu hunain, gyda label yn dangos y pris, ac yn talu amdanyn nhw wrth y ddesg dalu yn hytrach nag aros am wasanaeth wrth gownter y siop.

Credyd – hur bwrcas

Oherwydd bod mwy o gredyd ar gael, roedd yn llawer haws i bobl brynu nwyddau, hyd yn oed os nad oedd ganddyn nhw ddigon o arian parod i dalu ar unwaith. O dan y drefn hur bwrcas, roedd pobl yn talu am nwyddau fesul tipyn. Cafodd tua hanner y nwyddau werthwyd yn yr 1920au eu prynu drwy gynlluniau hur bwrcas.

GWEITHGAREDDAU

1 Esboniwch pam roedd twf mewn prynwriaeth yn UDA yn yr 1920au.

2 Beth mae Ffynhonnell DD yn ei awgrymu am y dulliau gafodd eu defnyddio gan hysbysebwyr yn yr 1920au?

3 Meddyliwch am bennawd addas byddai'n bosibl ei ddefnyddio gyda Ffynhonnell F i hysbysebu siop *Piggly Wiggly*.

Cwestiynau ymarfer

1 Beth oedd pwrpas Ffynhonnell E? *(I gael arweiniad, gweler tudalennau 162–163.)*

2 Disgrifiwch y twf ym mherchnogaeth nwyddau trydanol yn ystod yr 1920au. *(I gael arweiniad, gweler tudalen 161.)*

▼ Ffynhonnell F: Tu mewn i archfarchnad gyntaf *Piggly Wiggly*

Laissez-faire, unigolyddiaeth a diffynnaeth

Yn yr 1920au, roedd pob un o arlywyddion UDA yn Weriniaethwyr, ac felly roedd ganddyn nhw safbwyntiau gwleidyddol ac economaidd tebyg. Yr arlywyddion oedd:

- Warren Harding, 1921–23
- Calvin Coolidge, 1923–29
- Herbert Hoover, 1929–33

Fe wnaeth polisïau ac agweddau'r Arlywyddion Gweriniaethol gyfrannu at y ffyniant economaidd. Pan gafodd Harding ei ethol yn arlywydd, fe wnaeth ef addo y byddai UDA yn **'dychwelyd i normalrwydd'**. Ond dim ond am ddwy flynedd bu'n arlywydd. Bu farw'n sydyn yn 1923. Yn syth ar ôl ei farwolaeth, cafodd ei ddatgelu bod Harding wedi bod yn rhan o sgandalau ariannol. Coolidge oedd ei olynydd. Parhaodd ef â'r polisi o leihau'r cysylltiad rhwng y llywodraeth a'r economi, a gostwng trethi ar bobl gyfoethog. Yn ystod cyfnod Coolidge yn arlywydd, tyfodd economi UDA yn gynt nag erioed o'r blaen. Roedd Hoover, yr arlywydd ddaeth ar ôl Coolidge, yn filiwnydd oedd wedi gwneud ei ffortiwn ei hun. Ef oedd enghraifft orau'r Gweriniaethwyr o'r hyn roedd yn bosibl ei gyflawni yn UDA drwy waith caled a heb ymyrraeth gan y llywodraeth.

Laissez-faire

Yn 1924, dywedodd yr Arlywydd Coolidge mai 'Busnes America yw busnes'. Roedd yn credu na ddylai'r llywodraeth ymyrryd bron o gwbl yn yr economi o ddydd i ddydd, ac roedd llawer o Americanwyr yn rhannu'r un farn. Pe bai dynion busnes yn cael eu gadael i wneud eu penderfyniadau eu hunain, roedd e'n credu y byddai elw yn cynyddu, gan greu mwy o swyddi a chyflogau da. Yr enw ar y polisi hwn oedd *laissez-faire* – unig swyddogaeth y llywodraeth oedd helpu busnesau yn ôl y gofyn.

O dan Harding a Coolidge, fe wnaeth *laissez-faire* gyfrannu at ffyniant UDA. Diolch i'r trethi isel a'r rheoliadau prin, roedd dynion busnes yn gallu canolbwyntio ar wneud elw heb boeni am ymyrraeth.

Unigolyddiaeth

Roedd yr arlywyddion Gweriniaethol i gyd hefyd yn credu mewn **'unigolyddiaeth rymus'**. Roedd arlywyddion Gweriniaethol fel Hoover yn defnyddio'r term hwn gan gredu mai trwy eu gwaith caled eu hunain roedd pobl yn llwyddo. Mae'r syniad hwn yn deillio o'r Americanwyr cynnar oedd wedi symud i'r Gorllewin a chreu bywyd newydd iddyn nhw eu hunain drwy eu hymdrechion eu hunain.

Diffynnaeth

Yn y blynyddoedd ar ôl 1919, dychwelodd UDA at bolisi o **ymynysedd** (*isolationism*), gan wrthod cymryd rhan mewn digwyddiadau dramor, yn enwedig yn Ewrop. At hyn, penderfynodd llywodraethau Gweriniaethol osod **tollau** (*tariffs*) ar nwyddau wedi'u mewnforio, er mwyn cael llai o gystadleuaeth gan nwyddau tramor. Aeth mewnforion yn fwy drud o'u cymharu â nwyddau oedd wedi cael eu cynhyrchu yn America. Roedd hyn yn annog pobl i brynu nwyddau Americanaidd ac yn helpu cynhyrchwyr UDA.

Fodd bynnag, penderfynodd y llywodraeth ymyrryd yn yr economi ddwywaith yn ystod y cyfnod hwn:

- Effaith Toll Fordney-McCumber (1922) oedd codi **tollau mewnforio** ar nwyddau oedd yn dod i mewn i UDA i'r lefel uchaf erioed. Roedd hynny'n amddiffyn diwydiant America ac yn annog Americanwyr i brynu nwyddau cartref.
- Wrth i'r cyfraddau treth incwm ostwng, roedd gan rai pobl fwy o arian i'w wario ar nwyddau traul. Felly, roedd mwy o arian parod ar gael i brynu'r nwyddau cartref.

GWEITHGAREDD ?

Sut gwnaeth polisïau economaidd llywodraethau Gweriniaethol yr 1920au gyfrannu at y ffyniant economaidd?

Cwestiwn ymarfer

Ai polisïau llywodraethau Gweriniaethol yr 1920au oedd y rheswm pwysicaf dros ffyniant economaidd UDA? Defnyddiwch yr hyn rydych chi'n ei wybod a'i ddeall am y mater i gefnogi eich ateb. *(I gael arweiniad, gweler tudalennau 166–167.)*

5 Diwedd ffyniant

Ym mis Hydref 1929, cwympodd marchnad stoc America yn Wall Street. Roedd hyn o ganlyniad i broblemau tymor hir yn ymwneud ag economi UDA, yn enwedig gorgynhyrchu a gostyngiad yn y galw gan ddefnyddwyr, yn ogystal â gor-hapfasnachu ar y farchnad stoc. Cafodd cyfranddaliadau eu gwerthu mewn panig, cwympodd prisiau cyfranddaliadau a chwympodd y farchnad stoc. Roedd effeithiau uniongyrchol Cwymp Wall Street yn drychinebus i UDA a sawl gwlad yn Ewrop, yn enwedig Prydain a'r Almaen. Yn America, aeth llawer o fanciau'n fethdalwyr, gan arwain at ddirwasgiad a diweithdra uchel iawn. Daeth y Dauddegau Gwyllt i ben yn sydyn iawn, ac roedd y canlyniadau yn wael iawn i lawer o bobl.

Rhesymau tymor hir dros ddiwedd y ffyniant

Yn ystod hydref 1929, cwympodd prisiau cyfranddaliadau marchnad stoc UDA, gan ddileu cyfoeth llawer o bobl America. Arweiniodd y Cwymp at Ddirwasgiad Mawr yr 1930au – y dirywiad economaidd gwaethaf yn hanes UDA. Roedd miliynau o Americanwyr yn ddi-waith, collodd miloedd eu cartrefi, ac roedd llawer yn crwydro'r wlad mewn wagenni rheilffordd. Aeth y banciau yn fethdalwyr a chollodd pobl eu holl gynilion.

Roedd sawl rheswm tymor hir dros y Cwymp yn 1929, gan gynnwys:

- gorgynhyrchu
- cwymp yn y galw am nwyddau traul
- ffyniant yng ngwerthoedd tir ac eiddo.

Gorgynhyrchu

Mae'r problemau ddaeth yn sgil gorgynhyrchu i'w gweld yn y diagram ar y dde.

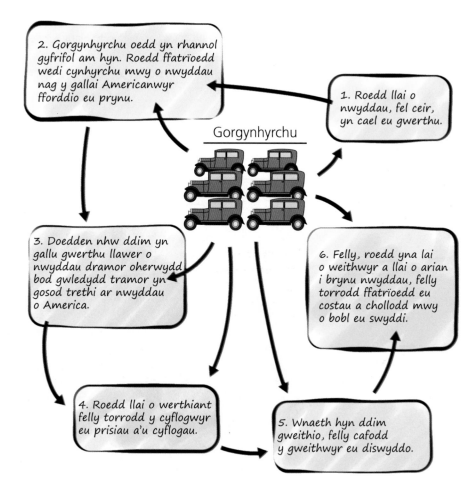

Gorgynhyrchu

1. Roedd llai o nwyddau, fel ceir, yn cael eu gwerthu.

2. Gorgynhyrchu oedd yn rhannol gyfrifol am hyn. Roedd ffatrïoedd wedi cynhyrchu mwy o nwyddau nag y gallai Americanwyr fforddio eu prynu.

3. Doedden nhw ddim yn gallu gwerthu llawer o nwyddau dramor oherwydd bod gwledydd tramor yn gosod trethi ar nwyddau o America.

4. Roedd llai o werthiant felly torrodd y cyflogwyr eu prisiau a'u cyflogau.

5. Wnaeth hyn ddim gweithio, felly cafodd y gweithwyr eu diswyddo.

6. Felly, roedd yna lai o weithwyr a llai o arian i brynu nwyddau, felly torrodd ffatrïoedd eu costau a chollodd mwy o bobl eu swyddi.

▲ Ffigur 5.1: Y problemau ddaeth yn sgil gorgynhyrchu

Cwymp mewn galw gan ddefnyddwyr

Mae llawer o resymau wedi cael eu rhoi am y cwymp yn y galw am nwyddau traul.

- Dosbarthiad cyfoeth anghyfartal. Nid pawb oedd wedi cael budd o gyfoeth newydd yr 1920au. Roedd gan bron 50 y cant o deuluoedd America incwm o lai na $2,000 y flwyddyn, sef y lleiafswm oedd ei angen i oroesi. Doedden nhw ddim yn gallu fforddio prynu'r nwyddau traul newydd. Doedd rhai cynhyrchwyr ddim wedi sylweddoli bod pen draw i'r hyn gallai pobl ei brynu, felly roedden nhw wedi parhau i gynhyrchu nwyddau. Canlyniad hyn oedd gorgynhyrchu.
- Doedd UDA ddim yn gallu gwerthu gweddill ei nwyddau i wledydd eraill, yn enwedig gwledydd Ewrop. Roedd rhai gwledydd Ewropeaidd mewn dyled enfawr i UDA ac yn cael trafferth ad-dalu'r benthyciadau. Roedd llywodraeth UDA wedi rhoi tollau uchel ar nwyddau tramor yn yr 1920au (gweler tudalen 134). Penderfynodd llawer o lywodraethau tramor ymateb gan wneud yr un peth i nwyddau America, ac felly roedd yn anodd i ddynion busnes UDA werthu eu nwyddau dramor. Felly, doedd un farchnad ddelfrydol ar gyfer y nwyddau hyn ddim ar gael.
- Yn ystod y Rhyfel Byd Cyntaf, roedd banciau UDA wedi rhoi benthyg arian i sawl gwlad Ewropeaidd. Roedd yn anodd i'r gwledydd hyn ad-dalu'r benthyciadau yn yr 1920au.

Y ffyniant yng ngwerthoedd tir ac eiddo

Un o ganlyniadau ffyniant mawr yr 1920au oedd cynnydd sylweddol yng ngwerth tir ac eiddo. Cododd gwerth tir yn sylweddol yn nhalaith Florida. Ceisiodd llawer o hapfasnachwyr fanteisio ar y sefyllfa drwy brynu eiddo neu dir. Roedd rhai pobl wedi cael benthyg llawer o arian i wneud hyn, gan gredu y bydden nhw'n gallu cadw'r eiddo am gyfnod byr ac yna ei werthu ar ôl i'w werth gynyddu. Ond yn 1926, dechreuodd prisiau eiddo ddisgyn yn sylweddol yn Florida, gan adael llawer o berchnogion gydag ecwiti negyddol. Roedd hyn yn golygu bod eu tir neu eu heiddo yn werth llawer llai na'r pris gwreiddiol. Roedd hyn yn rhybudd bod economi UDA yn y broses o ailaddasu. Ond fe wnaeth llawer o fuddsoddwyr anwybyddu'r rhybudd hwn.

GWEITHGAREDDAU

1 Beth mae Ffynhonnell A yn ei awgrymu am y problemau roedd llywodraeth UDA yn eu hwynebu erbyn diwedd yr 1920au?

2 Pa mor bwysig oedd gorgynhyrchu wrth achosi diwedd ffyniant economaidd yr 1920au?

Cwestiwn ymarfer

Disgrifiwch achosion tymor hir Cwymp Wall Street.
(I gael arweiniad, gweler tudalen 161.)

Ffynhonnell A: Cartŵn ▶ yn dangos problemau masgynhyrchu yn 1927

Beth oedd y rhesymau tymor byr dros ddiwedd y ffyniant?

Dyma rai o'r rhesymau tymor byr dros ddiwedd y ffyniant:

- gor-hapfasnachu ar y farchnad stoc
- y ffaith fod credyd ar gael yn hawdd.

Gor-hapfasnachu

Yn ystod yr 1920au, prynodd llawer mwy o Americanwyr gyfranddaliadau ar y farchnad stoc ac roedd prisiau yn dal i godi. Ond yn 1928, wnaeth prisiau cyfranddaliadau ddim codi cymaint ag yn y blynyddoedd cyn hynny. Y rheswm dros hyn oedd bod llawer o gwmnïau yn gwerthu llai o nwyddau ac yn gwneud llai o elw. Roedd llai o bobl yn barod i brynu eu cyfranddaliadau ac roedd llai o hyder yn y farchnad. Roedd hyn yn rhybudd, ond pan ddechreuodd prisiau cyfranddaliadau godi eto, aeth pobl yn farus gan ailddechrau hapfasnachu.

Doedd y llywodraeth nac unrhyw asiantaeth arall ddim yn rheoleiddio'r farchnad stoc mewn unrhyw ffordd. Roedd hyn yn annog mwy o hapfasnachu. Fe wnaeth pob un o'r arlywyddion Gweriniaethol ddal i ddilyn polisi *laissez-faire*. Yn 1925, gwerth stociau'r farchnad stoc oedd $27 biliwn, ond erbyn mis Hydref 1929, roedd wedi codi i $87 biliwn. Erbyn haf 1929, roedd 20 miliwn o gyfranddalwyr yn UDA ac roedd y prisiau yn parhau i godi.

Y ffaith fod credyd ar gael yn hawdd

Oherwydd bod mwy o gredyd ar gael, roedd yn llawer haws i bobl brynu nwyddau, hyd yn oed os nad oedd ganddyn nhw ddigon o arian parod i dalu ar unwaith. Roedd cwmnïau yn trefnu i gwsmeriaid dalu fesul tipyn ar gynlluniau hur bwrcas. Roedd hyn yn cynnwys yr arfer o brynu cyfranddaliadau ar gredyd, 'gydag arian benthyg'. Cafodd yr arfer hwn ei annog gan bolisïau credyd hawdd y *Federal Reserve Board*.

Gweithiodd hyn yn dda tra oedd prisiau'n codi. Ond pan ddechreuodd prisiau arafu neu ostwng, daeth problemau i'r amlwg. Roedd saith deg pump y cant o bris prynu cyfranddaliadau yn arian benthyg. Roedd hyn, yn ei dro, yn creu prisiau camarweiniol o uchel.

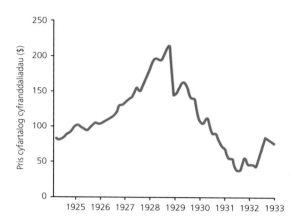

▲ Ffigur 5.2: Newidiadau ym mhris cyfranddaliadau yn UDA yn y blynyddoedd 1925–33

> **Ffynhonnell B:** Datganiad gan economegydd blaenllaw o UDA yn 1928, yn esbonio pryderon rhai economegwyr am y cynnydd dramatig ym mhrisiau cyfranddaliadau
>
> Mae cwymp yn dod, yn hwyr neu'n hwyrach. Efallai bydd yn ddifrifol iawn, gyda ffatrïoedd yn cau, dynion yn colli eu gwaith a byd busnes yn dioddef dirwasgiad ofnadwy.

> **Ffynhonnell C:** Dyn busnes yn rhybuddio yn 1928 am beryglon gor-hapfasnachu
>
> Mae llawer o ddynion wedi ymuno â'r hapfasnachwyr dibrofiad ar ôl darllen straeon yn y papurau newydd. Mae'r straeon hyn yn sôn am elw mawr, hawdd sydd ar gael drwy fentro ar y farchnad stoc. Dyw'r amaturiaid hyn ddim wedi dysgu bod marchnadoedd yn mynd i banig weithiau, a bod prisiau'n gallu gostwng yn sylweddol. Mae'r ffyliaid hyn yn hapfasnachu ar sail cyngor a syniadau byrbwyll. Maen nhw'n prynu neu'n gwerthu yn gwbl ddirybudd.

Cwestiwn ymarfer

Edrychwch ar Ffynonellau B ac C. Pa un o'r ffynonellau sydd fwyaf defnyddiol i hanesydd wrth astudio problemau'r farchnad stoc ar ddiwedd yr 1920au? *(I gael arweiniad, gweler tudalennau 164–165.)*

GWEITHGAREDDAU ?

1 Edrychwch ar Ffigur 5.2. Beth mae'n ei ddweud wrthych chi am brisiau cyfranddaliadau yn UDA rhwng 1925 ac 1933?

2 Sut gwnaeth y ffaith fod credyd ar gael yn hawdd gyfrannu at y cynnydd ym mhrisiau cyfranddaliadau?

Cwymp Wall Street

Daeth ffyniant yr 1920au i ben yn sydyn ac mewn ffordd ddramatig gyda Chwymp Wall Street ym mis Hydref 1929.

Gwerthu mewn panig

Yn ystod hydref 1929 dechreuodd rhai arbenigwyr werthu llawer o'u cyfranddaliadau cyn i'w gwerth nhw ostwng ymhellach. Yn sgil hyn, aeth buddsoddwyr llai i banig. Wrth weld prisiau'n gostwng, aethon nhw ati ar unwaith i werthu eu cyfranddaliadau – fel sydd i'w weld yn Ffigur 5.3. Arweiniodd hyn at gwymp yn holl brisiau'r farchnad, a chollodd miloedd o fuddsoddwyr filiynau o ddoleri.

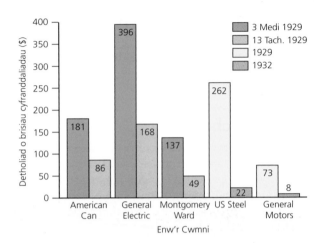

▲ Ffigur 5.3: Gostyngiad yng ngwerth cyfranddaliadau rhwng 1929 a 1932

Mae'r penawdau canlynol yn dangos digwyddiadau Hydref 1929.

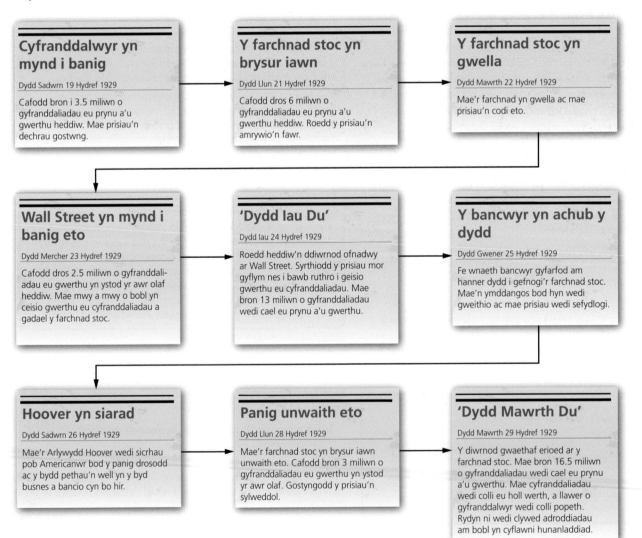

Cyfranddalwyr yn mynd i banig
Dydd Sadwrn 19 Hydref 1929

Cafodd bron i 3.5 miliwn o gyfranddaliadau eu prynu a'u gwerthu heddiw. Mae prisiau'n dechrau gostwng.

Y farchnad stoc yn brysur iawn
Dydd Llun 21 Hydref 1929

Cafodd dros 6 miliwn o gyfranddaliadau eu prynu a'u gwerthu heddiw. Roedd y prisiau'n amrywio'n fawr.

Y farchnad stoc yn gwella
Dydd Mawrth 22 Hydref 1929

Mae'r farchnad yn gwella ac mae prisiau'n codi eto.

Wall Street yn mynd i banig eto
Dydd Mercher 23 Hydref 1929

Cafodd dros 2.5 miliwn o gyfranddaliadau eu gwerthu yn ystod yr awr olaf heddiw. Mae mwy a mwy o bobl yn ceisio gwerthu eu cyfranddaliadau a gadael y farchnad stoc.

'Dydd Iau Du'
Dydd Iau 24 Hydref 1929

Roedd heddiw'n ddiwrnod ofnadwy ar Wall Street. Syrthiodd y prisiau mor gyflym nes i bawb ruthro i geisio gwerthu eu cyfranddaliadau. Mae bron 13 miliwn o gyfranddaliadau wedi cael eu prynu a'u gwerthu.

Y bancwyr yn achub y dydd
Dydd Gwener 25 Hydref 1929

Fe wnaeth bancwyr gyfarfod am hanner dydd i gefnogi'r farchnad stoc. Mae'n ymddangos bod hyn wedi gweithio ac mae prisiau wedi sefydlogi.

Hoover yn siarad
Dydd Sadwrn 26 Hydref 1929

Mae'r Arlywydd Hoover wedi sicrhau pob Americanwr bod y panig drosodd ac y bydd pethau'n well yn y byd busnes a bancio cyn bo hir.

Panig unwaith eto
Dydd Llun 28 Hydref 1929

Mae'r farchnad stoc yn brysur iawn unwaith eto. Cafodd bron 3 miliwn o gyfranddaliadau eu gwerthu yn ystod yr awr olaf. Gostyngodd y prisiau'n sylweddol.

'Dydd Mawrth Du'
Dydd Mawrth 29 Hydref 1929

Y diwrnod gwaethaf erioed ar y farchnad stoc. Mae bron 16.5 miliwn o gyfranddaliadau wedi cael eu prynu a'u gwerthu. Mae cyfranddaliadau wedi colli eu holl werth, a llawer o gyfranddalwyr wedi colli popeth. Rydyn ni wedi clywed adroddiadau am bobl yn cyflawni hunanladdiad.

Ffynhonnell CH: Ysgrifennodd Cecil Roberts am Gwymp Wall Street yn *The Bright Twenties*, 1938

Daeth gwallgofrwydd y farchnad stoc i'w uchafbwynt yn 1929. Roedd pawb yn prynu a gwerthu ar y farchnad ... Ar fy niwrnod olaf yn Efrog Newydd, fe es i siop y barbwr. Wrth dynnu'r lliain, dywedodd y barbwr wrtha' i yn ysgafn, 'Prynwch *Standard Gas*. Dw i wedi dyblu fy arian... Bydd yn siŵr o ddyblu eto.' Wrth gerdded i fyny'r grisiau, dechreuais feddwl: os oedd y gwallgofrwydd wedi cyrraedd siop y barbwr, roedd rhywbeth yn siŵr o ddigwydd cyn bo hir.

▲ **Ffynhonnell D:** Pobl y tu allan i fanc yn New Jersey, yn ceisio mynd i mewn i dynnu eu harian allan, ar *Ddydd Mawrth Du*, 29 Hydref 1929

GWEITHGAREDDAU ❓

1 Pa mor ddefnyddiol yw Ffynonellau CH a D i hanesydd sy'n astudio'r rhesymau dros Gwymp Wall Street?

2 Esboniwch pam gwnaeth prisiau cyfranddaliadau gwympo'n gyflym yn UDA yn ystod mis Hydref 1929.

3 Edrychwch ar y penawdau papur newydd ar dudalen 138. Dychmygwch eich bod chi'n ohebydd radio o Brydain oedd yn dyst i Gwymp Wall Street. Disgrifiwch drefn y digwyddiadau rhwng 19 a 29 Hydref i'ch gwrandawyr.

Cwestiwn ymarfer

Defnyddiwch Ffynhonnell D a'r hyn rydych chi'n ei wybod i ddisgrifio digwyddiadau Dydd Mawrth Du, 29 Hydref 1929. *(I gael arweiniad, gweler tudalennau 159–160.)*

Effeithiau uniongyrchol Cwymp Wall Street

Roedd effaith y Cwymp yn syfrdanol. Cwympodd y farchnad stoc yn gyfan gwbl (gweler Ffynonellau DD ac E).

Erbyn diwedd 1929, roedd tua 2.5 miliwn o bobl yn ddi-waith yn UDA. Dim ond pump y cant o'r gweithlu oedd hyn fodd bynnag, ac roedd rhai'n teimlo byddai'r wlad yn goroesi'r argyfwng. Ond roedd yr hyder wedi diflannu, a doedd y rhai oedd ag arian ddim yn dymuno'i wario. Dechreuodd diweithdra gynyddu wrth i lai a llai o nwyddau traul gael eu prynu – syrthiodd gwerthiant nwyddau mewn siopau adwerthu i'r hanner yn ystod 1929-33.

Yn sydyn iawn, daeth UDA yn wlad o bobl ddi-waith a digartref yn ciwio am fara a cheginau cawl. Roedd llawer o bobl, gan gynnwys plant, yn cael eu troi allan o'u cartrefi ac yn gorfod byw ar y stryd. Dyma oes yr **hobo** – roedd miloedd o ddynion yn crwydro'r wlad gan deithio heb dalu ar drenau a wagenni nwyddau.

> **Ffynhonnell DD:** *The New York Times*, 30 Hydref 1929
>
> Cwympodd prisiau ar y farchnad stoc bron yn gyfan gwbl ddoe, gan arwain at golledion enfawr ar y diwrnod masnachu gwaethaf yn hanes marchnadoedd stoc y byd. Cafodd biliynau o ddoleri o werth y farchnad eu dileu yn gyfan gwbl. Os yw'r farchnad mewn helynt, nid yw'n parchu unrhyw un. Diflannodd ffortiwn ar ôl ffortiwn ddoe, a chollodd miloedd o bobl arian mawr ar draws y byd.

> **Ffynhonnell E:** Yr awdur o America, Carl Sandburg, yn disgrifio'r cwymp yng ngwerthiant cyfranddaliadau yn *The People, Yes*, 1936
>
> Roedd cyfranddaliadau mewn cwmni sigârs yn cael eu gwerthu am $115 adeg y cwymp. Pan gwympodd y farchnad, syrthiodd y cyfranddaliadau i $2 a neidiodd llywydd y cwmni o ffenestr ei swyddfa yn Wall Street.

Y Dirwasgiad

Doedd pobl ddim yn prynu nwyddau, a dechreuodd y bobl gyfoethog wneud arbedion hefyd. Dechreuodd cyflogwyr ddiswyddo gweithwyr. Cafodd gweision a morwynion eu diswyddo, ac roedd y rhai oedd yn gallu dod o hyd i swyddi yn gweithio am lai o gyflog nag o'r blaen. Roedd yr economi'n mynd o ddrwg i waeth.

Nid y Cwymp oedd yn gyfrifol am y Dirwasgiad. Mae'n rhaid ystyried materion economaidd yr 1920au er mwyn gallu deall beth oedd o'i le yn UDA yn y cyfnod hwn – edrychwch eto ar dudalennau 135–136. Ond fe wnaeth

y Cwymp olygu bod y Dirwasgiad wedi cyrraedd yn gyflymach, ac roedd ei effeithiau yn drychinebus i'r wlad a'r bobl yn ystod y degawd nesaf.

- Roedd llawer o froceriaid stoc yn methu ag ad-dalu eu dyledion i'r banciau – aeth llawer o fanciau i'r wal.
- Roedd gan filoedd o bobl gynilion mewn banciau, ac felly aethon nhw yn fethdalwyr.
- Cafodd gweithwyr eu diswyddo.
- Daeth credyd i ben ac roedd yn rhaid ad-dalu benthyciadau.
- Doedd y banciau oedd wedi goroesi ddim yn fodlon rhoi mwy o fenthyciadau – roedd cyfnod hapfasnachu a mentro ar ben.

Dioddefodd ffermwyr yn ofnadwy, ac fe wnaethon nhw brotestio yn y trefi. Roedden nhw'n cario placardau yn ymosod ar yr arlywydd. Daeth un slogan yn boblogaidd iawn: *'In Hoover we trusted, now we are busted.'*

▲ **Ffynhonnell F:** Brocer stoc yn ceisio gwerthu ei gar ar ddiwedd mis Hydref 1929 yn dilyn digwyddiadau Cwymp Wall Street.

> **Ffynhonnell FF:** Atgofion newyddiadurwr ifanc o Brydain, Alistair Cooke, gafodd ei anfon i America ar ddiwedd yr 1920au. Cafodd yr atgofion eu cyhoeddi yn ei lyfr *Letters from America* (1951)
>
> Dim ond pobl dlawd oedd heb ddim byd i'w golli. Pan syrthiodd y stociau dur o 90 i 12, fe wnaeth y cwmnïau moduron ddiswyddo hanner eu gweithwyr. Doedd dim tenantiaid i'w cael ar gyfer y blociau fflatiau tal newydd. Roedd gyrwyr lorïau yn segur heb nwyddau i'w cludo, doedd cnydau ddim yn cael eu cynaeafu a doedd llaeth ddim yn cael ei werthu i bobl gan nad oedden nhw'n gallu fforddio ei brynu. Gyda'r nos roedd y strydoedd yn llawn o ddynion mewn dillad smart oedd wedi dweud wrth eu gwragedd eu bod yn chwilio am waith nos. Allan ar y strydoedd yn cardota am arian roedden nhw mewn gwirionedd.

Dehongliad 1: Luigi Barzini, mewnfudwr o'r Eidal, yn cofio effeithiau'r Cwymp

Dydd Iau, 24 Hydref oedd y diwrnod pan chwalodd argae economi America. Roedd yn ddiwrnod gwirion o wyllt. Roedd dwy stori newyddion fawr i boeni yn eu cylch. Roedd anarchydd wedi ceisio lladd tywysog Eidalaidd ym Mrwsel, ac roedd pris cyfranddaliadau wedi cwympo ar Wall Street. Roedd hi'n ymddangos bod miloedd o bobl wedi colli popeth. Roedd y Farchnad Stoc wedi gweld sawl cwymp yn y gorffennol, gan gynnwys rhai difrifol, ond roedd pethau wedi gwella bob tro. Dywedodd rhai o fancwyr ac arweinwyr gwleidyddol pwysicaf y wlad nad oedd angen i bobl fynd i banig, gan y byddai hynny'n gwneud cam ag America. Yn hytrach, dylen nhw ymddiried yn nyfodol y wlad.

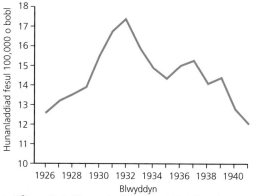

▲ **Ffigur 5.4:** Hunanladdiad yn UDA fesul 100,000 o bobl, 1926–41

▲ **Ffynhonnell G:** Cartŵn gan John McCutcheon, cartwnydd gwleidyddol, 1932, yn trafod effeithiau Cwymp Wall Street

POBL GOLLODD LAWER YN SGIL Y CWYMP

- Collodd teulu Vanderbilt $40 miliwn.
- Collodd Rockefeller 80 y cant o'i gyfoeth ond roedd ganddo $40 milwn ar ôl o hyd.
- Collodd y gwleidydd o Brydain, Winston Churchill, $500,000.
- Collodd y gantores Fanny Brice $500,000.
- Collodd Groucho a Harpo Marx (dau o gomedïwyr y Brodyr Marx) $240,000 yr un.

GWEITHGAREDDAU

1 Pa mor ddefnyddiol yw Ffynhonnell E a Dehongliad 1 i hanesydd sy'n astudio effeithiau uniongyrchol Cwymp Wall Street?

2 Beth mae Ffynhonnell G a Ffigur 5.4 yn ei awgrymu am effaith Cwymp Wall Street?

Cwestiynau ymarfer

1 Defnyddiwch Ffynhonnell F a'r hyn rydych chi'n ei wybod i ddisgrifio effeithiau uniongyrchol Cwymp Wall Street. *(I gael arweiniad, gweler tudalennau 159–160.)*

2 Edrychwch ar Ffynonellau DD ac FF. Pa un o'r ffynonellau sydd fwyaf defnyddiol i hanesydd wrth astudio effaith Cwymp Wall Street? *(I gael arweiniad, gweler tudalennau 164–165.)*

3 Ai gwerthu cyfranddaliadau mewn panig oedd y prif reswm am ddiwedd ffyniant economaidd yr 1920au? Defnyddiwch yr hyn rydych chi'n ei wybod a'i ddeall am y mater i gefnogi eich ateb. *(I gael arweiniad, gweler tudalennau 166–167.)*

Roedd cymdeithas yn newid yn gyflym yn UDA yn yr 1920au, ac mae'r cyfnod yn cael ei ddisgrifio'n aml fel y 'Dauddegau Gwyllt'. Cafodd y byd adloniant ei weddnewid gan y radio a'r sinema, a daeth Hollywood yn ganolbwynt y diwydiant ffilm. Dyma gyfnod y sêr ffilm cyntaf i ddod yn boblogaidd iawn ymhlith y cyhoedd, yn enwedig ar ôl i'r ffilmiau sain cyntaf ymddangos. Daeth newidiadau mawr i fyd cerddoriaeth hefyd, yn enwedig gyda datblygiad jazz, gan arwain at fathau newydd o ddawnsio fel y Charleston. Daeth dawnsio a chlybiau dawns yn ffurfiau poblogaidd iawn o adloniant cymdeithasol. Roedd dawnsio yn gweddu'n dda i ddiwylliant y *speakeasy* oedd wedi dod mor amlwg yn ystod oes y Gwaharddiad.

Poblogrwydd y sinema a sêr y ffilmiau

Erbyn 1910, roedd y diwydiant ffilm wedi ei hen sefydlu yn UDA ac roedd dros 8,000 o sinemâu. Cododd y ffigur hwn i 17,000 yn 1926 a 303,000 bedair blynedd yn ddiweddarach. Erbyn diwedd y Rhyfel Byd Cyntaf, ffilmiau oedd y dull mwyaf poblogaidd o adloniant yn UDA. Roedd ymweld â'r sinema wedi dod yn rhan o fywyd America. Mae Ffigur 6.1 a Ffynhonnell A a Dehongliad 1 yn dangos rhai o'r rhesymau pam roedd y sinema mor boblogaidd.

Dehongliad 1: Mary Evelyn Hults yn cofio'r sinema yn yr 1920au

Roedd yn brofiad gwych. Roedden ni'n cael ein trin fel brenin neu frenhines. Bydden ni'n cerdded i mewn i lobi enfawr o farmor neu aur gyda grisiau anferth yn arwain i fyny at y balconi. Roedd yr holl garpedi o leiaf fodfedd neu ddwy o drwch. Roedd popeth am y lle yn gwneud i chi deimlo'n gyfforddus ac yn bwysig iawn.

Ffynhonnell A: Gloria Swanson, actores enwog o'r cyfnod, yn siarad yn 1922

Yn y ffilm, roedd Rudy (Valentino) a fi yn gwisgo dillad o rai o'r cyfnodau mwyaf rhamantaidd yn hanes Ewrop. Dyluniodd yr adran wisgoedd ffrog fin nos i mi gyda gemwaith aur drosti. Roedd mor hardd nes bod gwylwyr y ffilmiau yn siarad amdani am flwyddyn gyfan. Roeddwn i hefyd yn gwisgo gemau gwerth dros filiwn o ddoleri.

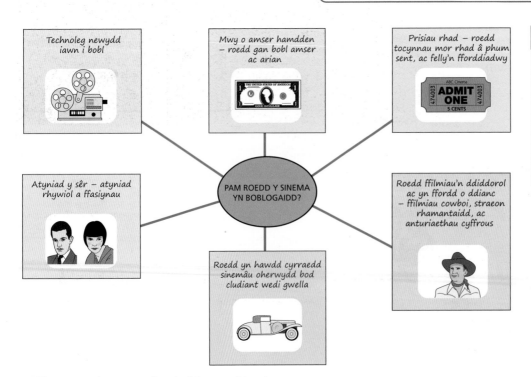

GWEITHGAREDDAU ?

1 Esboniwch pam daeth y sinema mor boblogaidd.

2 Beth mae Ffynhonnell A, Dehongliad 1 a Ffigur 6.1 yn ei awgrymu am atyniad y sinema yn yr 1920au?

▲ Ffigur 6.1: Rhesymau dros boblogrwydd y sinema

Ffilmiau di-sain

Tan 1927, roedd pob ffilm yn ddi-sain, er bod cerddorion byw ac weithiau effeithiau sain yn rhan o'r adloniant hefyd. Mewn rhai sinemâu, byddai tafluniwr neu un o'r gweithwyr eraill hyd yn oed yn rhoi sylwebaeth ar y ffilm. Ond yn y rhan fwyaf o sinemâu, byddai pianydd yn chwarae cerddoriaeth yn ystod y ffilm.

Byddai cerddoriaeth gyflym yn cael ei chwarae pan fyddai cymeriadau'n mynd ar ôl rhywun, a cherddoriaeth ramantaidd yn ystod golygfa garu. Yn raddol, fe wnaeth y sinemâu (*nickelodeons* oedd yr enw gwreiddiol) wella eu cyfleusterau er mwyn denu mwy o bobl. Er enghraifft, roedd digon o seddau yn sinema'r Roxy, Efrog Newydd, ar gyfer 6,000 o bobl (gweler Ffynhonnell B). Cafodd seddau moethus eu gosod a daeth yr organ enfawr, neu gerddorfa lawn weithiau, i gymryd lle'r hen biano tlawd.

Roedd tua 800 o ffilmiau yn cael eu cynhyrchu bob blwyddyn yn yr 1920au, gan roi dewis eang i'r gynulleidfa o rywbeth i'w weld. Roedd y ffilmiau hyn yn ymdrin â phob math o bynciau, ond ymysg y rhai mwyaf poblogaidd roedd comedïau Charlie Chaplin a Buster Keaton, ffilmiau rhamantaidd Clara Bow, anturiaethau Douglas Fairbanks, ffilmiau cowbois a straeon Beiblaidd. Roedd pobl wrth eu bodd yn mynd i'r sinema fel ffordd o ddianc. Am ychydig geiniogau, roedd pobl yn gallu dianc o'u bywydau undonog eu hunain. Wrth i'r sinemâu ddod yn fwy a mwy poblogaidd, datblygodd y diwydiant ffilm yn gyflym. Gwnaeth y diwydiant gyfraniad pwysig i dwf economaidd UDA yn ystod yr 1920au (gweler Ffynhonnell C).

Ffynhonnell B: Sinema'r Roxy, Efrog Newydd, 1927. ▶
Roedd digon o seddau yno ar gyfer 6,000 o bobl

Ffynhonnell C Rhan o araith i fyfyrwyr Prifysgol Harvard gan J. P. Kennedy, buddsoddwr yn y diwydiant ffilm, 1927

Mae'r diwydiant ffilm mor fawr a phwysig erbyn hyn fel na allwch chi ei anwybyddu os ydych chi'n astudio diwydiant. Y diwydiant ffilm yw'r pedwerydd diwydiant mwyaf yn UDA. Mae hyn yn wir er mai dim ond yn ystod y deg neu'r deuddeg mlynedd diwethaf mae wedi datblygu. Mae dynion busnes o dramor wedi dweud wrtha' i mai un o'u problemau masnachu mwyaf nhw yw'r ffaith fod ffilmiau Americanaidd yn helpu i werthu diwydiannau eraill America.

GWEITHGAREDD

Edrychwch ar Ffynhonnell C. Pa mor bwysig oedd datblygiad y diwydiant ffilm i UDA?

Cwestiwn ymarfer

Defnyddiwch Ffynhonnell B a'r hyn rydych chi'n ei wybod i ddisgrifio apêl y sinema ddi-sain. *(I gael arweiniad, gweler tudalennau 159–160.)*

1 Pa mor bwysig oedd sêr y ffilmiau i ddatblygiad y diwydiant ffilm?

2 Defnyddiwch y rhyngrwyd i ymchwilio i hanes gyrfaoedd Harold Lloyd a Mary Pickford, sêr y ffilmiau di-sain. Defnyddiwch y wybodaeth o'ch ymchwil i greu bywgraffiad ar gyfer y sêr hyn.

Cwestiwn ymarfer

Disgrifiwch dwf y diwydiant ffilm yn America rhwng 1910 ac 1929. (I gael arweiniad, gweler tudalen 161.)

Sêr y ffilmiau

Wrth i'r diwydiant ffilm ddatblygu, fe wnaeth cynhyrchwyr ffilmiau sylweddoli bod y gynulleidfa eisiau gweld rhai sêr penodol, heb boeni am safon y ffilm. Cyn 1910, doedd enwau'r actorion ddim yn cael eu dangos ar y sgrin. Ond roedd sêr fel Charlie Chaplin, Mary Pickford, Rudolph Valentino a Greta Garbo yn gallu denu miliynau o bobl i'r sinema, ac roedd pobl yn awyddus i ddysgu mwy amdanyn nhw. Byddai cylchgronau yn cael eu cyhoeddi ar gyfer yr edmygwyr hyn, ac roedd papurau newydd yn ysgrifennu am y golygfeydd caru beiddgar ac am fywydau rhywiol y sêr. Sylweddolodd cynhyrchwyr ffilmiau fod rhyw yn gwerthu tocynnau. Rudolph Valentino oedd un o'r sêr gwrywaidd cyntaf i gael ei werthu ar sail rhyw. Yn ôl deunydd cyhoeddusrwydd y stiwdio, roedd menywod yn llewygu wrth ei weld ef. Bu farw yn 1926, a daeth dros 100,000 o'i ddilynwyr i sefyll ar hyd y strydoedd yn ystod ei angladd. Dechreuodd rhai pobl godi terfysg mewn mannau, hyd yn oed. Cyflawnodd nifer o bobl hunanladdiad ar ôl clywed am ei farwolaeth.

Pan oedd sêr fel Mary Pickford neu Gloria Swanson yn cael ffrog neu steil gwallt newydd, byddai miliynau o fenywod eisiau edrych yr un fath â nhw. Roedd y sêr yn gallu ennill arian mawr. Yn 1917, fe wnaeth Chaplin lofnodi contract gwerth $1 miliwn am wyth ffilm, ac yn 1926 roedd adroddiadau'n dweud bod yr actores Greta Garbo yn ennill $5,000 yr wythnos. Mae'r bywgraffiadau canlynol yn rhoi mwy o wybodaeth am ffilmiau enwog gan sêr y cyfnod.

CLARA BOW 1905–65

1905 Cafodd ei geni yn Brooklyn, Efrog Newydd
Hi oedd seren y ffilmiau canlynol:
1924 *Helen's Babies*
1925 *The Plastic Age*
1926 *Dance Madness*
1926 *Mantrap*
1927 *It*
1929 *The Wild Party*
1929 *Dangerous Curves*

JOSEPH 'BUSTER' KEATON 1895–1966

1895 Cafodd ei eni yn Piqua, Kansas
Ysgrifennodd, cyfarwyddodd ac actiodd yn ei ffilmiau ei hun:
1922 *The Paleface*
1924 *The Navigator*
1926 *The General*
1927 *Steamboat Bill, Jr*
1928 *The Cameraman*
1929 *Spite Marriage*

RUDOLPH VALENTINO 1895–1926

1895 Cafodd ei eni â'r enw Rodolfo Alfonso Raffaello Piero Filiberto Guglielmi yn Castellaneta, yr Eidal
1913 Ymfudodd i UDA
Ef oedd seren y ffilmiau canlynol:
1921 *The Four Horsemen of the Apocalypse* (y ffilm gyntaf i wneud $1 miliwn)
1921 *The Sheik*
1921 *Camille*
1922 *Broken Blossoms*
1922 *Tried for Bigamy*
1924 *A Sainted Devil*
1926 *The Son of the Sheik*

CHARLIE CHAPLIN 1889–1977

1889 Cafodd ei eni yn Llundain
1913 Symudodd yn barhaol i UDA
1914 Gwnaeth ei ffilm gyntaf *Making a Living*
1917 Sefydlodd ei gwmni cynhyrchu ffilmiau ei hun. Ar ôl hyn, roedd yn ysgrifennu, yn cyfarwyddo, yn cynhyrchu ac yn actio yn ei ffilmiau ei hun:
1921 Ei ffilm lawn gyntaf *The Kid*
1923 *A Woman of Paris*
1925 *The Gold Rush*
1928 *The Circus*

Dyfodiad ffilmiau sain

Yn 1927, cafodd y ffilm sain gyntaf (*talkie*) ei rhyddhau, sef *The Jazz Singer*, a daeth y sinema hyd yn oed yn fwy poblogaidd (gweler Ffynhonnell CH). Warner Brothers oedd y cwmni ffilm cyntaf i arbrofi â sain, gan ddefnyddio'r system 'Vitaphone' oedd newydd gael ei dyfeisio a'i ddatblygu gan Bell Technologies. Roedd yn recordio sain ar ddisg. Gan fod y system mor llwyddiannus, penderfynodd cwmnïau ffilm eraill wneud yr un peth a chyflwyno sain. Yn anffodus, collodd rhai o sêr y ffilmiau di-sain eu swyddi oherwydd nad oedd eu lleisiau nhw'n addas ar gyfer y ffilmiau sain. Erbyn 1930, roedd dros 100 miliwn o docynnau sinema yn cael eu gwerthu bob wythnos. Erbyn diwedd yr 1920au, roedd sawl stiwdio ffilm enwog wedi cael ei sefydlu – rhai fel Warner Brothers, William Fox a Metro-Goldwyn-Mayer (MGM). Roedd gan bob stiwdio adran gyhoeddusrwydd er mwyn dyfeisio a lledaenu straeon am y sêr, eu cariadon, a phob priodas ac ysgariad.

Hollywood

Ar ôl y Rhyfel Byd Cyntaf, dechreuodd Hollywood ddod i'r amlwg fel canolfan y diwydiant ffilm yn UDA. Y ffilm gyntaf i gael ei chynhyrchu yn ardal Hollywood oedd *In Old California* (1910). Erbyn 1915 roedd y rhan fwyaf o ffilmiau Americanaidd yn cael eu cynhyrchu yn ardal Los Angeles. Roedd gan bedwar cwmni ffilm mawr – Paramount, Warner Bros, RKO a Columbia – stiwdios yn Hollywood. Bum mlynedd yn ddiweddarach, roedd miloedd o bobl yn gweithio yn y diwydiant ffilm yn Hollywood.

Cyn hir, dechreuodd sêr y ffilmiau symud i Los Angeles ac adeiladu cartrefi moethus yno. Er enghraifft, roedd gan Gloria Swanson blasty 22 ystafell yn Beverly Hills. Roedd Charlie Chaplin a Buster Keaton hefyd yn byw yn yr ardal.

Cafodd Hollywood, a'r diwydiant ffilm yn gyffredinol, eu beirniadu gan rai pobl oedd yn credu bod safonau moesol cymdeithas America yn dirywio oherwydd y ffilmiau. Roedd llawer o Americanwyr yn beio Hollywood am y defnydd amlwg o symbolau rhyw, fel Clara Bow a Rudolph Valentino. Cafodd Clara Bow y llysenw 'The It Girl', ar ôl ymddangos mewn ffilm o'r un enw. Roedd yr 'It' yn amlwg yn cyfeirio at ryw. Roedd pobl hefyd wedi cael braw ar ôl gweld safonau moesol rhai o ffilmiau Hollywood. Ymatebodd Hollywood yn y diwedd drwy sefydlu Cod Hays (gweler Ffynhonnell D).

Ffynhonnell D: Detholiad o rai o bwyntiau Cod Hays

- Neb i ymddangos yn noeth ar y sgrin.
- Ni chaiff cusan ar y sgrin barhau yn hir.
- Rhaid peidio â phortreadu godineb neu garwriaeth gyfrinachol mewn ffordd ddeniadol.
- Rhaid i gynhyrchwyr osgoi pynciau israddol, ffiaidd, annifyr, ond nid rhai drygionus o anghenraid.
- All clerigwyr, neu ddynion eglwysig, ddim cael eu portreadu fel cymeriadau doniol neu ddrwg.
- Rhaid portreadu llofruddiaeth, llosgi bwriadol a smyglo fel gweithredoedd drwg.

GWEITHGAREDD ?

Esboniwch pam datblygodd Hollywood fel canolfan diwydiant ffilm UDA.

Cwestiwn ymarfer

Defnyddiwch Ffynhonnell D a'r hyn rydych chi'n ei wybod i ddisgrifio sut gwnaeth y diwydiant ffilm ymateb i'r honiad ei fod wedi creu dirywiad mewn safonau moesol. (*I gael arweiniad, gweler tudalennau 159–160.*)

◀ **Ffynhonnell CH:** Hysbyseb o 1927 ar gyfer y ffilm *The Jazz Singer*

Newidiadau mewn cerddoriaeth boblogaidd gan gynnwys jazz

Mae'r 1920au yn cael eu cofio fel 'Oes Jazz' gan mai jazz oedd cerddoriaeth boblogaidd y cyfnod. Yr awdur F. Scott Fitzgerald oedd y cyntaf i ddefnyddio'r ymadrodd yn ei lyfr *The Beautiful and the Damned* (1922). Doedd jazz ddim yn rhywbeth newydd. Roedd wedi cael ei ddechrau gan y caethweision du oedd yn cael eu hannog i ganu er mwyn iddyn nhw weithio'n galetach. Bydden nhw'n defnyddio byrddau golchi, caniau, ceibiau ac offerynnau taro i greu eu cerddoriaeth unigryw eu hunain. Drwy newid y curiad a chreu rhythmau penodol, cafodd jazz ei greu. Gan nad oedd llawer o gerddorion du yn gallu darllen cerddoriaeth, bydden nhw'n chwarae'n fyrfyfyr, sef dyfeisio wrth chwarae, ac yn cyfansoddi ar y pryd. Dyma oedd un o atyniadau'r math newydd hwn o gerddoriaeth. Yn wreiddiol roedd gan y gerddoriaeth enwau amrywiol, gan gynnwys *'blues'*, *'rag'* a *'boogie-woogie'*. Ond roedd y geiriau hyn yn deillio o ymadroddion pobl ddu am ryw, a doedd pobl wyn ddim yn hoffi eu defnyddio. Felly, cafodd yr enw newydd 'jazz' ei fathu.

Er gwaethaf ei wreiddiau Affro-Americanaidd, yn yr 1920au daeth jazz yn boblogaidd gan bobl wyn dosbarth canol, yn enwedig y *flappers* (gweler tudalen 154). Roedd rhai yn beio ac yn beirniadu jazz, gan gredu ei fod yn arwydd arall o'r dirywiad mewn safonau moesol (gweler Ffynonellau E ac F). Er enghraifft, yn 1921, cyhoeddodd y *Ladies' Home Journal* erthygl o dan y teitl 'Does Jazz put the Sin in Syncopation?' (*Syncopation* neu drawsacennu yw'r enw ar y rhythmau anarferol sy'n nodweddiadol o gerddoriaeth jazz.)

Penderfynodd rhai dinasoedd, gan gynnwys Efrog Newydd a Cleveland, wahardd perfformio jazz yn gyhoeddus mewn neuaddau dawns. Ond yr unig effaith gafodd hyn oedd gwneud jazz yn fwy deniadol a chyffrous i bobl ifanc. Jazz oedd atyniad mawr y clybiau nos a'r *speakeasies* ac roedd modd ei glywed gartref ar y radio hefyd. Wrth i jazz ddod yn fwy poblogaidd, dechreuodd cerddorion gwyn gopïo'r arddull a daeth sawl band yn enwog, dan arweiniad pobl fel Paul Whiteman a Bix Beiderbecke. Y lle mwyaf poblogaidd i glywed jazz, o bosibl, oedd y Cotton Club yn Harlem, Efrog Newydd. Roedd cerddorion jazz enwog y cyfnod yn cynnwys Duke Ellington a Louis Armstrong (gweler tudalen 147).

Ffynhonnell DD: Rhan o gyfweliad gyda cherddor jazz ar ddechrau'r 1920au

Mae cerddorion jazz yn peri i'r offerynnau wneud pethau cwbl newydd, pethau mae cerddorion clasurol yn cael eu dysgu i'w hosgoi. Mae jazz yma i aros, gan ei fod yn fynegiant o'n cyfnod ni – y cyfnod cyffrous, egnïol, hynod brysur hwn.

Ffynhonnell E: Rhan o *The Ladies' Home Journal*, 1922, cylchgrawn ar gyfer menywod gwyn America

Yn wreiddiol, roedd jazz yn gyfeiliant i'r dawnsiwr fwdw (*voodoo*), gan ysgogi'r barbariaid hanner call i wneud pethau ffiaidd. Roedd pobl farbaraidd eraill wedi defnyddio'r canu rhyfedd i ysgogi creulondeb a chnawdolrwydd. Mae llawer o wyddonwyr wedi dangos bod hyn yn cael effaith lygredig ac anfoesol ar ymennydd pobl. Mae cerddoriaeth jazz yn niweidiol ac yn beryglus ac mae'n cael dylanwad drwg iawn.

Ffynhonnell F: O erthygl papur newydd gafodd ei chyhoeddi yn Ardal y Beibl UDA yng nghanol yr 1920au

Mae jazz yn defnyddio rhythmau cyntefig sy'n cyffroi'r greddfau dynol mwyaf bas. Mae cerddoriaeth jazz hefyd yn achosi meddwdod. Bydd pob rheswm a myfyrdod yn diflannu a bydd gweithredoedd y gwrandäwr yn cael eu rheoli gan deimladau anifeilaidd cryfach.

DUKE ELLINGTON 1899–1974

Cafodd ei eni yn Washington DC yn 1899, a daeth yn gyfansoddwr ac yn bianydd. Symudodd i Efrog Newydd yn yr 1920au, gan sefydlu band deg dyn. Daeth yn boblogaidd oherwydd caneuon fel 'Choo Choo' a 'Chocolate Kiddies'.

LOUIS ARMSTRONG 1901–71

Cafodd ei eni yn New Orleans yn 1901 a daeth yn enwog fel trwmpedwr yno. Yn 1922, symudodd i Chicago, sef prifddinas jazz UDA. Erbyn 1925 roedd ganddo ei fand ei hun ac roedd yn enwog ar hyd a lled y wlad. Roedd rhai o'i ganeuon enwog yn cynnwys 'Ain't Misbehavin' a 'Tiger Rag'.

▲ **Ffynhonnell FF:** Band Jazz Creole 'King' Oliver, Chicago, 1922. Louis Armstrong yw'r cerddor yn y canol, yn y cefn

Cwestiynau ymarfer

1 Defnyddiwch Ffynhonnell FF a'r hyn rydych chi'n ei wybod i ddisgrifio cerddoriaeth jazz yn yr 1920au. *(I gael arweiniad, gweler tudalennau 159–160.)*

2 Astudiwch Ffynonellau DD ac E. Pa un o'r ffynonellau sydd fwyaf defnyddiol i hanesydd wrth astudio effaith jazz ar gymdeithas UDA? *(I gael arweiniad, gweler tudalennau 164–165.)*

Effaith y radio a'r gramoffon

Cafodd y radio ddylanwad enfawr ar lawer o Americanwyr. Dechreuodd yr orsaf radio gyntaf, *Station KDKA*, ddarlledu yn 1920. Erbyn 1930 roedd mwy na 600 o orsafoedd radio yn UDA ac roedd gan 40 y cant o gartrefi set radio. Roedd llawer o deuluoedd yn talu'n wythnosol am eu setiau radio ac roedd eu pris yn rhad gan eu bod yn cael eu masgynhyrchu.

Roedd radio yn rhoi cyfle i bobl wrando ar ddigwyddiadau chwaraeon, cerddoriaeth – jazz, er enghraifft – a hysbysebion. Roedd yn hawdd darlledu newyddion, chwaraeon ac adloniant i filiynau o gartrefi. Cafodd y rhwydwaith radio cenedlaethol cyntaf, y *National Broadcasting Company* (NBC), ei sefydlu yn 1926, a dechreuodd y *Columbia Broadcasting System* (CBS) y flwyddyn ganlynol. Cyn bo hir, y radio oedd prif ffynhonnell adloniant y teulu. Creodd hyn arwyr ym maes chwaraeon, fel y bocsiwr Jack Dempsey, a'r chwaraewr pêl-fas, Babe Ruth. Daeth y radio â digwyddiadau yn fyw i bobl oedd ddim yn gallu fforddio mynd iddyn nhw. Erbyn diwedd yr 1920au, roedd y radio yn cyrraedd dros 50 miliwn o bobl. Golygai hyn fod dealltwriaeth wleidyddol a chymdeithasol y boblogaeth yn gyffredinol wedi gwella'n sylweddol, gan nad oedd angen i bobl allu darllen er mwyn dilyn y newyddion.

GWEITHGAREDD ?

Edrychwch ar Ffynhonnell G. Pa effaith gafodd y radio ar adloniant poblogaidd yn yr 1920au?

Cwestiwn ymarfer

Defnyddiwch Ffynhonnell NG a'r hyn rydych chi'n ei wybod i ddisgrifio'r defnydd o'r radio fel ffurf adloniant poblogaidd yn yr 1920au. *(I gael arweiniad, gweler tudalennau 159–160.)*

> **Ffynhonnell G:** Rhan o erthygl papur newydd o America yn 1929
>
> Ar ôl dechrau fel gwasanaeth telegraff diwifr bychan yn 1920, erbyn heddiw mae'r radio wedi tyfu'n gyflym i fod yn ddiwydiant gwerth biliynau o ddoleri. Mae hysbysebu wedi troi darlledu yn ddiwydiant. Sylweddolodd y darlledwyr eu bod yn gallu rhoi hwb i'r diwydiant ceir neu i'r diwydiant diod pop. Wedyn mae amser ar yr awyr yn dod yn rhywbeth mae pobl eisiau ei brynu.

Tyfodd y diwydiant **gramoffon** yn gyflym iawn ar ôl 1900, gan gyrraedd ei uchafbwynt yn 1921 gyda gwerthiant o $106 miliwn. Ond erbyn 1922, roedd setiau radio wedi dinistrio'r farchnad hon gan eu bod nhw'n darlledu cerddoriaeth am ddim. Gostyngodd gwerthiant setiau gramoffon drwy gydol y degawd, a phan gwympodd y farchnad stoc yn 1929, aeth y rhan fwyaf o'r busnesau llai i'r wal neu cawson nhw eu prynu gan gwmnïau mwy.

▲ **Ffynhonnell NG:** *Flapper* yn gwisgo clustffonau i wrando ar y radio yng nghanol yr 1920au

Dawnsio

Daeth un o'r newidiadau mwyaf o ran diwylliant poblogaidd y cyfnod hwn ym myd dawnsio. Cyn y Rhyfel Byd Cyntaf, roedd dawnsio yn araf ac yn eithaf ffurfiol, ond roedd arddull yr 1920au yn fwy bywiog a rhydd. Dawns enwocaf y cyfnod oedd y *Charleston* – dawns gyflym iawn gyda'r rhythmau yn newid yn sydyn. Enwau rhai o'r mathau poblogaidd eraill o ddawns oedd y *black bottom* (gweler Ffynhonnell I), y *vampire*, *shimmy*, *turkey trot*, *buzzard lope*, *chicken scratch*, *monkey glide* a'r *bunny hug*. Roedd y *Charleston* a ffyrdd eraill modern o ddawnsio yn dychryn y genhedlaeth hŷn, ac roedd llawer yn eu hystyried nhw'n anfoesol ac yn warthus (gweler Ffynhonnell H).

> **Ffynhonnell H:** Y Parchedig Burke Culpepper, pregethwr Ffwndamentalaidd, yn pregethu yn Eglwys Esgobol Fethodistaidd Mount Vernon, 1925
>
> Mae dawnsio yn arwain at ysgariad. Mae'n baganaidd, yn anifeilaidd ac yn ddamniol. Mae'n diraddio menywod a dynion. Dyma'r amser i ddweud yn blaen ei fod yn un o'r arferion modern mwyaf dinistriol.

Marathonau dawnsio

Wrth i'r dawnsio jazz newydd ledu ar draws y wlad, daeth marathonau dawns yn boblogaidd. Cystadlaethau oedd y rhain i brofi gallu pobl a gweld pa mor ddygn oedden nhw. Roedd yn rhaid dawnsio'n ddi-baid nes bod un pâr yn unig ar ôl i hawlio'r wobr ariannol. Yn ogystal ag ennill arian, roedd y dawnswyr hefyd yn gobeithio dod yn enwog, hyd yn oed am gyfnod byr. Dechreuodd y chwiw yn 1923 pan ddawnsiodd Alma Cummings, oedd yn 32 oed, yn ddi-baid am 27 awr. Dawnsiodd gyda chwe phartner gwahanol yn ystod yr amser hwn a daeth yn enwog drwy'r wlad oherwydd ei champ. Buan iawn y sylweddolodd pobl fod modd i'r dawnswyr a'r hyrwyddwyr wneud arian o'r marathonau hyn. Byddai'r cystadlaethau yn parhau am wythnosau weithiau a chafodd rheolau arbennig eu creu. Roedd y rhain, er enghraifft, yn nodi amser gorffwys, newid dillad, tylino'r corff ac ati. Doedd dim rhaid dawnsio mewn gwirionedd; roedd y beirniaid yn fodlon cyn belled â bod y cystadleuwyr yn symud.

Roedd llawer o'r cystadleuwyr hyn yn ystyried eu hunain yn sêr y byd adloniant, ac roedd rhai'n gobeithio cael rhan mewn ffilm. Ond yr unig ddawnswyr i ddod yn enwog oedd June Havoc a Red Skelton.

▲ Ffynhonnell I: Joan Crawford yn dawnsio gwahanol rannau'r *Black Bottom*

▲ Ffynhonnell J: Pâr yn cymryd rhan mewn marathon dawnsio, 1925

GWEITHGAREDDAU ?

1 Beth mae Ffynhonnell I yn ei awgrymu am y ffurfiau dawns newydd yn yr 1920au?

2 Esboniwch pam daeth marathonau dawns yn boblogaidd yn ystod yr 1920au.

3 Pa mor ddefnyddiol yw Ffynhonnell H i hanesydd sy'n astudio'r rhesymau pam doedd rhai Americanwyr ddim yn hoffi'r diwylliant jazz newydd?

Diwylliant y clybiau yfed (*speakeasy*)

Nodwedd allweddol o gyfnod y Gwaharddiad oedd datblygiad diwylliant y clybiau yfed (*speakeasy*). Ar ôl cyflwyno'r Gwaharddiad yn 1920, daeth cynnydd yn nifer y clybiau yfed, neu'r 'speakeasies'. Criwiau o Americanwyr du yn chwarae jazz oedd yn darparu'r adloniant yn y *speakeasies* gan amlaf. Am y tro cyntaf erioed, roedd pobl wyn a phobl ddu yn gallu cymysgu'n gymdeithasol yn y clybiau hyn, ac roedd pobl ifanc o bob dosbarth cymdeithasol yn mynd yno. Roedd pobl ifanc yn cael eu denu gan y gerddoriaeth a'r dawnsio jazz beiddgar hefyd. Gan fod prisiau alcohol yn y *speakasies* yn gymharol uchel, pobl ddosbarth canol yn bennaf oedd yn mynd yno. Roedd llawer o bobl yn gwrthwynebu jazz gan ei fod yn tynnu pobl o wahanol hil at ei gilydd, ac, yn ôl y gred, yn arwain at weithgaredd rhywiol.

Roedd arweinwyr gangiau yn agor clybiau moethus, gyda'r dawnswyr a'r bandiau mwyaf poblogaidd yn y cabaret. Yng nghlwb Small's Paradise yn Harlem, Efrog Newydd, byddai'r gweithwyr yn dawnsio'r *Charleston*, wrth gario hambyrddau yn llawn coctels. Roedd sêr fel Fred ac Adele Astaire yn dawnsio yn y Trocadero, ac yn y Cotton Club, Duke Ellington oedd arweinydd y band. Y prif atyniadau eraill oedd y dawnsiwr tap Bojangles Robinson a'r gantores jazz Ethel Waters.

GWEITHGAREDD ?

Edrychwch ar Ffynonellau L ac LL. Beth maen nhw'n ei ddweud wrthym ni am ddiwylliant y clybiau yfed (*speakeasy*) yn ystod yr 1920au?

Cwestiwn ymarfer

Ai'r radio oedd y newid pwysicaf yn adloniant poblogaidd yr UDA yn yr 1920au? Defnyddiwch yr hyn rydych chi'n ei wybod a'i ddeall am y mater i gefnogi eich ateb. (*I gael arweiniad, gweler tudalennau 166–167.*)

▲ **Ffynhonnell LL:** Adloniant poblogaidd mewn *speakeasy* ar ddiwedd yr 1920au

Ar ddechrau'r ugeinfed ganrif, newidiodd agweddau tuag at rôl a statws menywod yn sylweddol. Cyn y Rhyfel Byd Cyntaf, nifer bach iawn o fenywod oedd yn gallu cael gyrfa. Roedd confensiwn cymdeithasol yn cyfyngu ar eu bywydau, ac roedd menywod dosbarth canol a dosbarth uchaf yn byw o olwg y byd. Yn ystod y Rhyfel Byd Cyntaf, cafodd menywod gyfle i fynd allan i weithio, gan chwarae rhan bwysig yn ymgyrch ryfel UDA rhwng 1917 ac 1918. Yn 1920, yn dilyn ymgyrch hir, enillodd menywod UDA yr hawl i bleidleisio. I rai menywod, roedd yr 1920au yn gyfnod o newid mawr, yn enwedig o ran eu safle cymdeithasol a'r ffordd roedden nhw'n edrych. Fe wnaethon nhw groesawu'r ffasiynau newydd a'r bywyd cymdeithasol newydd a dechrau byw yn fwy annibynnol. Roedd pobl yn galw'r menywod hyn yn *flappers*. I lawer o fenywod, fodd bynnag, oherwydd amgylchiadau economaidd, crefydd neu gredoau eraill, doedd dim llawer o newid yn eu statws na'u cyfleoedd gwaith.

Rôl menywod yn y blynyddoedd cyn y rhyfel

Rôl wleidyddol

Doedd menywod ddim yn cael cymryd rhan mewn gwleidyddiaeth. Doedd ganddyn nhw ddim hawl i bleidleisio.

Rôl gymdeithasol

Roedd pobl yn credu ei bod hi'n anweddus i fenyw ysmygu neu yfed yn gyhoeddus. Byddai menyw bob amser yng nghwmni *chaperone* wrth fynd allan yn ystod y dydd neu gyda'r nos. Roedd ysgariad a rhyw cyn priodas yn anghyffredin.

Cyfleoedd gwaith

Doedd dim llawer o gyfleoedd ar gael. Doedd y rhan fwyaf o fenywod dosbarth canol a dosbarth uwch ddim yn mynd allan i weithio, gan fod pobl yn credu byddai hyn yn amharu ar eu rôl fel mam a gwraig tŷ. Roedd y rhan fwyaf o fenywod cyflogedig mewn swyddi cyflog isel, fel glanhau, gwnïo neu'n gweithio fel ysgrifenyddes.

Ymddangosiad

Roedd disgwyl i fenywod wisgo ffrogiau hir wedi'u tynnu'n dynn am y canol, bod â gwallt hir wedi'i glymu, a pheidio â gwisgo colur.

Cwestiwn ymarfer

Disgrifiwch safle menywod yn UDA ar ddechrau'r ugeinfed ganrif. *(I gael arweiniad, gweler tudalen 161.)*

Effaith y Rhyfel Byd Cyntaf

Cafodd menywod fwy o gyfleoedd ar ôl i UDA ymuno â'r Rhyfel Byd Cyntaf yn 1917:

- Roedd tua 2.8 miliwn o ddynion yn aelodau o'r lluoedd arfog erbyn diwedd y rhyfel ac roedd dros filiwn o fenywod yn helpu ymdrech y rhyfel.
- Gwasanaethodd tua 90,000 o fenywod yn lluoedd arfog UDA yn Ewrop. Aeth y Llynges a'r Corfflu Morol ati i recriwtio menywod fel clercod, trydanwyr radio, fferyllwyr, cyfrifwyr a nyrsus. Ymunodd eraill â Chymdeithasau Cristnogol Menywod Ifanc a Dynion Ifanc, Croes Goch America a Byddin yr Iachawdwriaeth. Ond yn wahanol i'r gwasanaethau eraill hyn, roedd y fyddin yn fwy ceidwadol wrth roi swyddi i fenywod. Ymrestrodd dros 21,000 o fenywod fel clercod, arbenigwyr olion bysedd, newyddiadurwyr a chyfieithwyr.
- Roedd menywod hefyd yn gweithio mewn swyddi oedd yn draddodiadol yn cael eu gwneud gan ddynion, fel gwaith diwydiant trwm, peirianneg a thrafnidiaeth.

Dangosodd y rhyfel fod menywod yn gallu gwneud y swyddi hyn cystal â dynion. Arweiniodd hefyd at fwy o ryddid, yn enwedig mewn arferion cymdeithasol fel ysmygu ac yfed yn gyhoeddus, a mynd allan ar eu pen eu hunain. Roedd eu cyfraniad yn ystod y rhyfel hefyd yn cryfhau'r ddadl dros roi'r bleidlais i fenywod.

GWEITHGAREDD

Pa mor bwysig oedd y Rhyfel Byd Cyntaf o ran helpu i newid safle menywod yng nghymdeithas UDA?

Cwestiwn ymarfer

Defnyddiwch Ffynhonnell A a'r hyn rydych chi'n ei wybod i ddisgrifio cyfraniad menywod i'r ymdrech ryfel. *(I gael arweiniad, gweler tudalennau 159–160.)*

▲ Ffynhonnell A: Menywod yn cynhyrchu rhannau ar gyfer gynnau peiriant mewn ffatri yn New Haven, Connecticut yn 1918

Y newid mewn agweddau gwleidyddol

Yn ystod yr 1920au daeth llawer o newid i safle gwleidyddol ac economaidd menywod.

Ennill yr hawl i bleidleisio

Roedd grwpiau yn ymgyrchu dros bleidlais i fenywod, fel y *North American Women Suffrage Association* (a sefydlwyd yn 1890) a'r *Congressional Union for Women's Suffrage* (a sefydlwyd yn 1913). Ond doedden nhw ddim wedi llwyddo i berswadio llawer o wleidyddion i gefnogi eu hachos. Daeth tro ar fyd i'r ymgyrch dros bleidlais i fenywod o ganlyniad i effaith y Rhyfel Byd Cyntaf. Oherwydd bod menywod wedi cyfrannu at yr ymdrech ryfel, roedd yn anodd anwybyddu eu galwad am gydraddoleb gwleidyddol. O ganlyniad, daeth y 19eg Diwygiad yn ddeddf yn 1920, gan roi'r bleidlais i fenywod. Cafodd menywod lawer mwy o rym gwleidyddol, ac roedd hefyd yn hwb i'w hymgyrch nhw am fwy o newidiadau.

Newidiadau gwleidyddol

Ar ôl ennill y bleidlais yn 1920, llwyddodd rhai menywod i gael grym gwleidyddol. Er enghraifft, yn 1924, Nellie Tayloe Ross o Wyoming oedd y fenyw gyntaf i gael ei hethol yn llywodraethwr talaith. Ddwy flynedd yn ddiweddarach yn Seattle, cafodd Bertha Knight Landes ei hethol yn faeres, y fenyw gyntaf i gael ei hethol i'r swydd honno mewn dinas yn UDA.

Ond eithriadau oedd y rhain, a wnaeth y rhan fwyaf o fenywod ddim llwyddo i ennill tir ym myd gwleidyddiaeth. Roedd y pleidiau gwleidyddol eisiau eu pleidleisiau nhw, ond doedden nhw ddim yn eu hystyried yn ymgeiswyr realistig ar gyfer swyddi gwleidyddol. Erbyn 1920, roedd gwleidyddion benywaidd yn dal i fod yn brin iawn. Beth bynnag, doedd gan y rhan fwyaf o fenywod ddim diddordeb mewn gwleidyddiaeth. Methiant oedd ymgais **Mudiad y Menywod** i basio'r Ddeddf Diwygio Hawliau Cyfartal. Byddai hon wedi rhoi hawliau cyfreithiol cyfartal i fenywod.

GWEITHGAREDD ?

Pa mor llwyddiannus oedd menywod wrth ennill tir yn wleidyddol yn yr 1920au?

Cwestiwn ymarfer

Defnyddiwch Ffynhonnell B a'r hyn rydych chi'n ei wybod i ddisgrifio cynnydd gwleidyddol menywod yn yr 1920au. *(I gael arweiniad, gweler tudalennau 159–160.)*

◄ **Ffynhonnell B:** Swffragetiaid yn ystod gorymdaith yn Efrog Newydd i ddathlu pasio'r 19eg Diwygiad yn 1920

Dylanwad diwylliant Jazz

Yn ystod yr 1920au, dechreuodd menywod ifanc dosbarth canol a dosbarth uwch fyw bywydau mwy rhyddfrydig. Roedd y diwylliant jazz newydd yn dylanwadu arnyn nhw. Daeth yr 'Oes Jazz' â newidiadau i fyd adloniant a hamdden. Cafodd cyfnod yr 1920au ei alw yn 'oes y *flapper*' wrth i lawer o fenywod fanteisio ar eu rhyddid newydd a dechrau mynd i'r clybiau jazz, y neuaddau dawns a'r *speakeasies*.

Roedd cerddoriaeth a diwylliant jazz yn rhoi cyfle i rai menywod dorri'n rhydd o'u bywydau arferol a dechrau gwrthryfela. Roedd clybiau jazz, y *speakeasies* a'r neuaddau dawns yn rhoi cyfle i fenywod ddianc o'u rolau traddodiadol fel merched a mamau. Yn y lleoedd hyn, roedd menywod hefyd yn cael mwy o ryddid i fynegi eu hunain drwy eu hiaith, eu dillad a'u hymddygiad.

Roedd y diwylliant jazz hefyd yn cynnig swyddi newydd i fenywod yn yr 1920au. Cafodd clybiau jazz eu hannog i gyflogi *flappers* er mwyn apelio at ddiwylliant ieuenctid newydd yr 1920au. At hynny, roedd menywod fel Lil Hardin a Bessie Smith yn arwain y ffordd i fenywod oedd yn dymuno dilyn gyrfaoedd yn y celfyddydau perfformio poblogaidd. Roedd swyddi hefyd ar gael i fenywod yn y diwydiannau hysbysebu, colur a dillad. Roedd cyswllt rhwng y rhain i gyd a diwylliant jazz y cyfnod.

Roedd nwyddau traul fel dillad dawnsio, setiau radio a cholur yn troi o amgylch y diwylliant jazz, ac roedd yr hysbysebion ar gyfer y nwyddau hyn yn targedu cwsmeriaid newydd yr oes. Er enghraifft, byddai hen hysbysebion yn dangos menywod mewn dillad hir ac yng nghwmni dyn. Roedd yr hysbysebion newydd yn cynnwys delweddau o fenywod newydd rhydd ac annibynnol, gyda gwallt byr a dillad ffasiynol.

Ond doedd hi ddim yn bosibl i bob menyw yn America fyw'r math hwn o fywyd. Roedd rhai yn gwrthod y ffordd newydd o fyw oherwydd eu credoau crefyddol neu gymdeithasol, ac roedden nhw'n feirniadol o'r *flappers* am fod yn rhy anfoesol a rhywiol. Roedd yn rhaid i eraill barhau yn eu rôl draddodiadol fel gwragedd tŷ a mamau gan nad oedden nhw'n gallu fforddio'r dillad newydd, y ffasiynau a diwylliant y clybiau nos. I'r rhan fwyaf o fenywod America, y peth pwysicaf oedd cael dau ben llinyn ynghyd neu gynilo arian i brynu'r teclynnau newydd fyddai'n gwneud gwaith tŷ ychydig yn haws.

▲ Ffynhonnell C: Clawr cylchgrawn ffasiynol o America yn 1925 yn dangos y diwylliant jazz newydd

Cwestiwn ymarfer

Beth oedd pwrpas Ffynhonnell C? (*I gael arweiniad, gweler tudalennau 162–163.*)

Ffordd o fyw'r *flappers* a ffeministiaeth

Y menywod welodd y newid mwyaf yn eu safle oedd y *flappers*. Yn yr 1920au, penderfynodd nifer o fenywod herio'r agweddau traddodiadol tuag at ferched. Roedden nhw'n dod yn bennaf o deuluoedd dosbarth canol ac uwch oedd yn byw yn nhaleithiau'r gogledd. Daeth y menywod hyn i gael eu hadnabod fel y *flappers*. Eu nod oedd dod yn fwy annibynnol yn eu bywyd cymdeithasol a chymryd agwedd fwy rhydd at eu hymddygiad a'u hymddangosiad. Roedd y *flappers* yn dathlu eu rhywioldeb a'u hannibyniaeth, yn mynd allan gyda'u cariadon, yn yfed alcohol anghyfreithlon, yn ysmygu'n gyhoeddus ac yn gyrru ceir a beiciau modur.

Ffynhonnell CH: Barn am y *flappers* yn y *New York Times*, 1922

Mae *flapper* yn rhywun digywilydd, hunanol a gonest, ond mae hi hefyd yn meddwl bod y rhain yn bethau da. Pam lai? Mae hi'n rhannu safbwynt dynion mewn ffordd oedd ddim yn bosibl i'w mam hi erioed. Pan fydd hi'n colli, does arni ddim ofn cyfaddef hynny, dim ots os yw'n colli cariad neu'n colli $20 mewn arwerthiant. Wnaiff hi byth fod yn wraig dda i chi na gwau tei i chi, ond bydd hi'n hapus i'ch gyrru o'r orsaf ar nosweithiau poeth yn yr haf yn ei char ei hun. Bydd hi'n barod i wisgo trowsus a mynd i sgïo gyda chi, neu fynd i nofio yn yr haf.

Ffynhonnell D: Darn o lythyr wedi'i ysgrifennu gan ffeminist at bapur newydd y *Daily Illini* yn 1922

I ni, dyw'r gair 'flapper' ddim yn golygu menyw sy'n ysmygu, yn rhegi ac yn cusanu ei ffrindiau gwrywaidd wrth ddweud nos da – er, does dim byd o'i le yn hynny. Y *flapper* i ni yw'r fenyw ifanc annibynnol sy'n teimlo fel rhoi dwrn i rywun os yw'n cyfeirio ati fel y 'rhyw wannaf'. Hi yw'r fenyw sy'n casáu cael ei rhoi ar bedestal, a hi sy'n gyfrifol am wella sefyllfa menywod yn y byd.

Yn y blynyddoedd ar ôl 1900, fe wnaeth nifer o gymdeithasau menywod gymryd rhan mewn gwahanol ymgyrchoedd. Roedd rhai'n ymgyrchu dros gael mwy o gyfleoedd am swyddi a thâl cyfartal. Roedd eraill yn canolbwyntio ar wella hawliau gwleidyddol, yn enwedig ennill yr hawl i bleidleisio. Cafodd y mudiad lwyddiant yn 1920, pan enillodd menywod yr hawl i bleidleisio mewn etholiadau arlywyddol am y tro cyntaf. Ond yn ystod yr 1920au, er gwaethaf delwedd y *flapper*, neu hyd yn oed oherwydd hynny, dechreuodd y mudiad ffeministaidd wanhau. Doedd gan y rhan fwyaf o fenywod ddim diddordeb mewn gwleidyddiaeth.

Eiconau a modelau rôl y *flappers*

Yr actores Joan Crawford oedd y *flapper* enwocaf. Roedd hi'n cusanu, yn yfed, yn ysmygu ac yn dawnsio'r *Charleston* mewn ffilmiau fel *Our Modern Maidens* (1929). Roedd merched wrth eu bodd â hi ac yn awyddus i'w chopïo. Eicon arall i'r *flappers* oedd seren y ffilmiau di-sain, Louise Brooks. Ymddangosodd am y tro cyntaf fel *flapper* yn y ffilm *A Social Celebrity* yn 1926. Roedd Brooks hefyd yn portreadu cymeriadau oedd yn debyg i'r *flapper* mewn ffilmiau fel *Love 'Em and Leave 'Em* (1926) a *Rolled Stockings* (1927). Ymysg *flappers* enwog eraill roedd Colleen Moore a Clara Bow. Roedd pobl yn cyfeirio at Bow fel yr 'It Girl' oherwydd ei rhan fel *flapper* yn y ffilm *It* (1927) (gweler tudalen 144).

GWEITHGAREDDAU

1. Sut gwnaeth bywydau rhai menywod newid yn yr 1920au?
2. Esboniwch pam doedd rhai menywod ddim yn gallu newid eu ffordd o fyw.
3. Gan weithio mewn parau, copïwch y glorian. Defnyddiwch dystiolaeth o dudalennau 151–154 i wneud y canlynol:
   - ☐ dylai un ohonoch chi ysgrifennu enghreifftiau o gynnydd ar ochr chwith y glorian
   - ☐ dylai'r llall ysgrifennu enghreifftiau o ddiffyg cynnydd ar ochr dde y glorian.

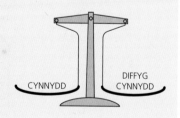

CYNNYDD   DIFFYG CYNNYDD

Ffynhonnell DD: Roedd F. Scott Fitzgerald yn awdur enwog o America oedd yn ysgrifennu am y dauddegau gwyllt. Yn 1920 priododd â Zelda Zayre, oedd yn un o'r *flappers*

Fflyrtio, cusanu, cymryd bywyd yn ysgafn, rhegi heb gochi, troedio ffin beryglus mewn ffordd anaeddfed – rhyw fath o hudoles fach wirion.

Ffasiynau newydd

Roedd y *flappers* yn dilyn y ffasiwn newydd o wisgo sgertiau byr (hyd at y pen-glin neu o dan y pen-glin) a ffrogiau syth, dilawes. Roedden nhw'n torri eu gwallt yn fyr, ac yn gwisgo colur a phersawr. Roedd y *flappers* hefyd yn gwisgo dillad nofio byr ar draethau cyhoeddus.

Roedd eu gwallt yn fyr ac roedden nhw'n gwisgo colur.

Roedden nhw'n gwisgo sgertiau byr a dillad llachar iawn.

Roedden nhw'n ysmygu ac yn yfed yn gyhoeddus.

Roedden nhw'n mynd i *speakeasies* ac i'r sinema ar eu pen eu hunain.

Roedden nhw'n dawnsio'n agored gyda dynion yn gyhoeddus, yn enwedig y ddawns newydd o'r enw y *Charleston*, ac yn gwrando ar gerddoriaeth newydd ddadleuol o'r enw jazz.

Roedden nhw'n gyrru ceir, a beiciau modur hyd yn oed.

Roedden nhw'n gwisgo dillad nofio byr iawn ar draethau cyhoeddus.

▲ Ffigur 7.1: *Flappers*

Cwestiwn ymarfer

Astudiwch Ffynonellau CH a D. Pa un o'r ffynonellau sydd fwyaf defnyddiol i hanesydd wrth astudio agweddau tuag at *flappers*? *(I gael arweiniad, gweler tudalennau 164–165.)*

GWEITHGAREDDAU

1 Esboniwch pam roedd y *flappers* yn cael eu hystyried yn fygythiad i ffordd o fyw draddodiadol menywod.

2 Defnyddiwch Ffigur 7.1 a'r hyn rydych chi'n ei wybod i ysgrifennu disgrifiad o *flapper* nodweddiadol o'r 1920au.

Gwrthwynebiad i ffordd o fyw'r *flappers*

Ar un ystyr, wnaeth ffordd o fyw'r *flappers* ddim helpu achos hawliau menywod yn yr 1920au. Roedd eu hymddygiad yn rhy eithafol yng ngolwg llawer o grwpiau traddodiadol, yn enwedig yn yr ardaloedd gwledig, a doedd cymdeithasau crefyddol ddim yn eu cymeradwyo nhw o gwbl. Roedd llawer o'r genhedlaeth hŷn yn beirniadu ffordd o fyw y *flappers*, ac aeth rhai ati i sefydlu Cynghreiriau Gwrth-Fflyrtio.

Aeth rhai *flappers* ati yn fwriadol i dorri'r gyfraith a chael eu harestio, er enghraifft am wisgo dillad byr fel gwisgoedd nofio oedd wedi'u gwahardd (gweler Ffynhonnell FF). Roedd eraill yn gweld y *flappers* fel menywod oedd yn chwilio am bleser, heb fawr ddim arall o'u plaid. Er bod rhai pobl yn gwrthwynebu ffordd o fyw y *flappers* yn chwyrn, roedd menywod eraill yn cydymdeimlo. Ond doedd ganddyn nhw ddim digon o arian na chyfle i ddilyn y ffasiynau newydd na mynd i'r digwyddiadau cymdeithasol newydd.

GWEITHGAREDDAU ?

1 Esboniwch pam roedd rhai pobl yn gwrthwynebu'r *flappers*.

2 Beth mae Ffynhonnell FF yn ei ddweud wrthych chi am agweddau rhai awdurdodau tuag at y *flappers*?

3 Edrychwch ar yr holl ffynonellau ar dudalennau 155–157 ac yna copïwch a chwblhewch y tabl isod. Mae un enghraifft wedi cael ei gwneud i chi.

Ffynhonnell	Nodweddion cadarnhaol y *flappers*	Nodweddion negyddol
D		Chwilio am bleser

Ffynhonnell E: Newyddiadurwr o Loegr yn ysgrifennu am *flappers* UDA yn 1921

Meddyliwch am ferched Americanaidd, ifanc, modern y wlad fawr hon. Ydyn nhw'n meddwl o gwbl? Ydyn nhw'n gofyn o ble maen nhw wedi dod? Dyw hi ddim yn teimlo felly. Mae'n ymddangos mai denu dynion ac ennill arian yw eu nod. Pan fydd dyn deallus yn cyfarfod y creaduriaid hyfryd, gwirion hyn sy'n ymddwyn heb foesau rhywiol, sy'n ysmygu'n ddi-baid – beth sydd yno i gynnal eu perthynas?

Ffynhonnell F: Erthygl o'r enw '*Flapper* Jane' o gylchgrawn ffasiynol Americanaidd, 1925

Flapper yw Jane. Gadewch i ni edrych ar y fenyw ifanc hon wrth iddi gerdded yn hamddenol dros y lawnt yng nghartref ei rhieni yn un o'r maestrefi. Mae hi newydd barcio'r car ar ôl gyrru chwe deg milltir mewn dwy awr. Yn un peth, mae hi'n ferch bert. Harddwch yw ffasiwn 1925. Rhaid dweud ei bod hi'n gwisgo llawer o golur, ac mae ganddi wefusau coch coch a llinellau trwchus iawn o amgylch ei llygaid. O ran dillad, dyw Jane ddim yn gwisgo llawer yr haf hwn. Mae ganddi ffrog fer gyda gwddf isel. Mae'r sgert yn cyrraedd ychydig o dan y pengliniau. Dyw hi ddim yn ffasiynol i wisgo bra ers 1924.

▲ **Ffynhonnell FF:** Grŵp o *flappers* yn Chicago yn cael eu harestio am wisgo gwisgoedd nofio undarn, oedd wedi cael eu gwahardd am fod yn rhy dynn

Cwestiynau ymarfer

1 Edrychwch ar Ffynonellau E ac F. Pa un o'r ffynonellau sydd fwyaf defnyddiol i hanesydd wrth astudio'r rhesymau pam roedd rhai Americanwyr yn gwrthwynebu ffordd o fyw'r *flappers*? (*I gael arweiniad, gweler tudalennau 164–165.*)

2 Ai ennill yr hawl i bleidleisio oedd y newid pwysicaf yn ffordd o fyw a statws menywod yn ystod y cyfnod hwn? Defnyddiwch yr hyn rydych chi'n ei wybod a'i ddeall am y mater i gefnogi eich ateb. (*I gael arweiniad, gweler tudalennau 166–167.*)

Arweiniad ar Arholiadau CBAC

Bydd yr adran hon yn rhoi arweiniad cam wrth gam i chi ar sut i fynd ati i ateb y mathau o gwestiynau fydd yn yr arholiad. Isod cewch weld enghraifft o bapur arholiad gyda set o gwestiynau enghreifftiol (heb y ffynonellau).

Uned dau: astudiaethau manwl

Yng Nghwestiwn 1 mae'n rhaid i chi ddadansoddi ffynhonnell hanesyddol a dangos yr hyn rydych chi'n ei wybod a'i ddeall am y cyfnod drwy ddisgrifio ei nodweddion allweddol yn eu cyd-destun.

Yng Nghwestiwn 2 mae'n rhaid i chi ddangos yr hyn rydych chi'n ei wybod a'i ddeall am nodwedd allweddol. Dylech chi geisio cynnwys manylion ffeithiol penodol.

Yng Nghwestiwn 3 mae'n rhaid i chi ddangos yr hyn rydych chi'n ei wybod a'i ddeall drwy ddadansoddi a gwerthuso ffynhonnell hanesyddol er mwyn esbonio ei phwrpas (pam cafodd ei chynhyrchu).

Yng Nghwestiwn 4 mae'n rhaid i chi ddangos yr hyn rydych chi'n ei wybod a'i ddeall i lunio barn a phenderfynu pa mor ddefnyddiol yw dwy ffynhonnell i hanesydd. Dylech ddadansoddi a gwerthuso cynnwys ac awduraeth pob ffynhonnell cyn llunio barn.

Yng Nghwestiwn 5 mae angen i chi ddefnyddio yr hyn rydych chi'n ei wybod i drafod mater, gan edrych ar ddwy ochr y ddadl. Dylech chi lunio barn wedi'i chyfiawnhau wrth ateb y cwestiwn a osodwyd.

Hanes yn canolbwyntio ar Ewrop / y byd
2B: UDA: Gwlad Gwahaniaethau, 1910–29
Amser a ganiateir: 1 awr

1 Mae'r cwestiwn hwn yn sôn am grefydd a hil yn UDA.

Astudiwch y ffynhonnell isod ac yna atebwch y cwestiwn sy'n dilyn. Defnyddiwch Ffynhonnell A a'r hyn rydych chi'n ei wybod i ddisgrifio gweithgareddau y *KKK*.
[6 marc]

2 Mae'r cwestiwn hwn yn sôn am y ffyniant economaidd.

Disgrifiwch sut gwnaeth proses trydaneiddio gyfrannu at ffyniant economaidd yr 1920au.
[8 marc]

3 Mae'r cwestiwn hwn yn sôn am adloniant poblogaidd.

Beth oedd pwrpas Ffynhonnell B? Defnyddiwch fanylion o Ffynhonnell B a'r hyn rydych chi'n ei wybod a'i ddeall am y cyd-destun hanesyddol i ateb y cwestiwn.
[8 marc]

4 Mae'r cwestiwn hwn yn sôn am fewnfudo yn UDA.

Astudiwch y ffynonellau ac yna atebwch y cwestiwn sy'n dilyn.
Pa un o'r ffynonellau sydd fwyaf defnyddiol i hanesydd wrth astudio achos Sacco a Vanzetti? Yn eich ateb dylech chi gyfeirio at y ddwy ffynhonnell a defnyddio'r hyn rydych chi'n ei wybod a'i ddeall am y cyd-destun hanesyddol.
[12 marc]

5 Mae'r cwestiwn hwn yn sôn am ddiwedd ffyniant yn yr 1920au.

Ai gwerthu cyfranddaliadau mewn panig oedd prif achos Cwymp Wall Street ym mis Hydref 1929?
[16 marc]

Defnyddiwch yr hyn rydych chi'n ei wybod a'i ddeall am y mater i gefnogi eich ateb.

Mae marciau am sillafu, atalnodi a defnyddio gramadeg a thermau arbenigol yn gywir yn cael eu rhoi am y cwestiwn hwn.
[3 marc]

Cyfanswm marciau'r papur: 53

Arweiniad ar Arholiadau ar gyfer Cwestiwn 1

Mae'r adran hon yn rhoi arweiniad ar sut i ddadansoddi ffynhonnell hanesyddol, a dangos beth rydych chi'n ei wybod a'i ddeall am y cyfnod drwy ddisgrifio ei nodweddion allweddol yn eu cyd-destun. Edrychwch ar y cwestiwn canlynol:

> Defnyddiwch Ffynhonnell A a'r hyn rydych chi'n ei wybod i ddisgrifio sut cafodd Americanwyr du eu trin yn nhaleithiau'r de.

▲ Ffynhonnell A: Ffynnon ddŵr wedi'i arwahanu. Roedd y rhain yn gyffredin ar draws taleithiau de America.

Sut i ateb

1 Tanlinellwch y geiriau allweddol yn y cwestiwn. Bydd hyn yn gadael i chi ganolbwyntio ar yr hyn mae'r arholwr eisiau i chi ysgrifennu amdano.
2 Disgrifiwch beth gallwch chi ei weld neu ei ddarllen yn y ffynhonnell, gan gofio defnyddio'r wybodaeth sydd ym mhennawd y ffynhonnell weledol.
3 Cysylltwch y wybodaeth hon â'r hyn rydych chi'n ei wybod am y cyfnod.
4 Ceisiwch gyflwyno o leiaf ddau bwynt wedi'u datblygu.

Ateb enghreifftiol

Cam Un: Disgrifiwch beth gallwch chi ei weld neu ei ddarllen yn y ffynhonnell, gan gofio defnyddio'r wybodaeth sydd yn y pennawd.

> Mae'r ffotograff yn cynnig enghraifft o sut cafodd Americanwyr du oedd yn byw yn nhaleithiau y de eu gorfodi i dderbyn deddfau arwahanu Jim Crow. Mae'r ffotograff yn dangos Americanwr du yn yfed o ffynnon ddŵr wedi'i arwahanu. Mae cyfleusterau yr Americanwyr du o ansawdd gwael o'u cymharu â rhai yr Americanwyr gwyn, ac mae'n dangos sut roedd Americanwyr du yn cael eu trin fel dinasyddion eilradd o dan ddeddfau Jim Crow.

Cam Dau: Defnyddiwch beth rydych chi'n ei wybod am y pwnc hwn i ehangu ar yr hyn rydych chi wedi ei ddweud am y ffynhonnell, gan gynnwys manylion hanesyddol penodol os yw'n bosibl, i roi'r cyd-destun.

> Mae'r pennawd yn dweud bod y math hwn o arwahanu yn gyffredin ar draws taleithiau'r de. Roedd yn amlwg ym mhob agwedd ar fywyd bob dydd. Roedd arwahanu yn digwydd ar drafnidiaeth gyhoeddus, mewn ysbytai, bwytai, sinemâu, theatrau, pyllau nofio ac ysgolion. Roedd yn golygu bod Americanwyr du yn cael gwasanaethau o ansawdd is ac yn gorfod byw yn yr ardaloedd mwyaf tlawd. Roedden nhw'n cael eu gorfodi i weithio yn y swyddi oedd â'r cyflog isaf, a doedd ganddyn nhw ddim llawer o hawliau cyfreithiol. Yn sgil arwahanu, roedd Americanwyr gwyn oedd yn byw yn y de yn gallu rheoli bywydau Americanwyr du.

> Nawr, rhowch gynnig ar ateb y cwestiwn canlynol:
>
> Defnyddiwch Ffynhonnell B a'r hyn rydych chi'n ei wybod i ddisgrifio effaith Cwymp Wall Street.

Ffynhonnell B: Brocer stoc ▶ yn ceisio gwerthu ei gar ar ddiwedd mis Hydref 1929 yn dilyn digwyddiadau Cwymp Wall Street

Arweiniad ar Arholiadau ar gyfer Cwestiwn 2

Mae'r adran hon yn cynnig arweiniad ar sut i ateb cwestiwn 'disgrifio', sy'n gofyn i chi ddangos gwybodaeth a dealltwriaeth benodol o nodwedd allweddol. Edrychwch ar y cwestiwn canlynol:

> Disgrifiwch beth ddigwyddodd yn ystod Cwymp Wall Street ym mis Hydref 1929.

Sut i ateb

1 Gwnewch yn siŵr eich bod yn cynnwys gwybodaeth sy'n uniongyrchol berthnasol yn unig.
2 Mae'n arfer da os ydych chi'n dechrau eich ateb gan ddefnyddio geiriau o'r cwestiwn. Er enghraifft: 'Digwyddodd Cwymp Wall Street o ganlyniad i...'
3 Ceisiwch gynnwys manylion ffeithiol penodol fel dyddiadau, digwyddiadau, ac enwau pobl allweddol.
4 Ceisiwch ymdrin â nifer o bwyntiau allweddol yn fanwl.

Ateb enghreifftiol

Digwyddodd Cwymp Wall Street o ganlyniad i werthu cyfranddaliadau mewn panig yn dilyn gor-hapfasnachu ar farchnad stoc UDA. Roedd prisiau cyfranddaliadau wedi parhau i godi yn ystod 1929 i lefelau afrealistig o uchel. Roedd llawer o Americanwyr cyffredin wedi dilyn y dorf a phrynu cyfranddaliadau, gan gael benthyg arian i wneud hynny yn aml iawn. Roedden nhw dan fygythiad felly pe bai unrhyw ostyngiad sydyn ym mhris cyfranddaliadau. Daeth y rhybuddion ar 19 Hydref pan aeth sawl buddsoddwr mawr ati i werthu llawer iawn o gyfranddaliadau. Arweiniodd hyn at ostyngiad mewn prisiau, ond roedd llawer o bobl yn credu mai gostyngiad dros dro oedd hyn ac y byddai prisiau yn codi eto cyn bo hir.

Cam Un: Cyflwynwch y pwnc, gan ganolbwyntio'n glir ar yr hyn mae'r cwestiwn yn ei ofyn.

Ond fe wnaeth prisiau barhau i ostwng ac ar 24 Hydref, sy'n cael ei alw yn 'Ddydd Iau Du', cafodd dros 12 miliwn o gyfranddaliadau eu gwerthu. Aeth pobl i banig a cheisiodd llawer o fuddsoddwyr nerfus werthu eu cyfranddaliadau. Arweiniodd hyn at ostyngiad pellach yn y prisiau. Roedd pawb eisiau gwerthu ond doedd dim llawer o fuddsoddwyr eisiau prynu. Fe wnaeth y prisiau barhau i ostwng yn sydyn. Y diwrnod gwaethaf o fasnachu ar y farchnad stoc oedd 'Dydd Mawrth Du', 29 Hydref, pan gafodd 16 miliwn o gyfranddaliadau eu gwerthu.

Cam Dau: Rhowch fanylion ffeithiol penodol, sy'n ymdrin â nifer o bwyntiau allweddol gwahanol.

Erbyn diwedd y mis, roedd marchnad stoc UDA wedi cwympo ac roedd gwerth cyfranddaliadau yn llawer is nag oedden nhw rai misoedd ynghynt. Oherwydd bod pobl wedi colli hyder yn y sector ariannol, aeth llawer o fanciau i'r wal. Collodd miliynau o Americanwyr eu harian gan fod eu cyfranddaliadau bellach yn ddiwerth. Fe wnaeth rhai buddsoddwyr gyflawni hunanladdiad, gan gredu bod eu byd wedi dod i ben ar ôl iddyn nhw golli popeth. Cafodd y Cwymp effaith tymor hir ar economi America.

Cam Tri: Ceisiwch gynnig cyd-destun da i'r digwyddiad rydych chi'n ei ddisgrifio.

> Nawr, rhowch gynnig ar ateb y cwestiwn canlynol:
> Disgrifiwch sut gwnaeth mewnfudo i UDA gael ei gyfyngu ar ôl y Rhyfel Byd Cyntaf.

Arweiniad ar Arholiadau ar gyfer Cwestiwn 3

Mae'r adran hon yn cynnig arweiniad ar sut i ddadansoddi a gwerthuso ffynhonnell hanesyddol er mwyn esbonio ei phwrpas. Edrychwch ar y cwestiwn canlynol:

> Beth oedd pwrpas Ffynhonnell A? Defnyddiwch fanylion o Ffynhonnell A a'r hyn rydych chi'n ei wybod a'i ddeall am y cyd-destun hanesyddol i ateb y cwestiwn.

▲ **Ffynhonnell A:** Hysbyseb o 1927 ar gyfer y ffilm *The Jazz Singer*. Hon oedd y ffilm sain (*talkie*) hir gyntaf

Sut i ateb

1 Mae angen i chi esbonio pam cafodd y ffynhonnell hon ei chynhyrchu.
2 Defnyddiwch beth rydych chi'n ei wybod am y maes testun hwn wrth ystyried cynnwys y ffynhonnell a'r hyn mae'n ei ddangos.
3 Defnyddiwch y wybodaeth sydd ym mhennawd/priodoliad y ffynhonnell. Gall hyn roi gwybodaeth bwysig i chi, fel dyddiad cyhoeddi, enw'r papur newydd, y llyfr neu'r cylchgrawn.
4 Defnyddiwch y wybodaeth hon er mwyn eich helpu i nodi'r cymhelliad.
- Pwy oedd y gynulleidfa darged?
- Beth oedd pwrpas y ffynhonnell?

Ateb enghreifftiol

Daw'r hysbyseb hwn o 1927 ac mae'n cyfeirio at ffilm o'r enw The Jazz Singer yn cael ei dangos, gyda'r seren ffilm Al Jolson. Roedd y ffilm hon yn hanesyddol gan mai dyma'r ffilm sain gyntaf, ac Al Jolson felly oedd yr actor cyntaf i siarad ar ffilm. Cyn hyn, roedd ffilmiau i gyd yn rhai di-sain. Dyma ddechrau oes newydd yn hanes y sinema. Pwrpas y poster oedd hysbysebu'r math newydd hwn o dechnoleg ffilm.

Cam Un: Chwiliwch am fanylion allweddol yn y pennawd a'r hyn rydych chi'n gallu ei weld/ei ddarllen yn y ffynhonnell, er mwyn llunio barn ar ei phwrpas – pryd a pham cafodd y ffynhonnell ei chynhyrchu?

Roedd y sinema wedi datblygu yn ystod yr 1920au i fod yn un o'r ffurfiau adloniant mwyaf poblogaidd yn America. Roedd canran fawr o'r boblogaeth yn mynd i'r sinema yn rheolaidd. Roedd The Jazz Singer yn defnyddio sain ac mae'r poster yn cyfeirio at hyn fel 'Vitaphone'. Roedd yn gadael i'r gynulleidfa glywed beth roedd yr actorion yn ei ddweud, ac fe wnaeth hyn helpu'r sinema i ddod hyd yn oed yn fwy poblogaidd ar ddiwedd yr 1920au. Mae'r cwmni ffilm, sef Warner Brothers, yn hysbysebu'r ddyfais newydd hon yn y gobaith o ddenu cynulleidfaoedd mawr. Maen nhw'n dangos y ffilm ddwywaith y dydd, gan gynnig sioe ychwanegol ar brynhawn Sul. Mae hyn yn tynnu sylw at y ffordd roedd y sinema ar y pryd yn dod yn fwy a mwy poblogaidd.

Cam Dau: Defnyddiwch yr hyn rydych chi'n ei wybod am y maes testun hwn i ddatblygu prif neges y ffynhonnell. Chwiliwch am fanylion allweddol ac yna cysylltwch nhw â'r hyn oedd yn digwydd ar y pryd i roi'r cyd-destun.

Roedd y defnydd o dechnoleg newydd 'Vitaphone' yn arwydd o ddiwedd oes y ffilmiau di-sain a dechrau'r diwydiant ffilm sain (talkies). Fe wnaeth llawer o sêr y ffilmiau di-sain fethu â goroesi ym myd y ffilmiau sain, a daeth sêr newydd i'r amlwg. Roedd yr hysbyseb yn arwydd o newid allweddol yn hanes y sinema. Cafodd ei chynhyrchu i hysbysebu datblygiad newydd sain mewn ffilmiau. Cymhelliad masnachol oedd i'r hysbyseb, er mwyn denu pobl i wylio'r ffilm. Fe wnaeth helpu i wneud y sinema hyd yn oed yn fwy poblogaidd fel ffurf adloniant.

Cam Tri: Cofiwch roi sylw i'r mater allweddol – awgrymwch resymau pam cafodd y ffynhonnell ei chynhyrchu ar y pryd hwnnw.

Nawr, rhowch gynnig ar ateb y cwestiwn canlynol:

Beth oedd pwrpas Ffynhonnell B? Defnyddiwch fanylion o Ffynhonnell B a'r hyn rydych chi'n ei wybod a'i ddeall am y cyd-destun hanesyddol i ateb y cwestiwn.

◄ **Ffynhonnell B:** Cartŵn wnaeth ymddangos mewn papur newydd yn America yn 1922 yn portreadu Sgandal y Teapot Dome. Albert Fall yw un o'r cymeriadau sy'n rhedeg i ffwrdd

Arweiniad ar Arholiadau ar gyfer Cwestiwn 4

Mae'r adran hon yn cynnig arweiniad i'ch helpu i lunio barn ar ddwy ffynhonnell, ac i benderfynu pa mor ddefnyddiol ydyn nhw i hanesydd. Byddwch yn gwneud hyn ar ôl dadansoddi a gwerthuso cynnwys ac awduraeth pob ffynhonnell. Edrychwch ar y cwestiwn canlynol:

> Pa un o'r ffynonellau canlynol sydd fwyaf defnyddiol i hanesydd wrth astudio effaith y Gwaharddiad ar fywyd America?

Ffynhonnell A: Rhan o araith gan Pauline Sabin yn 1929 lle galwodd hi am ddileu'r Gwaharddiad. Sefydlodd Sabin Sefydliad y Menywod ar gyfer Diwygio'r Gwaharddiad Cenedlaethol yn Chicago yn 1929

Mae'r Gwaharddiad wedi arwain at fwy o achosion o dorri'r gyfraith a'i dirmygu, at fwy o ragrith ymysg dinasyddion preifat yn ogystal â swyddogion yr heddlu, nag unrhyw beth arall yn ein bywyd cenedlaethol. Mae'n gyfrifol am y dosbarth mwyaf o droseddwyr cyfundrefnol yn y wlad. ... Mae'r amser wedi dod i gael gwared ar y llygredd, torcyfraith a rhagrith, a rhoi gonestrwydd yn eu lle.

Ffynhonnell B: Rhan o gyfweliad gyda gangster am drosedd go iawn yn America mewn erthygl ar gyfer cylchgrawn gafodd ei gyhoeddi yn fuan ar ôl i'r Gwaharddiad ddod i ben yn 1933

Fe wnaethon ni ein harian drwy ateb galw gan y cyhoedd. Os gwnes i dorri'r gyfraith, yna roedd fy nghwsmeriaid, sef cannoedd o bobl orau Chicago, yr un mor euog â mi. Yr unig wahaniaeth rhyngof i a nhw oedd fy mod i'n gwerthu a hwythau'n prynu. Roedd llawer o bobl yn fy ngalw i'n gangster ac yn smyglwr (neu'n *bootlegger*). Roedd pobl eraill yn ystyried fy mod i'n ddyn busnes oedd yn ateb eu gofynion nhw.

Sut i ateb

1. Tanlinellwch y geiriau allweddol yn y cwestiwn. Bydd hyn yn gadael i chi ganolbwyntio ar yr hyn mae'r arholwr eisiau i chi ysgrifennu amdano.
2. Yn eich ateb, mae'n rhaid i chi werthuso pa mor ddefnyddiol yw dwy ffynhonnell i hanesydd sy'n astudio'r mater dan sylw yn y cwestiwn.
3. Rhaid i chi benderfynu pa mor ddefnyddiol yw pob ffynhonnell o ran y canlynol:
   - gwerth y cynnwys (yr hyn mae'r ffynhonnell yn ei ddweud wrthych chi am y mater dan sylw)
   - awduraeth (pwy ddywedodd hyn a phryd)
   - y gynulleidfa darged (pam cafodd y ffynhonnell ei chynhyrchu a beth oedd ei phwrpas?)
   - y cyd-destun (cysylltwch gynnwys y ffynhonnell â darlun ehangach o'r hyn oedd yn digwydd ar y pryd).
4. Cofiwch lunio barn resymegol ynghylch pa un o'r ddwy ffynhonnell sydd fwyaf defnyddiol, a pham.

Ateb enghreifftiol

Cam Un: Rhowch farn gychwynnol, a'i chefnogi â gwybodaeth gyd-destunol.

> Mae'r ddwy ffynhonnell o ddefnydd amrywiol i hanesydd sy'n astudio effaith y Gwaharddiad ar fywyd America. Mae un ffynhonnell yn amlinellu sut mae'r Gwaharddiad wedi arwain yn uniongyrchol at fwy o droseddu cyfundrefnol a gweithgareddau anghyfreithlon. Mae'r llall o blaid torri'r Gwaharddiad er mwyn darparu gwasanaeth cyhoeddus, gan gynnig alcohol i'r bobl sydd angen alcohol.

Cam Dau: Gwerthuswch pa mor ddefnyddiol yw Ffynhonnell A o ran ei chynnwys, ei hawduraeth a'i chyd-destun.

> Mae Ffynhonnell A yn ddefnyddiol oherwydd ei bod yn dangos yn glir y problemau oedd yn cael eu hachosi gan y Gwaharddiad a'r effaith gafodd hynny ar fywyd America. Mae'r awdur yn awgrymu bod llawer o bobl wedi torri'r ddeddf: pobl gyffredin, yn ogystal â phobl mewn awdurdod fel swyddogion yr heddlu. Torri deddfau'r Gwaharddiad oedd y prif reswm dros dwf troseddu cyfundrefnol, a hynny'n ei dro yn arwain at dwf gangiau o gangsters pwerus. Roedd y gangsters neu'r smyglwyr hyn yn cyflenwi'r alcohol anghyfreithlon i bwy bynnag oedd ei eisiau, gan wneud elw mawr yn y broses. Roedden nhw'n amddiffyn eu hardaloedd eu hunain ac arweiniodd hyn at fwy o drais, fel Cyflafan Dydd Sant Ffolant. Roedden nhw hefyd yn llwgrwobrwyo swyddogion yr heddlu, barnwyr a meiri dinasoedd, rhai fel 'Big Bill' Thompson yn Chicago. Mae hyn yn esbonio pam mae'r awdur yn cyfeirio at lygredd a rhagrith.

Awdur Ffynhonnell A oedd Pauline Sabin, wnaeth arwain ymgyrch i ddod â'r Gwaharddiad i ben. Sefydlodd hi Fudiad y Menywod ar gyfer Diwygio'r Gwaharddiad Cenedlaethol yn Chicago yn 1929. Roedd y ddinas o dan reolaeth y gangster Al Capone ar y pryd. Roedd Sabin eisiau cyfiawnhau pam ei bod hi am weld y Gwaharddiad yn dod i ben, ac yn ei haraith fe wnaeth hi ganolbwyntio ar y pethau negyddol. Efallai ei bod hi wedi gorliwio'r sefyllfa rywfaint wrth wneud hynny. Cyflwynodd bwyntiau cyffredinol iawn, heb roi manylion penodol i'w cefnogi. Ond mae'r ffynhonnell yn ddefnyddiol gan ei bod yn cynnig gwybodaeth am y dadleuon gafodd eu defnyddio gan y mudiad oedd yn gwrthwynebu'r Gwaharddiad er mwyn ceisio diwygio'r drefn.

Cam Tri: Lluniwch farn gan benderfynu pa mor ddefnyddiol yw'r ffynhonnell o ran cywirdeb y cynnwys, a'i phwrpas.

Mae Ffynhonnell B yn ddefnyddiol gan ei bod yn cynnig safbwynt gwahanol iawn. Dyma safbwynt cyn-gangster gafodd ei gyfweld ar ddechrau'r 1930au, yn fuan ar ôl i'r Gwaharddiad ddod i ben. Mae'r gangster yn cyfaddef ei fod wedi darparu alcohol anghyfreithlon i gwsmeriaid, ond doedd ef ddim yn ystyried ei fod yn torri'r gyfraith. Roedd yn credu ei fod yn cynnig gwasanaeth gwir angenrheidiol i'r gymuned. Roedd galw am alcohol, ac roedd yntau yn bodloni'r galw hwnnw. Roedd yn gweithredu fel dyn busnes, nid fel smyglwr.

Cam Pedwar: Gwerthuswch pa mor ddefnyddiol yw Ffynhonnell B o ran ei chynnwys, ei hawdurdaeth a'i chyd-destun

Mae'r ffynhonnell hon yn ddefnyddiol i'r hanesydd oherwydd er ei bod yn cynnwys safbwynt unochrog iawn, mae'n egluro oes y Gwaharddiad o safbwynt y gangster. Fodd bynnag, efallai fod y gangster yn rhoi lliw rhamantaidd ar ei lwyddiannau yn y gorffennol er mwyn cyfiawnhau'r ffaith iddo dorri'r gyfraith.

Cam Pump: Lluniwch farn gan benderfynu pa mor ddefnyddiol yw'r ffynhonnell o ran cywirdeb y cynnwys a'i phwrpas.

Mae'r ddwy ffynhonnell yn ddefnyddiol i'r hanesydd. Mae Ffynhonnell A yn cynnwys dadl gryf sy'n cefnogi'r farn gyffredinol bod y Gwaharddiad wedi cael effaith negyddol iawn ar fywyd America, gan arwain yn uniongyrchol at dwf y gangsters a throseddu cyfundrefnol ar raddfa eang. Mae Ffynhonnell B yn cynnig barn wahanol, gan ddadlau nad oedd y rhan fwyaf o bobl yn ystyried bod prynu a gwerthu alcohol yn drosedd, ac nad oedden nhw'n ystyried y gangsters oedd yn cyflenwi'r alcohol yn droseddwyr. Mae'r ddwy ffynhonnell yn ddefnyddiol yn eu ffyrdd eu hunain, gan eu bod yn cynnig safbwyntiau gwrthgyferbyniol am effaith y Gwaharddiad ar fywydau pobl America.

Cam Chwech: Lluniwch farn gyffredinol wedi'i chyfiawnhau ynghylch pa ffynhonnell yw'r mwyaf defnyddiol.

Nawr, rhowch gynnig ar ateb y cwestiwn canlynol:

Pa un o'r ffynonellau sydd fwyaf defnyddiol i hanesydd wrth astudio achos Sacco a Vanzetti?

Ffynhonnell C: Sylw gafodd ei wneud am y Barnwr Thayer, oedd yn gyfrifol am achos llys gwreiddiol Sacco a Vanzetti Cafodd y sylw ei wneud yn 1930 gan Felix Frankfurter, cyfreithiwr oedd yn ymgyrchu dros gynnal achos newydd, ac awdur llyfr oedd yn beirniadu'r achos gwreiddiol

Rwyf wedi adnabod y Barnwr Thayer ar hyd fy oes. Credaf ei fod yn ddyn cul ei feddwl; yn ddyn diddeall; mae'n llawn rhagfarn; ac mae wedi drysu'n llwyr oherwydd ei ofn o'r Cochion, ofn sydd wedi meddiannu tua naw deg y cant o bobl America.

Ffynhonnell CH: Sylwadau Bartolomeo Vanzetti wrth iddo ef a Nicola Sacco gael eu harwain o'r llys, ar ôl cael eu canfod yn euog o lofruddio Fred Parmenter yn ystod cyrch ar ffatri yn Massachusetts yn 1920

Yr hyn rwyf yn ei ddweud yw fy mod yn ddieuog... Rydyn ni wedi bod yn y carchar am saith mlynedd. Ni all yr un enaid byw ddweud beth rydyn ni wedi ei ddioddef, ac eto rwyf i'n sefyll o'ch blaen chi heddiw, heb gryndod, a gallwch chi fy ngweld yn edrych i fyw eich llygaid ... heb gywilydd nac ofn ... Cawsom ni ein rhoi ar brawf mewn cyfnod sydd bellach yn hanes. Hynny yw, roedd honno'n adeg pan oedd drwgdeimlad a chasineb afresymol tuag at bobl o'n hegwyddorion ni, ac yn erbyn tramorwyr.

Arweiniad ar Arholiadau ar gyfer Cwestiwn 5

Mae'r adran hon yn cynnig arweiniad ar sut i gynnal trafodaeth ar fater, gan edrych ar ddwy ochr y ddadl, cyn llunio barn resymegol ar y cwestiwn gafodd ei osod.

> Ai twf sinema oedd y datblygiad pwysicaf yn adloniant poblogaidd America yn y cyfnod hwn? Defnyddiwch yr hyn rydych chi'n ei wybod a'i ddeall am y mater i gefnogi eich ateb.

Sut i ateb

1 Mae angen i chi ddatblygu ateb dwyochrog sydd yn gytbwys ac sydd wedi'i gefnogi'n gadarn.
2 Dechreuwch drwy drafod y prif fater sy'n cael ei nodi yn y cwestiwn. Defnyddiwch yr hyn rydych chi'n ei wybod i esbonio pam mae'r ffactor hwn yn bwysig.
3 Yna mae angen i chi ystyried yr wrthddadl. Mae angen i chi drafod amrywiaeth eang o 'ffactorau eraill'.
4 Dylech chi gefnogi pob ffactor gyda manylion ffeithiol perthnasol.
5 Dylech gloi eich ateb drwy gysylltu'n ôl â'r cwestiwn a llunio barn. Pa mor bwysig yw'r ffactor gafodd ei nodi yn y cwestiwn o'i gymharu â ffactorau eraill?
6 Gwiriwch eich ateb o ran sillafu, atalnodi a gramadeg.

Ateb enghreifftiol

Cam Un: *Gwnewch yn siŵr bod eich cyflwyniad yn dangos cysylltiadau clir â'r cwestiwn.*

> Fe wnaeth twf y sinema chwarae rhan fawr yn natblygiad adloniant poblogaidd America yn ystod y cyfnod hwn. Roedd twf enfawr ym myd sinema di-sain. Yn 1910, roedd 8,000 o sinemâu ac erbyn 1930 roedd eu nifer wedi cynyddu i 303,000. Roedden nhw'n dangos amrywiaeth o ffilmiau am bob math o themâu fel ffilmiau rhamant, ffilmiau cowbois, a chomedi slapstic. Roedd y sinemâu yn cynnig dihangfa rhag bywyd bob dydd, lle gallai cynulleidfaoedd fwynhau eu hunain mewn byd a sefyllfaoedd eraill. Gan fod prisiau mynediad yn rhad, roedd y rhan fwyaf o Americanwyr yn gallu mynd i'r sinema yn rheolaidd. Daeth noson yn y sinema yn ddigwyddiad cymdeithasol cyffredin oedd yn cael ei fwynhau gan filiynau o Americanwyr bob wythnos.

Cam Dau: *Defnyddiwch fanylion ffeithiol perthnasol i gefnogi eich trafodaeth o'r prif ffactor.*

> Wrth i gynulleidfaoedd dyfu, agorodd mwy a mwy o sinemâu, ac roedd twf hefyd yn y cwmnïau cynhyrchu ffilmiau fel Warner Brothers, Paramount a Columbia. Dechreuodd sêr y ffilmiau ddenu llawer o ddilynwyr ffyddlon, a daeth sêr fel Charlie Chaplin, Clara Bow, Mary Pickford a Rudolph Valentino yn enwog iawn. Pan fu farw Valentino yn sydyn yn 1926, daeth 100,000 o'i ddilynwyr i sefyll ar hyd strydoedd Efrog Newydd i wylio ei angladd. Fe wnaeth datblygiadau technolegol helpu i gynyddu maint y cynulleidfaoedd, yn enwedig ar ôl i *The Jazz Singer* ymddangos yn 1927, sef y ffilm sain gyntaf erioed. Newidiodd y sinema fywydau cymdeithasol miliynau o Americanwyr, a daeth yn un o'r ffurfiau adloniant mwyaf poblogaidd.

Cam Tri: *Dechreuwch yr wrthddadl gan ddefnyddio termau fel 'fodd bynnag' neu 'ar y llaw arall'. Mae hyn yn dangos yn glir eich bod nawr yn ystyried ffactorau eraill.*

> Fodd bynnag, nid y sinema oedd yr unig ddatblygiad diwylliannol a chymdeithasol i effeithio ar America yn y cyfnod hwn. Datblygiad pwysig arall oedd effaith cerddoriaeth jazz. Dyma gerddoriaeth pobl ddu America, oedd wedi datblygu yn y De cyn dod yn boblogaidd yn ystod yr 1920au. Daeth cerddorion jazz fel Louis Armstrong a Duke Ellington yn enwau cyfarwydd, a chantorion fel Bessie Smith hefyd. Roedd bandiau jazz yn teithio ar hyd y wlad gan chwarae i gynulleidfaoedd mawr a gwerthu miliynau o recordiau.

Ffurf arall ar adloniant poblogaidd, ac un o brif gystadleuwyr y sinema, oedd gwrando ar y radio. Roedd setiau radio rhad yn gadael i bobl deimlo eu bod wedi cysylltu â'i gilydd, ac i rannu profiadau. Roedden nhw'n rhoi'r newyddion i bobl ar unwaith, ac yn darlledu digwyddiadau byw fel cerddoriaeth bandiau jazz, digwyddiadau chwaraeon neu negeseuon gan yr arlywydd. Roedd y radio yn cysylltu â chynulleidfaoedd yn rhannau mwyaf anghysbell y wlad, hyd yn oed. Efallai nad oedd sinema yn y cymunedau unig hyn, ond roedd gan y rhan fwyaf o gartrefi set radio. Felly fe wnaeth y radio sefydlu ei hun yn ystod yr 1920au fel ffynhonnell adloniant poblogaidd.

Cam Pedwar: Defnyddiwch fanylion ffeithiol perthnasol i gefnogi eich trafodaeth o'r ffactorau eraill.

Agwedd bwysig arall ar adloniant poblogaidd oedd datblygiad diwylliant y clybiau yfed (*speakeasies*). Roedd clybiau yfed anghyfreithlon i'w cael yn y rhan fwyaf o drefi a dinasoedd. Roedd pobl yn ymweld â nhw i brynu alcohol anghyfreithlon ac i gymdeithasu. Roedd clybiau yn cynnig cyfle i ddawnsio. Wrth i gerddoriaeth jazz ddatblygu, daeth dawnsiau newydd fel y *Charleston* a'r *Black Bottom* yn boblogaidd iawn. Un o arferion ffasiynol yr 1920au oedd cystadlaethau marathon dawns, lle byddai cyplau yn cystadlu i weld pwy oedd yn gallu dal ati hiraf i ddawnsio ar y llawr dawnsio.

Cam Pump: Ceisiwch drafod amrywiaeth o ffactorau, gan wneud yn siŵr eich bod yn eu cysylltu nhw â'r cwestiwn. Yn yr achos hwn, mae'r ffactorau eraill yn cynnwys cyfeirio at y radio, cerddoriaeth jazz, clybiau dawns a chlybiau yfed anghyfreithlon (*speakeasies*).

Yn ystod yr 1920au, roedd gan bobl fwy o amser hamdden ac incwm gwario i gymryd rhan mewn digwyddiadau diwylliannol a chymdeithasol. Roedden nhw'n gwrando ar y gerddoriaeth jazz newydd ar y radio, ac yn mynd i glybiau nos a neuaddau dawns. Ond daeth un o'r newidiadau mwyaf o ganlyniad i dwf y sinema. Dyma adloniant rhad roedd miliynau o Americanwyr yn gallu ei fwynhau, gan olygu mai dyma'r datblygiad pwysicaf yn adloniant poblogaidd y cyfnod hwn.

Cam Chwech: Dylech chi gloi eich traethawd drwy lunio barn wedi'i chyfiawnhau – ai'r ffactor allweddol gafodd ei nodi yn y cwestiwn oedd y ffactor pwysicaf, neu oedd ffactorau eraill yn bwysicach?

Nawr, rhowch gynnig ar ateb y cwestiwn canlynol:

Ai gweithgareddau'r KKK oedd yr enghreifftiau gwaethaf o anoddefgarwch yn UDA rhwng 1910 ac 1929?

Defnyddiwch yr hyn rydych chi'n ei wybod a'i ddeall am y mater i gefnogi eich ateb.

Cam Saith: Darllenwch eich ateb, gan wirio am gywirdeb gramadegol o ran sillafu, atalnodi a gramadeg.

Geirfa

Yr Almaen Mewn Cyfnod o Newid, 1919–1939

Adain chwith   Gwleidyddion a phleidiau sydd o blaid sosialaeth

Adain dde   Rhan o grŵp gwleidyddol sy'n cynnwys pobl sy'n cefnogi syniadau a pholisïau ceidwadol neu draddodiadol, ac sy'n gwrthwynebu sosialaeth ddemocrataidd

Anschluss   Uno Awstria a'r Almaen yn wleidyddol ac economaidd

Ariaidd   Term Natsïaidd am Almaenwr sydd ddim yn Iddew, rhywun sydd, mae'n debyg, o darddiad Almaenig 'pur'

Blitzkrieg   'Rhyfel mellten' – dull newydd o ryfela gafodd ei ddefnyddio gan luoedd arfog yr Almaen yn 1939

Bolsiefigiaeth   Y ddamcaniaeth gafodd ei datblygu gan y Bolsiefigiaid rhwng 1903 ac 1917 gyda'r nod o gipio grym gan y wladwriaeth a sefydlu unbennaeth y proletariat

Bolsiefigiaid   Aelodau plaid Sosialwyr Democrataidd Rwsia, oedd yn dilyn Lenin gan ddechrau chwyldro comiwnyddol ym mis Hydref 1917

Bund Deutscher Mädel   Cynghrair Merched yr Almaen, sef cangen i ferched mudiad ieuenctid y Blaid Natsïaidd

Cadoediad   Dod â'r ymladd mewn rhyfel i ben

Cenedlaetholwyr   Pobl sydd yn ymroi yn angerddol i'w gwlad

Comiwnyddiaeth Damcaniaeth sy'n annog cymdeithas ddi-ddosbarth, cael gwared ar eiddo preifat, a gwneud tir a busnes yn eiddo ar y cyd

Comiwnyddion   Dilynwyr syniadau comiwnyddol Karl Marx, oedd yn credu, er enghraifft, y dylai'r wladwriaeth fod yn berchen ar ddulliau cynhyrchu a dosbarthu

Consgripsiwn   Gwasanaeth milwrol gorfodol am gyfnod penodol

Coridor Pwylaidd   Darn o dir yr Almaen oedd yn galluogi Gwlad Pwyl i gael mynediad at y Môr Baltig

Cyfeddiannu   Goresgyn neu feddiannu tiriogaeth neu ardal

Cyflafareddu   Derbyn penderfyniad trydydd parti penodol er mwyn datrys anghydfod

Cyflogau real   Cyflogau wedi'u gwerthuso yn ôl eu grym prynu yn hytrach nag yn ôl yr arian sy'n cael ei dalu

Cynghrair y Cenhedloedd Y corff rhyngwladol gafodd ei sefydlu ar ôl y Rhyfel Byd Cyntaf er mwyn cadw heddwch

Cynghreiriaid   Y pwerau wnaeth ymladd yn erbyn yr Almaen, Awstria-Hwngari, Twrci a Bwlgaria yn y Rhyfel Byd Cyntaf

Cynllun Dawes Cynllun gafodd ei gyflwyno yn 1924 i leihau taliadau iawndal blynyddol yr Almaen

Cynrychiolaeth gyfrannol Roedd nifer y pleidleisiau roedd rhywun yn eu hennill mewn etholiad yn pennu nifer y seddi roedden nhw'n eu cael yn y *Reichstag*

Cynulliad Cyfansoddol Grŵp o gynrychiolwyr wedi'i ethol i sefydlu cyfansoddiad newydd

Cytundeb Concordat   Cytundeb gydag Eglwys Gatholig Rhufain

Chwyldro Bolsiefigaidd Chwyldro yn Rwsia yn 1917–18 wnaeth arwain at ddiorseddu y Tsar a dod â'r Bolsiefigiaid i rym

Deddf Alluogi Y Ddeddf oedd yn rhoi awdurdod i Hitler reoli am bedair mlynedd heb ymgynghori â'r *Reichstag*

Democratiaeth   System o lywodraeth gan y boblogaeth gyfan neu holl aelodau cymwys gwladwriaeth, drwy gynrychiolwyr etholedig gan amlaf

Dirprwy   Swyddog yn y fyddin sy'n gweithio fel cynorthwyydd gweinyddol i uwch swyddog

Dirwasgiad   Cyfnod o ddirywiad economaidd estynedig a difrifol yn economi gwlad, pan fydd cynhyrchiant yn isel a diweithdra yn uchel

Dirwasgiad Mawr   Cwymp yn yr economi yn yr 1930au wnaeth arwain at ddiweithdra uchel

Diwydianwyr   Pobl sy'n rhedeg diwydiant neu'n berchen ar ffatri

DNVP   *Deutschnationale Volkspartei* (gweler Plaid Genedlaethol)

Dolchstoss   Y ddamcaniaeth fod yr Almaen wedi cael ei 'thrywanu yn ei chefn'

Dyhuddo   Polisi o wneud consesiynau neu ildio rhai pethau i wlad allai fod yn elyniaethus yn y gobaith o sicrhau heddwch

Führer   Y gair Almaeneg am arweinydd

Gelyniaeth   Casineb rhwng pobl

Gestapo (*Geheime Staatspolizei* – 'Heddlu Cudd y Wladwriaeth')   Heddlu cudd swyddogol y gyfundrefn Natsïaidd

Getos   Ardaloedd o boblogaeth ddwys mewn dinas lle mae grŵp ethnig penodol yn byw, er enghraifft, Iddewon

Gleichschaltung   Y broses o sicrhau bod pobl yn meddwl ac yn ymddwyn yn yr un ffordd o ran gwleidyddiaeth, diwylliant a chyfathrebu, trwy ormesu neu ddileu annibyniaeth a rhyddid barn, gweithred neu fynegiant

Gorchwyddiant   Chwyddiant uchel iawn, lle mae gwerth arian yn disgyn nes ei fod bron yn ddiwerth

Gweriniaeth Gwladwriaeth lle mae'r llywodraeth yn cael ei chynnal gan y bobl neu gan eu cynrychiolwyr etholedig

Gwrth-Semitiaeth Casáu ac erlid yr Iddewon

Gwrthwynebiad di-drais Gwrthwynebiad i lywodraeth, grym goresgynnol, ac ati, heb ddefnyddio trais

Hunanbenderfyniaeth Yr egwyddor bod gwladwriaethau cenedlaethol yn cael rheoli eu hunain

Iawndal Iawndal rhyfel i'w dalu gan yr Almaen

Kaiser Ymerawdwr yr Almaen

Kristallnacht 'Noson Torri'r Gwydr', pan gafodd ffenestri eiddo Iddewig eu torri

Lebensraum Lle i fyw ynddo. Dymuniad Hitler oedd gallu ehangu i gyfeiriad y dwyrain er mwyn cael digon o le i bobl yr Almaen fyw ynddo

Llafur rhad Swyddi oedd yn cynnwys oriau hir o dan amodau gweithio gwael

Llywodraeth glymblaid Llywodraeth yn cynnwys dwy blaid wleidyddol neu fwy

Mudiad Ffydd yr Almaen (*Deutsche Glaubensbewegung*) Mudiad crefyddol yn yr Almaen Natsïaidd oedd yn hyrwyddo paganiaeth Almaenig a syniadau Natsïaidd

Mudiad Ieuenctid Hitler (*HitlerJugend*) Mudiad gafodd ei sefydlu ar gyfer pobl ifanc yr Almaen er mwyn eu troi tuag at syniadau Natsïaidd, ac a ddaeth yn orfodol yn y pen draw

NSDAP Y Blaid Natsïaidd

Plaid Ganolog (*ZP*) Plaid Gatholig oedd yn arddel safbwyntiau cymhedrol neu ar y tir canol yn wleidyddol

Plaid Genedlaethol Ffurf gryno ar enw Plaid Genedlaethol Pobl yr Almaen (*DNVP*)

Plaid Gomiwnyddol (*KPD*) Plaid Gomiwnyddol yr Almaen, oedd yn dilyn syniadau Karl Marx

Putsch Ymgais i gipio grym oddi wrth y llywodraeth

Pwerau Mawrion Gwledydd sydd â dylanwad gwleidyddol, adnoddau a chryfder milwrol eithriadol

RAD (Reichsarbeitsdienst) Y Corfflu Gwasanaeth Llafur Cenedlaethol

Refferendwm Pleidlais uniongyrchol gan yr etholwyr eu hunain ar fater cyhoeddus pwysig

Reich Mae sawl ystyr i'r term hwn yn yr Almaen – gwladwriaeth, teyrnas, ymerodraeth. Pan oedd y Natsïaid yn ei ddefnyddio, roedd yn tueddu i olygu 'ymerodraeth' neu'r 'Almaen'.

Reichsbank Banc Cenedlaethol yr Almaen

SD (Sicherheitsdienst) 'Gwasanaeth Diogelwch' – asiantaeth cudd-wybodaeth y Natsïaid

Sensoriaeth Y gwaith o reoli pa areithiau neu wybodaeth sy'n cael eu cynhyrchu, ac atal unrhyw beth sy'n cael ei ystyried yn wrthwynebus i'r wladwriaeth

Sosialwyr Pobl sy'n credu ym mherchnogaeth y wladwriaeth

SS (Schutzstaffel) Gwarchodwyr preifat Hitler yn y lle cyntaf; ond datblygodd yn gorff oedd â phwerau eang iawn

Undeb Sofietaidd Yn cael ei alw hefyd yn Undeb y Gweriniaethau Sofietaidd Sosialaidd, *Union of Soviet Socialist Republics (USSR)*, dan arweiniad Rwsia

Undebau llafur Mudiadau sy'n cael eu sefydlu i amddiffyn a gwella hawliau gweithwyr

Undebwyr llafur Aelodau undeb llafur

Usuriaeth Rhoi benthyg arian ar gyfraddau uchel iawn

Volksgemeinschaft Cymuned y bobl. Dyma syniad y Natsïaid o gymuned wedi'i seilio ar yr hil Almaenig.

UDA: Gwlad Gwahaniaethau, 1910–29

Anarchiaeth   Y gred fod angen cael gwared ar bob ffurf o lywodraeth

Ardal y Beibl   Ardal o dde UDA lle mae Cristnogaeth yn gryf

Arfau rhyfel   Ffrwydron neu arfau sy'n cael eu cynhyrchu ar gyfer y lluoedd arfog

Bolsiefigiaid   Aelodau plaid Sosialwyr Democrataidd Rwsia, oedd yn dilyn Lenin gan ddechrau chwyldro comiwnyddol ym mis Hydref 1917

Bygythiad Coch   Term oedd yn cael ei ddefnyddio yn UDA ar ôl y chwyldro comiwnyddol yn Rwsia yn 1917. Dyma'r enw ar yr ofn y byddai mewnfudwyr o Ddwyrain Ewrop yn dod â syniadau am chwyldro comiwnyddol i UDA.

Comiwnyddiaeth   Damcaniaeth sy'n annog cymdeithas ddi-ddosbarth, cael gwared ar eiddo preifat, a gwneud tir a busnes yn eiddo ar y cyd

Comiwnyddion   Dilynwyr syniadau Karl Marx, sydd yn credu yn namcaniaeth comiwnyddiaeth

Credyd   Arian sydd ar gael i'w fenthyg

Cwymp Wall Street   29 Hydref 1929, pan gafodd dros 16 miliwn o gyfranddaliadau eu gwerthu mewn panig, gan sbarduno gwerthu pellach ac arwain at argyfwng economaidd byd-eang

Cyfalafiaeth   System lle gall unigolion fod yn berchen ar fusnesau a gwneud elw

Cynghrair Gwrth-Salŵn   Mudiad gafodd ei sefydlu yn 1895 oedd yn ymgyrchu dros y Gwaharddiad

Cyngres   Fersiwn UDA o'r senedd. Mae'r Gyngres yn cael ei rhannu yn ddwy ran, sef y Senedd a Thŷ'r Cynrychiolwyr.

Deddfau Jim Crow   Cyfres o ddeddfau wnaeth arwain at arwahanu a gwahaniaethu yn erbyn pobl ddu America yn nhaleithiau deheuol UDA

Dirwasgiad   Cyfnod o ddirywiad economaidd estynedig a difrifol yn economi gwlad, pan fydd cynhyrchiant yn isel a diweithdra yn uchel

Dirwasgiad Mawr   Cwymp yn yr economi yn yr 1930au wnaeth arwain at ddiweithdra uchel

Diwydianwyr   Pobl sy'n rhedeg diwydiant neu'n berchen ar ffatri

'Dychwelyd i normalrwydd'   Arwyddair Warren Harding, yn addo dychwelyd i ddyddiau brafiach 1917 - cyn i UDA ymuno â'r Rhyfel Byd Cyntaf

Federal Reserve Board   Sefydliad sy'n rheoli'r Gronfa Ffederal wrth Gefn - system genedlaethol lle mae arian wrth gefn ar gael i fanciau

Flapper   Menyw ifanc oedd yn herio confensiynau o ran gwisg ac ymddygiad yn yr 1920au

Ffwndamentalwyr   Grŵp crefyddol oedd yn mynd i'r eglwys yn rheolaidd ac yn credu yn y Beibl

Ffyniant   Cyfnod o dwf economaidd

Geto   Cymdogaeth mewn dinas lle mae grŵp lleiafrifol yn byw oherwydd pwysau cymdeithasol ac economaidd

Goruchaf Lys   Y llys ffederal uchaf yn UDA. Mae'r arlywydd yn dewis naw barnwr, sy'n gofalu bod yr arlywydd a'r Gyngres yn ufuddhau i reolau'r Cyfansoddiad

Goruchafiaeth y dyn gwyn   Y ddamcaniaeth bod pobl wyn yn naturiol well na phobl o bob hil arall

Gramoffon   Chwaraewr recordiau

Gwaharddiad   Gwahardd gwerthu ac yfed alcohol

Gweriniaethwr   Rhywun sy'n cefnogi'r Blaid Weriniaethol. Prif syniadau'r blaid oedd cadw trethi'n isel, cyfyngu ar bwerau'r llywodraeth ffederal, dilyn polisïau oedd yn ffafrio busnes ac annog pobl i fod yn hunangynhaliol.

Hobo   Crwydryn di-waith sy'n chwilio am swydd

Hur bwrcas   System gredyd lle gall rhywun brynu eitem drwy dalu'n rheolaidd amdano wrth ei ddefnyddio ar yr un pryd

Laissez-faire   Polisi gan y llywodraeth o beidio ag ymyrryd yn uniongyrchol yn yr economi

Lynsio   Lladd rhywun drwy grogi heb gael eu rhoi ar brawf cyfreithiol yn gyntaf

Llywodraeth ffederal   Llywodraeth ganolog UDA yn Washington DC

Llywodraethwr   Pennaeth etholedig talaith yn UDA

Marchnad stoc   Lle roedd stociau a chyfranddaliadau yn cael eu prynu a'u gwerthu yn ddyddiol

Masgynhyrchu   Cynhyrchu nwyddau ar raddfa fawr

Mecaneiddio   Defnyddio peiriannau

Mudiad Dirwest   Mudiad oedd yn ceisio gwahardd gwerthu diodydd alcohol

Mudiad y Menywod   Ymdrech unedig i wella sefyllfa gymdeithasol, economaidd a gwleidyddol menywod

Mudiad Pŵer Du   Mudiad o blaid gwella hawliau pobl ddu America. Roedd yn barod i ddefnyddio dulliau mwy treisgar na mudiadau eraill

'Mudo Mawr'   Y gweithwyr fferm oedd yn symud o amgylch UDA yn yr 1930au

National Association for the Advancement of Colored People *(NAACP)*   Cafodd ei sefydlu yn 1909 i sicrhau gwell amodau ar gyfer pobl ddu America

Nwyddau traul   Gweithgynhyrchion (*manufactured goods*) sy'n bodloni anghenion personol - sugnwyr llwch, er enghraifft

Pogromau   Ymosodiadau treisgar a drefnwyd yn erbyn grŵp ethnig, Iddewon gan amlaf

Polisi 'Drws Agored'   Mynediad dirwystr i fewnfudwyr i'r wlad

'Prynu ag arian benthyg'   Cael benthyg arian i brynu cyfranddaliadau ar y farchnad stoc

Prynwriaeth Cynnydd yng nghynhyrchiant nwyddau traul ar y sail mai gwariant uchel yw sylfaen economi gadarn

Racedi (*Rackets*) Cynllwyniau i wneud arian trwy ddulliau anghyfreithlon

Radicaliaeth Dymuniad i sicrhau newid cymdeithasol neu wleidyddol eithafol

Senoffobia Ofn neu gasineb afresymol at dramorwyr

Sosialaeth Cred mewn cymdeithas sy'n seiliedig ar gydberchnogaeth tir a diwydiant, a chydweithredu er lles pawb

Speakeasy Clwb neu siop yfed anghyfreithlon

Stociau a chyfranddaliadau Tystysgrifau sy'n dangos perchnogaeth ar gwmni neu gyfran ohono

Streic gyffredinol Streic gan y mwyafrif o weithwyr, ac efallai pob un, mewn gwlad neu dalaith

Toll Toll mewnforio; toll ar nwyddau o wledydd tramor sy'n dod i mewn i'r wlad

Tollau mewnforio Tollau ar nwyddau sy'n cael eu prynu o wledydd tramor

Treth incwm Treth mae'n rhaid i bobl ei thalu o'u cyflogau

Undeb llafur Mudiadau sy'n cael eu sefydlu i amddiffyn a gwella hawliau gweithwyr

'Unigolyddiaeth rymus' Y ddelfryd Americanaidd fod unigolion yn gyfrifol am eu bywydau eu hunain heb gymorth gan neb arall; maen nhw'n llwyddo neu'n methu trwy eu hymdrechion eu hunain.

Universal Negro Improvement Association (UNIA) Mudiad hunangymorth ar gyfer pobl ddu America gafodd ei sefydlu yn 1914 gan Marcus Garvey

Wall Street Lleoliad marchnad stoc Efrog Newydd

WASP rhywun Gwyn, Eingl-Sacsonaidd a Phrotestannaidd: *White Anglo-Saxon Protestant*

Ymynysedd (*Isolationism*) Polisi o gadw draw yn fwriadol o faterion y byd. Fe wnaeth UDA ddilyn polisi o ymynysedd rhwng y ddau ryfel byd.

Mynegai

Cydnabyddiaeth

Hoffai'r Cyhoeddwyr ddiolch i'r canlynol am roi caniatâd i atgynhyrchu deunyddiau o dan hawlfraint.

t.5 © The Print Collector/Alamy Stock Photo; **t.9** © Gary Lucken/fotoLibra; **t.11** © Stapleton Historical Collection/HIP/TopFoto; **t.12** © ullstein bild trwy Getty Images; **t.14** (chwith) © World History Archive/TopFoto; (dde) © ullstein bild/TopFoto; **t.15** © IMAGNO/Austrian Archives/TopFoto; **t.18** © Imagno/Getty Images; **t.20** © SZ Photo/Scherl/Bridgeman Images; **t.21** © Ystâd George Grosz, Princeton, N.J./DACS 2017/Nationalegalerie, SMB/Jörg P. Anders/bpk; **t.25** © Heinrich Hoffmann/ullstein bild/Getty Images; **t.26** © akg-images; **t.27** © Casgliad Hulton-Deutsch/CORBIS/Corbis trwy Getty Images; **t.29** © Walter Ballhause/akg-images; **t.31**© akg-images; **t.32** (chwith) © Randall Bytwerk, Archif Propaganda'r Almaen; (dde) © Ullstein Bild/akg-images; **t.34** © Randall Bytwerk, Archif Propaganda'r Almaen; **t.35** (brig) © The Heartfield Community of Heirs/VG Bild-Kunst, Bonn a DACS, Llundain 2017/akg-images; (gwaelod) © SZ Photo/Scherl/Bridgeman Images; **t.36** © Hulton Archive/Getty Images; **t.37** © The Print Collector/Print Collector/Getty Images; **t.39** (brig chwith) © Pictorial Press Ltd/Alamy Stock Photo; (brig dde) © Chronicle/Alamy Stock Photo; (gwaelod) © Punch Limited; **t.40** © Topham Picturepoint; **t.41** (chwith) © Bettmann/Getty Images; (dde) © Bettmann/Getty Images; **t.43** © R. Paul Evans; **t.44** © Bettmann/Getty Images; **t.45** © Evening Standard/Solo Syndication (ffoto: Archif Cartwnau Prydain, Prifysgol Kent); **t.46**© Hulton Archive/Getty Images; **t.47** © ullsteinbild/TopFoto; **t.48** © Institut für Stadtgeschichte Frankfurt am Main; **t.49** © Casgliad Hulton-Deutsch/CORBIS/Corbis trwy Getty Images; **t.50** © akg-images; **t.51** © akg-images; **t.52** (chwith) Trwy garedigrwydd Llyfrgell Wiener; **t.56** (chwith) © akg-images; (dde) © ullsteinbild/TopFoto; **t.57** © akg-images; **t. 59** (chwith) © akg-images; (dde) © The Heartfield Community of Heirs/VG Bild-Kunst, Bonn a DACS, Llundain 2017, Ffoto Mary Evans Picture Library; **t.60** © akg-images; **t.61** © Mary Evans/Weimar Archive; **t.62** © 1999 Topham Picturepoint/TopFoto; **t.65** © World History Archive/TopFoto; **t.66** (top) © Bettmann/Getty Images; (gwaelod) © ullsteinbild/TopFoto; **t.69** © akg-images/ullstein bild; **t.70** © bpk; **t.71** © SZ Photo/Scherl/Bridgeman Images; **t.72** (chwith) © TopFoto; (dde) © Ullstein Bild/akg-images; **t.73** © Mary Evans/Weimar Archive; **t.76** © Casgliad Hulton-Deutsch/CORBIS/Corbis trwy Getty Images; **t.77** © World History Archive/Alamy Stock Photo; **t.78** © Casgliad Hulton-Deutsch/CORBIS/Corbis trwy Getty Images; **t.79** © Punch Limited; **t.80** © INTERFOTO/Alamy Stock Photo; **t.82** © ullstein bild trwy Getty Images; **t.85** © dpa picture alliance/Alamy Stock Photo; **t.88** (chwith) © Solo Syndication/Associated Newspapers Ltd (Archif Cartwnau Prydain, Prifysgol Kent); (dde) © Solo Syndication/Associated Newspapers Ltd (Archif Cartwnau Prydain, Prifysgol Kent); **t.91** © ullsteinbild/TopFoto; **t.92** © Stapleton Historical Collection/HIP/TopFoto; **t.94** © Jackie Fox/fotoLibra; **t.95** © Solo Syndication/Associated Newspapers Ltd (Archif Cartwnau Prydain, Prifysgol Kent); **t.100** © Casgliad Bain trwy Llyfrgell y Gyngres/LC-DIG-ggbain-30546; **t.103** © Casgliad Preifat / Peter Newark American Pictures / The Bridgeman Art Library; **t.104** © Llyfrgell ac Archifau, Cymdeithas Hanesyddol Gorllewin Pennsylvania; **t.105** © Casgliad Joseph A. Labadie, Llyfrgell Prifysgol Michigan (Llyfrgell Casgliadau Arbennig)/Palmer Raid(s) LPF.0853; **t.106** © Bettmann/Getty Images; **t.107** © Bettmann/Getty Images; **t.109** © Casgliad Granger, NYC/TopFoto; **t.110** © Bettmann/Getty Images; **t.111** (chwith) © Bettmann/Getty Images; (dde) © Casgliad Granger, NYC/TopFoto; **t.112** © Llyfrgell y Gyngres, Adran Printiau a Ffotograffau; **t.116** © Casgliad Granamour Weems/Alamy Stock Photo; **t.117** © Casgliad Everett Historical/Alamy Stock Photo; **t.118** © Casgliad Granger/TopFoto; **t.119** (brig) © Ohio State University; (gwaelod) © Cymdeithas Hanesyddol Minnesota, K4.2 t10. Rhif y negatif 22082; **t.120** © Llyfrgell y Gyngres, Adran Printiau a Ffotograffau, LC-USZ62-100533; **t.121** © Photo Researchers, Inc/Alamy Stock Photo; **t.122** (brig) © Casgliad Preifat/ Peter Newark American Pictures / The Bridgeman Art Library; (gwaelod) © IMAGNO/Austrian Archives/Getty Images; **t.123** (brig) Ar gael i'r cyhoedd/https://commons.wikimedia.org/wiki/File:Al_Capone_in_1930.jpg; (gwaelod) © Llyfrgell y Gyngres/Corbis/VCG trwy Getty Images; **t.124** © Casgliad Preifat/ Peter Newark American Pictures / The Bridgeman Art Library; **t.125** © Granger Historical Picture Archive/Alamy Stock Photo; **t.126** © MPI/Getty Images; **t.127** © Casgliad Preifat/ Peter Newark American Pictures / The Bridgeman Art Library; **t.128** © akg-images/Alamy Stock Photo; **t.129** © Casgliad Everett Historical/Alamy Stock Photo; **t.131** © ullsteinbild/TopFoto; **t.132** © Mary Evans Picture Library; **t.133** © Poland, Clifford H./Library of Congress/Corbis/VCG trwy Getty Images; t.136 © Casgliad Granger, NYC/TopFoto; **t.139** © Bettmann/Getty Images; **t.140** © ullsteinbild/Topfoto; **t.141** © Charles Deering McCormick Library of Special Collections, Northwestern University Libraries; **t.143** © Casgliad Hulton-Deutsch/CORBIS/Corbis trwy Getty Images; **t.144** © (brig chwith) Llyfrgell y Gyngres, Adran Printiau a Ffotograffau Washington, D.C./LC-B2- 5470-19; (brig dde) Llyfrgell y Gyngres, Adran Printiau a Ffotograffau Washington, D.C./LC-B2- 5106-15; (gwaelod chwith) © Pictorial Press Ltd/Alamy Stock Photo; (gwaelod dde) © AF archive/Alamy Stock Photo; **t.145** © Bettmann/Getty Images; **t.147** (brig) © Bettmann/Getty Images; (canol) © William Gottlieb/Redferns/Getty Images; (gwaelod) © JP Jazz Archive/Redferns/Getty Images; **t.148** © Casgliad Everett Historical/Alamy Stock Photo; **t.149** (brig) © Bettmann/Getty Images; (gwaelod) © Casgliad Granger, NYC/TopFoto; **t.150** © Granger Historical Picture Archive/Alamy Stock Photo; **t.151** © Bettmann/Getty Images; **t.152** © Shutterstock/Everett Historical; **t.153** © Granger Historical Picture Archive/Alamy Stock Photo; **t.154** © Glasshouse Images/Alamy Stock Photo; **t.157** © Bettmann/Getty Images; **t.159** © Bettmann/Getty Images; **t.160** © Ullsteinbild/Topfoto; **t.162** © Bettmann/Getty Images; **t.163** © MPI/Getty Images

t.69 tystiolaeth Edward Adler, *Holocaust Encyclopedia*, Amgueddfa Coffáu'r Holocost UDA.

Gwnaed pob ymdrech i olrhain deiliad pob hawlfraint, ond os oes unrhyw rai wedi'u hesgeuluso'n anfwriadol bydd y Cyhoeddwyr yn barod i wneud y trefniadau angenrheidiol ar y cyfle cyntaf.